Enquanto Salazar dormia...

Domingos Amaral
Enquanto Salazar dormia...

Memórias de um espião em Lisboa

Leya, SA
Rua Cidade de Córdova, n.º 2
2610-038 Alfragide • Portugal

Reservados todos os direitos
de acordo com a legislação em vigor

Título: Enquanto Salazar Dormia...
© Domingos Amaral, 2006
© Domingos Amaral e Leya SA, 2010

Capa: Rui Belo/Silva!designers

1.ª edição BIS: Julho de 2010
6.ª edição BIS: Setembro de 2014
Paginação: Júlio de Carvalho
Revisão: Gisela Miravante
Depósito legal: 309 845/10
Impressão e acabamento: CPI, Barcelona

ISBN: 978-989-660-051-8

http://bisleya.blogs.sapo.pt

*Aos meus queridos avós,
Duarte, José, Filomena e Maria do Carmo,
que viveram e amaram nestes tempos*

Índice

Prólogo	9
Parte I – MARY	15
Parte II – ALICE	155
Parte III – ANIKA	311
Epílogo	381
Nota Final	399

PRÓLOGO

1

Lisboa, 22 de Junho de 1995

Nunca esperei regressar a esta rua, e nunca esperei que o meu velho coração sentisse tanta emoção ao pisar os passeios da Lapa. Quando saí do táxi em frente ao hotel foi como se uma bola de demolição tivesse chocado comigo. Fiquei sem respiração por momentos, invadido por sentimentos, memórias de cheiros, imagens e vozes. Não me lembro sequer de ter pago o táxi, nem me recordo das palavras do porteiro, a dirigir-me com cortesia para a recepção. Nada, de repente, existia. A não ser Lisboa, 50 anos atrás. A minha Lisboa, onde amei tanto e tantas vezes.

A minha Lisboa, das pensões e dos espiões, dos barcos ingleses e dos submarinos alemães; a Lisboa das ligas da Mary em cima de um lençol branco; a Lisboa dos *cocktails* no Aviz enquanto eu perseguia Alice; a Lisboa do penteado «à refugiada» da minha noiva, a Carminho; a Lisboa dessa menina linda, frágil e alemã, Anika, por quem eu arrisquei o pescoço; a Lisboa de Michael...

Ó amigo, ó grande amigo de tão épicas horas, de tão tremendas lealdades e silêncios! Tinha tanta vontade de partilhar contigo um *brandy*, de te ver a descascar uma maçã com a tua fantástica faca *Randall*, americana (eu sei, meu malandro, não me esqueço, tu sempre gostaste delas americanas), às seis da manhã, na Rocha do Conde de Óbidos, dentro do meu *Citroën* azul-escuro. Os dois a ver partir um navio, a rirmos como os patifes que éramos, e tu a proferires a nossa senha de felicidade: «E nós aqui enquanto Salazar dorme!»

Sim, e nós ali, a viver, a contar façanhas, a exibir troféus, ou a resmungar sobre a guerra, as manias do embaixador Campbell, os truques dos alemães, os subornos aos portugueses, as belas pernas das refugiadas que invadiam Lisboa. Uma guerra que, na capital, se tentava vencer com planos mirabolantes, espiões inventados e ideias loucas, como aquela de convencer os miúdos a escrever nas paredes, a giz, os VV da vitória dos Aliados, ou a baterem palmas no cinema sempre que apareciam as tropas inglesas. Truques e mais truques de propaganda, e denúncias, muitas denúncias, boatos que se punham a correr, puro terrorismo psicológico de guerra, muito eficaz nessa Lisboa que estava fora e dentro dela ao mesmo tempo. Local único da Europa, linda e cheia de luz, mas também de medo, a Lisboa onde vivi tanto que por mais que viva, e muito foi depois, nunca mais vivi como ali, aqui, nesta Lisboa.

– E nós aqui, enquanto Salazar dorme... – dizia o meu amigo Michael.

E era mentira e era verdade, porque ele não dormia, ele controlava o país, dizia-se que sabia tudo; controlava as pastas das Finanças, da Guerra, dos Negócios Estrangeiros; falava todos os dias com o capitão Agostinho Lourenço, o chefe da PVDE (chamava-se assim, Polícia de Vigilância e Defesa do Estado), e ele queria saber tudo e muitas vezes soube também de nós. Nós, os que vivíamos mais à noite, por vezes furtivos, por vezes só na boa vida dessa Lisboa onde o turbilhão de emoções da época fazia subir as saias das mulheres mais depressa. Não fosse o mundo acabar amanhã, o Hitler invadir a Península Ibérica, os americanos invadirem os Açores, os comunistas de Estaline darem cabo do Ocidente, tudo era possível! Estávamos em guerra, e ela era mundial, e mexia com os corações e com os desejos, e tu, Michael, cortavas a casca das maçãs muito fina, com a tua faca *Randall* sempre afiada, e a Carminho ia ao cabeleireiro para me entusiasmar, e a Alice ia conhecendo as suítes do Aviz, mulher dos diabos, imparável, e a Mary sofria, e bebia *brandy*, muito *brandy*, porque o marido nunca chegava, o coronel Bowles nunca chegava, e as coisas ainda iam correr mal, e ela agarrava-se a mim desesperada, e eu tirava-lhe as ligas, atirava-as para cima do lençol e amava-a o melhor que sabia.

Era melhor que tu, Michael, desculpa lá mas tens de reconhecer que podias ser admirado como um actor de cinema, mas era eu quem tinha mais jeito com elas, era por mim que elas chamavam, mesmo as alemãs, essa é que te foi difícil de engolir, mas até uma alemã eu seduzi, enquanto Salazar dormia...

Agora, sentado na cama deste quarto do Hotel da Lapa, 50 anos depois, dou por mim a pensar que Lisboa sempre esteve comigo, e que nunca parti completamente. Quando o Paul, meu neto, me disse que ia casar com uma portuguesa, sorri.

– E vou casar em Portugal, avô.

Em Portugal... Não soube o que lhe dizer.

– E quero que tu vás – exigiu o meu neto.

Resmunguei e protestei: 85 anos, dores nas costas, aviões, aeroportos, malas. Desculpas. Na verdade, o meu coração sabia que, um dia, eu ia ter de voltar. Voltar à minha Lisboa, entre a Embaixada inglesa, aqui ao lado, na Rua de São Domingos à Lapa, e a Embaixada alemã, aqui ao lado também, na Rua do Pau da Bandeira. Voltar ao homem que fui, bom e mau, culpado e inocente, cavalheiro e bandido, amante e traidor, amigo e inimigo. Voltar àquela luz de Lisboa.

– Foram as histórias do avô que me fizeram apaixonar por uma portuguesa.

Gosto deste meu neto, o Paul. Bom rapaz, trabalhador, MBA na London School of Economics, apaixonado por uma portuguesa. Mas não sabe quase nada. Contei-lhe muitas histórias da minha vida em Lisboa, mas só as que podia contar. As outras não podia. É difícil explicar o que eu fazia a um rapaz dos anos 90. Eles compreendem o heroísmo dos pilotos da RAF, a abnegação das enfermeiras, a coragem da Resistência francesa, até o espírito dos discursos de Churchill. Compreendem o horror de Auschwitz ou Dachau, a Cortina de Ferro, as bombas atómicas. Mas dificilmente compreendem a mistificação, o suborno, a guerra psicológica, a arte de enganar, as guerras surdas que se passavam em Lisboa. Não sabem o que são espiões.

Por outro lado, julgam que o sexo começou agora. Falam dele com autoridade e consideram-se especialistas técnicos. Acham que têm muito «prazer», e que antes ninguém o tinha. Não podem compreender um dos segredos da humanidade, um segredo estranho e perturbador: em tempo de guerra, o desespero toma conta das almas e as pessoas amam como loucas. Em Lisboa, amei como um doido. Conheci e dormi com mulheres que amavam como possessas e nunca mais amei assim porque nunca mais ninguém me amou assim. E isso o meu neto não pode compreender, pois a sociedade e a época marcam os homens, e a boa vida e a abundância dos anos 90, no mundo ocidental, não produzem esse tipo de desespero.

São oito da noite e estou lúcido como há muito não me sentia. Um homem, quando chega a esta idade, 85 anos bem vividos, quase só sente agitação na memória. Estou-me a apagar aos poucos, numa lenta mas imparável degradação. Às vezes desato a gritar com a criada, lá em casa, em Inglaterra. Têm de me aturar, mas sei de casos bem piores. Um tipo que conheço já não consegue fazer as necessidades sozinho. É uma humilhação. Eu ainda consigo vir a Lisboa sozinho num avião, meter-me num táxi, e fazer o *check-in* no Hotel da Lapa. Apesar de continuar a ter pensamentos de homem, a maior parte das minhas memórias não são sujas. Enquanto Salazar dormia, não havia só regabofe com as mulheres. Havia muito mais. Guerras, espionagem, diplomacia. Lembro-me de todos. Dos embaixadores e das secretárias. Dos polícias e das criadas de quarto. Dos milionários e dos judeus refugiados. Dos jornalistas e dos militares. Dos faroleiros e dos taxistas. E lembro-me do ciclone...

PARTE I

MARY

2

Sim, lembro-me do ciclone que fustigou Lisboa naquela noite de 15 de Fevereiro de 1941. As rajadas ultrapassaram os 120 quilómetros por hora! Os barómetros caíram na vertical, e em pouco tempo, até aos 718 milímetros, coisa nunca vista em Portugal, e subiram depois, com idêntica rapidez, a 750. Em menos de 24 horas, desceram 40 milímetros e subiram mais de 30! O Tejo revoltou-se em tremendas vagas. Em terra, árvores foram derrubadas, voaram telhados e coberturas de zinco, e nos subúrbios chegaram a morrer pessoas, sugadas pela força dos ventos, que deixavam no chão enormes crateras.

Dizem que certas almas reflectem o estado do tempo, alegrando-se quando está sol ou entristecendo-se quando chove. Terá sido esse o caso de Mary, cujo turbilhão sentimental parecia espelhar o ciclone? Já a tinha visto umas vezes, por ocasião dos *cocktails* que o embaixador Campbell oferecia, mas apenas trocara com ela palavras breves de cortesia. Naquela noite, fiquei sentado a seu lado à mesa do jantar. Certamente falámos de Hitler, Tobruk, dos japoneses a avançarem no Pacífico, e claro que falámos de Salazar. Falava-se sempre de Salazar nos jantares ingleses, e normalmente em tom crítico. Mas o que verdadeiramente recordo é o seu pedido surpreendente, à saída da Embaixada, quando o jantar acabou.

– Podias dar-me uma boleia...

Estávamos à porta do edifício, e o vento zumbia com fúria. Devo ter feito uma cara ligeiramente contrariada, por causa do vento, mas Mary deve ter pensado que fora o seu pedido que me incomodara, pois exclamou:

– Não faças essa cara, eu chamo um táxi!

Desfiz-me em desculpas. Entre as inglesas tinha reputação de cavalheiro, e aquele mal-entendido obrigava-me a desfazer o equívoco, para evitar um possível dano à minha fama.

– Eu levo-te. Vamos – disse eu.

Ela fechou o casaco e enfiou um chapéu. Saímos pelo portão da Embaixada, sem falar, de braço dado e encostados um ao outro, numa intimidade forçada pela tempestade. Subimos a rua, e virámos para a Rua do Sacramento, onde deixara o carro.

Quando me sentei ao volante do meu *Citroën* azul, perguntei:

– O coronel Bowles não está cá?

Mary sorriu e observou o cruzamento com a Rua do Pau da Bandeira. Depois suspirou:

– Hoje, não há ninguém a ver ninguém, Jack Gil.

Agora que estou aqui, a passear numa noite quente da Lisboa de fim de século, não posso deixar de estranhar esta calma da Lapa, só quebrada pela passagem de um ocasional carro. Há 50 e tal anos, este era um dos cruzamentos mais animados de Lisboa. Viam-se homens encostados aos carros, às soleiras das portas; táxis parados, com os condutores lá dentro a fumarem; e até vendedores ambulantes a apregoarem os seus produtos.

Vigilantes. Controladores. Portugueses a soldo de terceiros, a fingirem que eram portugueses que estavam ali por acaso, mas sem enganarem ninguém. Uns pagos pelos alemães, outros pagos pelos ingleses, para espiarem as entradas e as saídas das embaixadas. Era uma ironia do destino que as duas principais embaixadas beligerantes daquela guerra, a alemã e a inglesa, ficassem praticamente ao lado, separadas por menos de 500 metros. Um mundo de distâncias e apenas umas calçadas portuguesas de permeio! Era quase cómico. Mas também o ambiente de Lisboa, em 1941, era quase cómico. Por momentos, pensei em dizer tragi-cómico, mas o trágico seria exagero. Trágico era o que se passava em Inglaterra, com os bombardeamentos das cidades. Trágico era o que se passava no Norte de África, com a guerra no deserto. Ali, nas ruas de Lisboa, a guerra não era «A GUERRA», com mortos e feridos. Era uma guerra diferente: era o eco de uma guerra, eram os despojos de uma guerra, eram os absurdos políticos e económicos de uma guerra, era a psicologia negra de uma guerra, mas não era «A GUERRA».

– Sim – confirmei, olhando para o cruzamento –, hoje não há ninguém.
O vento era tão forte que afastara a resolução dos homens portugueses em espiarem os estrangeiros.
– Não lhes pagam o suficiente para andarem na rua com este tempo – comentou Mary.
Desci a Rua do Pau da Bandeira, e depois subi a de São Caetano. Mary, nervosa, acendera um cigarro mal entrara no carro. O que sabia eu sobre ela? Pouco. Sabia que trabalhava na Embaixada, provavelmente para o MI9. O meu amigo Michael contara-me que ela ia muitas vezes ao Alentejo ou ao Algarve recolher pilotos ingleses que passavam a fronteira de Espanha, ou que vinham de barco de Marrocos, e que depois organizava os regressos deles a Inglaterra.
E sabia que Mary era a mulher do coronel James Bowles. Se eu tivesse sabido antes da sua infelicidade, teria podido explicar a razão de a sua alma me parecer afectada pelo ciclone. Mas, naquela noite, ali dentro do *Citroën*, na Rua de Buenos Aires, não sabia que ela era infeliz.
– O James nunca cá está – afirmou Mary.
Soltou a frase não como um lamento, apenas como a notícia tranquila de um facto. Mais tarde, vim a perceber que esta indiferença de Mary era uma mistificação. Ela forçava-

-se a declarações frias, isentas de sentimentos, para esconder o que lhe ia no coração. Típico de inglesa.

– Anda pelo Alentejo – acrescentou.

Já tinha ouvido falar do coronel James Bowles. Em 1941, a desorganização dos serviços secretos ingleses em Lisboa era grande e o comando não estava centralizado. Era pois fácil saberem-se segredos sobre as pessoas. Bowles, o marido de Mary, era o chefe do SOE (Special Operations Executive) em Portugal. Uma espécie de serviço secreto paralelo, o SOE fora criado por Churchill, que motivara o seu primeiro comandante com a célebre frase: «Vá e incendeie a Europa.»

Coisa mais fácil de dizer do que de fazer. O SOE partiu à desfilada, com excesso de vontade e inteligência limitada. James Bowles, coronel do exército, fora enviado para Lisboa em finais de 1940 e conhecia mal o país. As suas acções, bem como os seus discursos em jantares ou *cocktails*, geraram-lhe em poucos meses uma fama de impetuoso e imprudente. Era óbvio que, se eu sabia que ele era o chefe do SOE, também os alemães do outro lado da rua o sabiam. Corria mesmo o rumor de que as indiscrições do coronel Bowles – os seus contactos com os comunistas e os republicanos que se oponham ao regime – haviam começado a incomodar Salazar.

– O meu marido é um cabeça dura – declarou Mary.

Nesse momento, o *Citroën* cruzava a Álvares Cabral e senti-me desleal por passar àquelas horas pela rua onde morava a minha noiva, a Carminho, com outra mulher no carro.

– Se não ganha juízo ainda é mandado de volta para Inglaterra – continuou Mary. – E eu com ele.

Pareceu-me uma punição demasiado severa e tentei desdramatizar:

– Isso não vai acontecer. Eles respeitam-nos.

Queria com isso dizer que a PVDE respeitava os ingleses. Mary talvez estivesse à espera de uma oportunidade daquelas, pois começou de imediato a provocar-me, dando uma pequena gargalhada:

– Respeitam-nos? Nós? Desde quando é que o senhor Jack Gil faz parte desse grupo? – Deu nova gargalhada. – Não me digas que o embaixador Campbell já te caçou?

Embaraçado, tentei explicar-me:

– O que eu queria dizer é que a PVDE respeita os ingleses; não vai expulsar o teu marido.

Ela voltou a rir-se:

– E o que sabes tu sobre o James, Jack Gil?

Naqueles tempos, e à excepção de Michael, todos os ingleses me tratavam por Jack Gil. Era uma subtil diferenciação que me imputavam, acrescentando o Gil, o meu nome português, ao Jack, o inglês. Como se me relembrassem, educadamente, que não era bem um deles.

– Sei que trabalha para a Shell – respondi.

Mary deu-me uma pequena sapatada na perna e fixou-me intensamente. De olhos na estrada, a passar pelo Rato, tentei não me desconcentrar.

– O que foi? – perguntei.

Continuou a observar-me:

– Já alguma vez ouviste uma bomba a cair?

Confundido com a mudança de assunto, senti-me apanhado em contrapé. Mary estava bem informada: sabia que eu não tinha estado em Inglaterra. Tal como eu sabia que ela ficara em Londres até Dezembro, sob o inferno das bombas alemãs.

– Não quero voltar para lá. Por nada deste mundo – declarou.

O seu tom de voz era esclarecedor. Mary estava com medo. Percebi tempos depois que esse era um dos motivos para a perturbação da sua alma. Não voltou a falar até chegarmos a casa dela, na Rua do Salitre. Parei o carro, saí e corri para lhe abrir a porta, as abas do meu casaco levantadas pela força do vento. Ela teve dificuldade em sair: tentou segurar as saias, mas não o conseguia fazer ao mesmo tempo que procurava as chaves de casa dentro da sua bolsa. Então, de repente, gritou-me:

– Segura-me nas saias!

Fiquei estático, surpreendido com o pedido, e ela abriu muito os olhos, como que a repetir a ordem. Então baixei-me, apoiei um joelho no chão e envolvi com os meus braços as suas pernas, para parar o movimento esvoaçante das saias. Ao fazê-lo, é evidente que lhe toquei nas pernas, mesmo que apenas levemente, e invadiu-me um princípio de desejo. Entretanto, ela conseguiu finalmente tirar as chaves da carteira, e tentou andar no sentido da porta, o que produziu o óbvio efeito de eu ainda a apertar mais, sentindo as suas pernas tensas contra os meus braços. Embaraçado, levantei-me e dei um passo atrás, enquanto ela entrava depressa em casa. Convidou-me a entrar.

No *hall*, Mary tirou o casaco e pendurou-o, assim como ao chapéu, no bengaleiro. Depois propôs:

– E se bebêssemos um *brandy*?

3

A natureza transitória da casa de Mary era evidente. Não existiam quadros nas paredes, os móveis eram poucos e não estavam cobertos de bibelôs. Era uma casa desocupada onde, por acaso, duas pessoas dormiam. Na sala, um sofá e duas solitárias cadeiras esperavam-nos. Mary dirigiu-se a um armário vazio, retirou uma garrafa de *brandy* e dois copos e perguntou:

– Queres um charuto para acompanhar?

Não recusei a oferta. O meu pai tinha estranhos rituais com os charutos, que sempre me haviam fascinado na infância, e no início da idade adulta ensinara-me, como se me estivesse a transmitir um ancestral segredo de família. Acho que aprendi muito com ele, e talvez tenha herdado uma costela de patife e outra de cavalheiro daquele velho pirata. E a expressão «velho pirata» aplica-se-lhe bem, a sua companhia de navegação praticava mais pirataria do que comércio... Acendi o charuto, enquanto reparava no exemplar da revista *A Esfera*, pousado no sofá.

– A ler a propaganda inimiga, Mary?

Folheei a revista. Na capa, uma imagem de Hitler e, na contracapa, outra de Salazar. Ambos os textos eram apologéticos. Servindo o *brandy*, num tom de voz desiludido, Mary comentou:

– Estão muito à nossa frente, os alemães. Nós pomos cegos a cantar versos, enquanto eles pagam aos intelectuais e ganham as mentes dos portugueses.

Não era má a ideia de pagar aos cegos no Rossio para cantarem versos a favor dos ingleses. Mas até um tipo como eu, que não era um especialista em propaganda, percebia que, em 1941, os alemães nos levavam vantagem. *A Esfera* era uma revista pró-germânica, financiada pela Embaixada alemã. Mantinha uma fiel linha pró-Salazar, elogiava a Legião Portuguesa e relembrava, com cadência certa, as grandes façanhas de Mussolini, Franco e Hitler.

– É por essas e por outras que eles nos estão a ganhar a guerra. Até aqui, em Portugal. E Salazar faz o jogo deles – acusou Mary.

As pessoas iam sempre ter a Salazar nas conversas. Era como se as palavras se sentissem atraídas por uma força invisível, como um íman.

– Os amigos dos alemães queixam-se do mesmo – retorqui.

Em casa do meu futuro sogro, onde era maioritário o sentimento pró-germânico, havia queixumes semelhantes de sentido oposto. Luís e António, irmãos de Carminho e ambos militares, costumavam demonstrar-me a sua irritação por Salazar oferecer tantas facilidades aos ingleses.

– Um inglês com compreensão pelos nazis – comentou cinicamente Mary. – Se estivesses em Londres, eras preso por traição à pátria.

Sorri:

– Não se trata de defendê-los, mas sim de compreender que em Lisboa há muita gente que gosta dos alemães.

– Isso é porque «esta gente» não foi bombardeada.

Notei desprezo na sua voz. Acho que, pelo facto de ter sofrido os bombardeamentos, Mary se considerava superior aos portugueses. Como se isso lhe desse uma vantagem moral antropológica.

– A Salazar se deve – relembrei. – Tem conseguido manter Portugal fora da guerra. Para isso, tem de se dar bem connosco, mas também com os nazis.

– Enquanto negoceia a sua posição o melhor que pode.

– No seu lugar, faria o mesmo.

– Aliás, os portugueses vendem-se a qualquer um – continuou Mary. – Dos criados de hotel aos polícias. É só abanar com umas libras e fazem tudo o que lhes pedirmos.

A sua mordacidade era compreensível. Na Lisboa de 1941, era difícil encontrar gente de confiança. Pobres, e ainda atarantados com a chegada de tantos refugiados de guerra, os portugueses viam nos ingleses e nos alemães uma forma rápida de ganharem uns tostões.

– O James também se está sempre a queixar – acrescentou ela. – Diz que só os comunistas é que não são corruptos. Esses ajudam por convicção.

Portanto, o coronel Bowles andava mesmo a falar com os comunistas e, portanto, a PVDE devia tê-lo debaixo de olho. Os comunistas assustavam Salazar, e nem o facto de Estaline ter assinado um pacto de não-agressão com os nazis acalmava os receios. As pessoas haviam ficado confundidas quando, em 1939, o surpreendente pacto Ribbentrop-Molotov congelara os ódios antes tão declarados entre fascistas e comunistas. À superfície, mesmo nos jornais afectos ao regime de Salazar, não se liam tantas prosas dedicadas a diabolizar o «perigo vermelho», «os horríveis bolcheviques que perseguiam a Santa Madre Igreja». Mas as suspeitas continuavam bem vivas. Este período anormal de acalmia, que deixou os comunistas desmoralizados e até paralisados, iria acabar em Junho de 41, quando Hitler invadiu a União Soviética.

Meses mais tarde, as ligações do coronel Bowles aos comunistas iriam provar-se extremamente perigosas. Mas, naquela noite do ciclone, só Mary vivia preocupada com o marido.

– Por estes dias, não há muitos comunistas convictos – relembrei.

– Mas continuam bem organizados. O James tem andado a falar com eles.

Mary insistia no tema, por isso mostrei interesse:

– Para quê?

Ela deu mais um gole no *brandy*. Os seus olhos verdes brilhavam.

– Diz que anda a preparar o país para a invasão dos nazis! – Deu uma gargalhada. – Anda à procura de locais para esconder explosivos, rádios, sei lá que mais! Está mesmo convencido de que o Hitler vai invadir a Península.

Era um dos boatos mais comuns da época, alimentado pelos ingleses para tentarem cair nas boas graças da população. Como todos os bons boatos, era credível, pois Hitler não controlava o Atlântico, e Portugal podia ser importante para ele vencer a Inglaterra. Mas, em Fevereiro de 41, já era evidente que os desejos de Hitler não incluíam a invasão da Península Ibérica. A célebre Operação Félix, preparada em 1940, e só mais tarde conhecida do público, tinha sido colocada de parte pelo estado-maior nazi. Hitler e Mussolini tinham, em Espanha como em Portugal, regimes «amigos». Invadi-los seria pura perda de tempo e recursos. Alimentar o boato da «invasão nazi» era, pois, propaganda inglesa, e só o imprudente James Bowles continuava a sua preparação para uma operação que nunca aconteceria.

– Explosivos? – perguntei.

– Sabes, o James é um militar. Acha que só assim se defende um território.

Mary cerrou os olhos e mexeu-se subitamente na cadeira, como se quisesse livrar-se de um pensamento mau. Depois, o seu sorriso reapareceu e mudou de assunto:

– Ouvi dizer que estás noivo...

Confirmei com um aceno de cabeça, e esbocei um sorriso que não escondia o meu incómodo. Normalmente sentia-me embaraçado a discutir o tema com mulheres inglesas. No fundo, tentava separar os meus dois mundos, o português e o inglês, pois isso dava-me mais liberdade nas conquistas amorosas. Mas Mary não largou o isco:

– Noivo de uma portuguesa, menina de boa família, muito importante no regime.

Michael tinha sido o arauto do meu noivado. Acrescentava uma pitada de sal à história, notando que «o Jack Gil se vai casar com uma portuguesa, cujo pai é amigo do Salazar e já foi ministro». Nada disto era inocente. A intenção era óbvia: afastar um potencial rival das belas secretárias da

Embaixada, Rose, Analise e Linda. Como se isso me retirasse de circulação. Pelos vistos, o efeito era o oposto. O tom jocoso de Mary, que a princípio interpretei como crítica, era afinal a manifestação de um forte interesse feminino.

– E já a conheces bem? – perguntou ela.
– Sim, temos conversado muito.
Mary deu nova gargalhada:
– Pobre Jack Gil, só tens conversado?

Isto, vindo de uma mulher casada, àquela hora e em casa dela, não podia deixar de me perturbar. A Carminho e eu, cumprindo os costumes portugueses, apenas passeávamos de mãos dadas há quase um ano. E o casamento nem sequer estava marcado.

– O que achas que eu podia fazer com ela? – perguntei, sabendo que pisava terrenos escorregadios.
– Jogos – respondeu Mary. – Jogos perigosos.

O que teria acontecido se me tivesse ido embora? Deitado na cama do meu quarto no Hotel da Lapa pergunto-me porque não o fiz. Sei a resposta: aquilo estava-me a excitar, é óbvio. Nós, homens, somos animais sempre e, se sentimos a fêmea disponível, é preciso muito para recuar! Mesmo o receio de ser descoberto não me estava a conter. Afinal, Mary era uma mulher importante. E o coronel, bolas, o coronel Bowles era o chefe do SOE! Se eu me metesse com ela, o marido ia saber no dia seguinte! Jogos perigosos, é verdade. Não me apetecia nada ter o SOE à perna. Ainda por cima com comunistas e explosivos por perto. Mas não me fui embora. Não era da minha natureza. E além disso, momentos depois e saltando de assunto mais uma vez, coisa muito comum nela, Mary mudou a minha vida com uma frase.

– Preciso da tua ajuda, Jack Gil.

Se essa frase não tem sido proferida, talvez nunca tivesse existido o Jack Gil, espião inglês nos tempos de Salazar. Talvez eu tivesse ido para a América, ter com o meu pai. Talvez eu tivesse casado com a Carminho, tornando-me um bom português, pai de família e sócio do Benfica. Mas aquele «preciso da tua ajuda» foi determinante, para sempre um marco na minha existência. Até porque, para o justificar, Mary revelou a sua tremenda capacidade de contadora de histórias, daquelas que nos comovem e nos afastam da indiferença.

– A última vez que fui ao Alentejo – disse ela –, fui a Moura. Tinha havido uma batalha aérea na região. Os nossos aviões contra os dos boches. Os deles vieram do Sul de França, os nossos vinham de Gibraltar, a acompanhar um comboio de navios mercantes.

Deu mais um gole no seu *brandy*, e uma passa no cigarro.

– Os *U-Boats* andam sempre a tentar torpedear os nossos navios. E os *Condores* atacam pelo ar, com bombas e metralha. Quando os nossos aviões se cruzam com eles, há chumbo grosso. As batalhas começam no mar, mas por vezes entram por Portugal. Como dessa vez...

Fora três semanas antes, contou. Próximo de Moura, vários *Condores Focker Wulf* lutaram com aviões ingleses. Mary partira de Lisboa quando soubera da refrega, chegando lá um dia depois.

– Encontrei três guardas da GNR que haviam assistido. Estavam de serviço numa herdade ali perto. Às três da manhã tinham ouvido barulho de motores de aviões e, ao saírem de casa, olharam para o céu e, espantados, assistiram ao combate. Rajadas de metralhadoras para um lado e para o outro, clarões no céu. Não conseguiam perceber quais eram os aviões ingleses e quais os alemães. Rajadas e mais rajadas, e até começaram a cair bombas. Algumas explodiram e mataram um rebanho de cabras. Viram os aviões a cair. Pelo menos três deles. Em chamas.

Depois de se ver livre de um pedaço de cinza, que largou no cinzeiro, Mary deu mais uma passa no cigarro. Sabia contar uma história, fazer as pausas no momento certo, mantendo-me interessado, desejoso de conhecer o resto da narrativa.

– Os restantes aviões afastaram-se. Os nossos para sul e os alemães para nascente.

Mary e os guardas da GNR descobriram dois aviões nazis despenhados, ambos carbonizados. No primeiro, contaram seis cadáveres; no segundo, apenas dois, não havendo sinais de sobreviventes. Contudo, os guardas juravam que haviam visto um terceiro avião a cair, não sabendo se era inglês ou alemão.

– Podia ser um dos nossos, podiam existir feridos – disse ela. – Um dos guardas acompanhou-me e batemos a região no dia seguinte. Só o encontrámos à tarde. Estava num barranco, partido em dois, com o focinho dentro de um riacho. Na parte da frente não havia ninguém e animei-me com a hipótese de os pilotos terem saltado de pára-quedas. Mas, quando vi a parte de trás, o meu coração ficou negro. Havia dois cadáveres no banco traseiro. Morreram carbonizados, abraçados um ao outro.

Ficou em silêncio uns momentos. Depois disse:

– Jack Gil, deve ser horrível morrer duas vezes. Dois jovens, rapazes, que morreram duas vezes. Primeiro de medo, abraçados, enquanto o avião se despenhava. E depois carbonizados.

Deu um novo gole no *brandy* e continuou:

– A cerca de 200 metros, pendurado num eucalipto, estava um dos pilotos, enforcado nas cordas do pára-quedas. Demorámos horas para o descer. Como a noite caiu, só no dia seguinte é que voltei ao local. Descobri, a cerca de 500 metros do barranco, um outro pára-quedas. Estava abandonado no chão, aberto, e voltei a animar-me. Havia uma possibilidade de o segundo piloto ter sobrevivido! Embora existisse sangue no chão, o homem tinha conseguido sair do local. Andámos às voltas, e só o encontrámos um quilómetro para leste, já bastante afastado do avião. Foi o azar dele.

Mary levou a mão à testa, triste e abatida. Abanou a cabeça, e depois a sua mão penteou uma farripa de cabelo que lhe caía para a cara. Tinha os olhos molhados.

– Se o tivéssemos descoberto um dia antes, talvez o salvássemos. Assim, foi impossível. Devia ter morrido uma hora antes. No bolso do casaco, descobri um bilhete, onde ele escrevera: «Digam à Clarissa que morri apaixonado por ela, e ao meu pai que morri a lutar o melhor que sabia.»

Mary fechou os olhos, e assim se manteve mais de um minuto. Eu não disse nada: o silêncio era a minha forma de respeitar o que ela me descrevera. Quando voltou a falar, lamentou-se, olhando para o tecto, como se estivesse a falar com Deus:

– Se eu tivesse chegado mais cedo... Bastava umas horas e chegaria a tempo.

Depois, baixou os olhos e implorou:

– É por isso que preciso da tua ajuda, Jack Gil. Não consigo continuar sozinha. Se tivesse ido com outra pessoa, talvez encontrássemos o rapaz vivo! Tinha acabado de vir de Vila Real de Santo António, onde fora buscar um piloto. Cheguei e nem jantei, voltei a meter-me no carro a caminho de Moura. É impossível fazer isto tudo sozinha, percebes? Preciso da tua ajuda.

4

Vindo de Madrid, nos próximos dias chegaria a Lisboa um homem, de seu nome Nubar Gulbenkian, filho de um milionário arménio. Ficaria instalado no Aviz, o melhor hotel da cidade. O homem traria informações sobre dois pilotos ingleses da RAF, que estavam a atravessar clandestinamente a Espanha. Mary teria de os fazer entrar em Portugal, sem a PVDE notar, e de os fazer seguir para Londres.

– Não posso ser eu a falar com o Nubar – explicou Mary. – Isso seria desmascará-lo. É um importante apoio nosso, mas tem de permanecer secreto. Se os nazis o descobrem é um desastre.

– Porquê?

Mary olhou para mim, como se a calcular o quanto podia contar.

– O Nubar é um excêntrico. Passeia-se em Lisboa a pé, com uma bengala, seguido uns metros atrás pelo seu *Rolls Royce*, que guarda na garagem do Aviz. A sua excentricidade é um bom disfarce.

Deu uma curta gargalhada, e acendeu outro cigarro:

– Sabes o que contam dele? Sempre que se senta à mesa dos restaurantes dos hotéis, em Lisboa ou no Estoril, rasga uma nota ao meio e dá metade ao criado que o está a servir, prometendo-lhe a outra metade para o final da refeição, se considerar que foi bem servido. Como é imprevisível, às vezes dá a outra metade, outras esquece-se, ou não dá a metade prometida. Então, nos dias seguintes, os criados de mesa dos hotéis telefonam uns para os outros, à procura da metade da nota que lhes falta, a ver se algum dos outros a tem!

Rimo-nos. Naquela época, Lisboa era também um porto de abrigo de muitos milionários europeus, fugidos à guerra, e a cidade fascinava-se com as características de tão ilustres visitantes.

– Como é que ele sabe que pode confiar em mim? – perguntei.

Mary enviaria a Nubar uma mensagem através de um criado do Hotel Aviz. Era outra característica de Lisboa: os criados dos hotéis eram verdadeiros pombos-correios, além de fontes preciosas de informação. O problema era que alguns também trabalhavam para os nazis.

– É um dos nossos – murmurou.

Uma certa excitação invadira-me. Sentia-me a ser posto à prova. Mary, contudo, tomou a emoção por receio.

– Não há perigo nenhum, Jack Gil. É só entrares no hotel, pedires para falar com o homem, e depois transmitires-me o que ele te disser. Não há pistolas fumegantes, nem nazis a espreitar nos corredores.

Foi a minha vez de dar uma gargalhada:

– És muito persuasiva!

Mirou-me através do seu copo de *brandy*, e a sua cara surgiu-me deformada pelo vidro e pelas pedras de gelo:

– Confio em ti, Jack Gil. Não sei bem porquê. Ou talvez saiba...

– Talvez saibas?

Desviou o copo, fazendo contacto visual comigo:

– Sabes segurar muito bem nas saias de uma mulher.

– E isso é razão para confiares num homem?

Mary levantou-se e caminhou pela sala na direcção da janela. Lá fora, o ciclone aumentara de intensidade. As portadas exteriores das janelas batiam com força contra a parede, produzindo um ruído desagradável.

– Está feio – comentou Mary, observando a rua, e repetiu o que dissera horas antes no carro. – Deve ser por isso que hoje não há ninguém a ver ninguém.

Era como se o facto de não existir ninguém a observá-la a libertasse da opressão. Foi talvez nesse momento que percebi que era muito infeliz em Lisboa. A sua solidão comoveu-me. Com o passar dos meses viria a confirmar que, sem filhos e com um casamento moribundo, Mary estava à beira de um colapso.

– Achas que Salazar está a dormir? – perguntou ela, mudando de novo o rumo da conversa.

Passava da meia-noite. Dizia-se que Salazar dormia pouco, mas era provável que àquela hora estivesse deitado.

– Acho que sim.

Mary sorriu:

– Um ditador nunca dorme. Pode ser neutral, mas não dorme.

Depois, novo e inesperado salto no diálogo, e a pergunta:

– Ficas comigo esta noite, Jack Gil?

Seria o excesso de *brandy*? Balbuciei, mas interrompeu-me:

– Não me desiludas, Jack Gil. És um cobarde? Não bebes muito, compreendes a política dos nazis, a neutralidade de Salazar e, ainda por cima, não apalpas as pernas de uma mulher! Quem és tu, Jack Gil, és inglês ou és um palerma?

Eu, Jack Gil Mascarenhas Deane, filho de mãe portuguesa e pai inglês, nascera em Cape Town, na África do Sul, onde vivera seis anos da minha infância. Depois, seguira-se Sydney, na Austrália, até aos 15. Novos projectos do meu pai e nova viagem, até Hong Kong, onde permaneci até aos 25, antes de vir para Portugal. Conhecera ao longo da vida muitas mulheres: criadas, secretárias e até amantes do meu pai. Mais tarde, vieram as prostitutas e as colegas da universidade. Tinha, pensava, um suficiente conhecimento dos temperamentos femininos. Mas estava errado. Em 1941, nunca conhecera uma mulher como Mary, nunca uma mulher me falara assim, em desafio, com hostilidade, pondo em causa a minha coragem, o meu orgulho patriótico, o meu carácter. Estava perfeitamente siderado, paralisado pela sua contundência verbal.

– Estás sem palavras, inglês? – insistiu ela. – A tua diplomacia, a tua educação, não te dizem como responder? O que é preciso para te fazer estremecer? Meu Deus, pareces um figurante do teatro!

Mary estava, definitivamente, lançada. Não sabia o que despertara aquela explosão, e não sabia como contê-la. Fiquei ali, a olhar para ela, sem palavras. Seria aquilo um teste, a sua estratégia de recrutamento?

Mary encolheu os ombros, decepcionada:

– Só me saem destes... Achas que, se eu quisesse vir sozinha para casa, não tinha chamado um táxi?

Meses mais tarde, estas estranhas mudanças de temperamento de Mary, os seus «arranques» como eu lhes chamava, tornaram-se compreensíveis para mim. Quanto mais a sua vida e a de James Bowles se iam tornando perigosas em Lisboa, mais instável ela ficava. Mas, naquela primeira noite, a forma desabrida como me falou pareceu-me conversa de desmiolada e bêbada.

– Mary – perguntei –, o que foi que eu disse que te incomodou tanto?

Ela deu uma gargalhada histérica:

– Oh!, sempre um cavalheiro – e imitou a minha voz. – «Mary, o que foi que eu disse que te incomodou tanto?»

Depois, regressou ao seu tom impulsivo, hostil, agressivo:

– Acorda, Jack Gil! Estamos em guerra! Na guerra não há cavalheiros, só homens duros e maus. Homens que atiram bombas para cima de cidades! Homens que querem matar nazis! Diz-me, cavalheiro Jack Gil, porque é que não foste à guerra?

Debrucei-me para a frente no sofá e expliquei-lhe:

– Já tenho 30 anos, não fui chamado. Além de que sou filho de mãe portuguesa.

Ela fez um gesto de desprezo com a mão:

– Logo vi. És um cobardolas – imitou-me de novo. – «Sou filho de mãe portuguesa.» Os nossos rapazes a sangrarem nas areias dos desertos de África, os pilotos da RAF a caírem como patos mortalmente atingidos e tu, «sou filho de mãe portuguesa», «já tenho 30 anos». Pfff, bem diz o James que a nossa fibra se está a perder. Os nazis não pensam assim, sabes? O Hitler diz-lhes para eles se atirarem a nós e eles fazem-no, pelo Terceiro Reich! E tu: «Tenho 30 anos, não fui chamado.» Não tens vergonha?

Uns anos antes, o meu pai dissera-me o mesmo. Queria que eu fosse para Inglaterra alistar-me na Royal Navy. Recusei. Preferia os bordéis de Hong Kong e mais tarde o Casino do Estoril. Morrer não era ideia que me agradasse, mesmo que fosse pela pátria. Só que, agora que a guerra estava no auge, consumia-me um sentimento de culpa. Sentado atrás de uma mesa de mogno no escritório da companhia de navegação do meu pai, numa rua próxima do Cais do Sodré, não contribuía em nada para mudar o curso daquela guerra estúpida. Muitas vezes perguntara a mim próprio o que poderia fazer, mas nada me ocorria. Perante o desafio de Mary, sentira-me por momentos útil. Ouvir estas palavras, cruéis mas certeiras, irritava-me e explodi:

– Mary, disse há pouco que te ia ajudar, que ia falar com o Nubar! Porque me estás a humilhar? Sim, não me alistei! Sim, nunca fiz o que o meu pai me pediu, ir para Inglaterra lutar! Mas isso já é passado! Agora, aqui em Lisboa, estou pronto para ajudar a Inglaterra nesta guerra!

Ela escarneceu de mim:

– Olha, de repente temos herói. Vai falar com uma pessoa num hotel chique de Lisboa e já diz que «está pronto para ajudar a Inglaterra nesta guerra»! Que nobre, que digno! Pobre Jack Gil. Bem vestido, anda de *Citroën*, noivo de uma portuguesinha de boa família, amiga de Salazar.

Ofendido, esbocei o gesto de me levantar do sofá. Mary murmurou, sibilina:

– Ó pobrezinho, queres ver que o magoei? Falei na noivinha...

Gritou, como uma mãe berra à criança que praticou um disparate:

– Pára de te portares como um palerma, Jack Gil! Age como um homem, responde-me à letra, e não te ponhas para aí com delicadezas!

Talvez fosse isso que Mary quisesse, que eu entrasse num combate verbal com ela. E confesso que, embora à superfície aquela verborreia me estivesse a incomodar, aqueles termos provocavam em mim alvoroço. Era como se a trepidação que emanava dela me estivesse a acordar energias, como se um redemoinho me puxasse, e sentia vontade de lhe ripostar, de a agredir de volta. Foi o que fiz.

– Mary, já me tinham dito que eras uma cabra.

Um insulto. Em 1941, as pessoas não usavam tanto os palavrões como usam hoje, quando já os banalizaram. Em 41, um insulto era uma coisa grave. Contudo, ao longo da vida fui compreendendo que a atracção sexual entre homens e mulheres é cheia de mistérios, e um deles é que os insultos entre seres que se desejam são por vezes naturais. Trata-se de actos drásticos, destinados a despertar o irracional das pessoas, o seu lado mais violento, apaixonado e animal.

– Ah! Ah, Ah! Cabra? Chamaste-me cabra? Ora querem lá ver que afinal não és só salamaleques!

Mary levantou o copo e disse:

– Brindemos a isso! À cabra! Vá lá, inglês, filho de mãe portuguesa, bebe um copo à saúde desta cabra maluca!

Depois, sorriu com malícia e perguntou:

– Também dizes palavrões durante o sexo?

Julgo que corei, pois ela apontou imediatamente o dedo para a minha cara e gritou:

– Estás a corar! Jack Gil, tu dizes palavrões durante o sexo! Tu, o atencioso, o cavalheiro, o noivinho, dizes palavrões durante o sexo!

Por instantes, o verniz da civilização era um porto seguro, aonde eu queria regressar desesperadamente. Estava enervado e inseguro. Mas, ao mesmo tempo, desejava possuí-la.

– O que é que tu lhes chamas, inglês filho de mãe portuguesa? – perguntou. – O que é que dizes às mulheres quando lhes falas ao ouvido? Vá lá, Jack Gil! Se vamos trabalhar juntos temos de confiar um no outro. O que é que lhes dizes? Que obscenidades?

Então, pela primeira vez na vida, contei a uma mulher o que dizia às outras mulheres quando as possuía.

Caramba, 50 anos depois, deitado numa cama do Hotel da Lapa, ainda me sinto excitado com aquela primeira conversa louca que tive com Mary. A nossa vida é feita de memórias, é isso que conta no fim. Obviamente, não demorámos muito tempo a cair nos braços um do outro. Ela era uma mulher necessitada de homem, e eu um homem necessitado de mulher. No entanto, tenho uma recordação difusa dessa primeira noite. Aconteceu-me várias vezes isso na primeira noite com uma mulher. Estamos demasiado excitados para reparar nos pormenores. Só recordo que foi a primeira vez que lhe vi as ligas e eram pretas.

Do que me lembro melhor foi do regresso do medo. Depois do amor e do sexo, Mary ficava sombria, o seu mundo interior fustigado por ventos mais fortes do que os do ciclone que fazia bater as portadas contra as paredes da casa. Regressava a Londres e às bombas. Agarrava-se a mim e dizia:

– Jack Gil, tu não sabes o que é uma bomba a cair e nós a cair com ela...

5

Observo um pombo enquanto ele voa, a princípio na direcção da Rua Augusta, depois inclinando-se para a sua esquerda, como se fosse visitar a Pastelaria Suíça, aonde não chega, pois voltou a mudar de ideias e agora plana para o centro da Praça do Rossio. Irá pousar junto dos outros pombos, na estátua de D. Pedro? Não é isso que faz e prossegue com nova guinada, ganhando altitude, a caminho do Teatro D. Maria.

O Rossio de 1995 é semelhante ao que conheci. No chão há alcatrão em vez de empedrado e há traços pintados a branco. Circulam autocarros laranjas, feios táxis cor de creme, e muitos mais carros do que no meu tempo. Mas a praça continua soalheira, alegre, barulhenta, com pombos e gente sempre agitada. Fixo a estátua de D. Pedro, ao lado da qual, há 50 anos, o meu amigo Michael soltou as suas máximas sobre Mary e o coronel James Bowles.

– O marido devia tomar conta dela. É isso que eu penso – declarou.

À nossa volta, centenas de pessoas enchiam a praça. A maioria eram estrangeiros e quase não se ouvia falar português, mas sim francês, inglês, alemão, polaco ou holandês. Desde Junho de 40, após a derrota da França pela *blitzkrieg* nazi, Portugal fora invadido por refugiados, que passavam os seus dias ociosos entre a Baixa e a Avenida da Liberdade.

Arrastavam malas, sacos cheios de roupa, crianças. Instalavam-se nas pensões e nos hotéis, sentavam-se nos cafés, ou formavam filas, à porta da estação dos Correios, das companhias de navegação, ou dos consulados britânico ou americano. À espera de um visto e de um bilhete de barco que os colocassem a caminho do Brasil ou da América.

– A Mary anda descontrolada. E isso é perigoso. Percebes, Jack?

Parei, no meio da praça:

– Porquê?

O meu amigo olhou-me com curiosidade. Michael era inglês, mas também nascera na África do Sul. Não em Cape Town, como eu, mas em Joanesburgo. Por lá crescera, até vir para Portugal. Há cinco anos, mais ou menos na mesma altura em que eu viera para Lisboa, ele tinha sido admitido no Foreign Office, e fora colocado três anos em Free Town. Acho que, desses tempos difíceis que passou na Libéria, lhe ficara uma dureza de carácter que jamais o abandonou. Deixara também crescer uma barba rala, cujo tom dourado lhe dava um ar de actor de cinema. Tinha imenso sucesso com as mulheres e, ao olhar para os seus olhos azuis e vivos, e para a sua tez queimada pelo sol, não me era difícil perceber porquê.

– Mary é importante – explicou. – Safa os nossos pilotos de caírem nas mãos dos boches. Se começa a dormir com todos, isso vai criar problemas.

Surpreendido, perguntei:

– A dormir com todos?

Michael sorriu, condescendente:

– Jack, não me digas que achas que és o primeiro?

Bati as pestanas, confundido. Ele fez um ar trocista:

– Jack, por favor. Até o David já dormiu com a Mary!

– O David?

David era um dos adidos económicos da Embaixada inglesa. Apesar de bom tipo e simpático, era um pouco efeminado para o meu gosto, e duvidava das suas inclinações.

– Sim, Jack. O David, eu, o Barney da Sandeman, cada vez que vai ao Porto, e sei lá mais quantos. O coronel sai da cama por um lado e entra logo um homem do outro!

Estava perplexo. Mary era uma mulher experiente e vivaça, mas nunca esperei um currículo tão vasto.

– Chamou-te cobarde?

A pergunta de Michael atingiu-me como um tiro no peito. Mary tinha dito aquilo na intimidade, não era possível ele saber. A não ser que... fosse um hábito de Mary. Consciente de ter acertado em cheio, o meu amigo riu-se:

– Sempre a mesma Mary. Faz isso com todos. Insulta-nos, provoca-nos, e depois trepa por nós acima. Diz-me, Jack, a Mary pediu que a montasses?

Corei. Michael deu uma gargalhada e depois gritou, no meio do Rossio:

– Bem-vindo ao clube dos namorados da Mary!

Fingiu ter um copo na mão, ergueu o braço e executou um brinde à minha saúde, com pompa e circunstância. Era um patife teatral, o meu amigo! Desatou a rir e o seu riso contagiou-me, e pouco depois já eu ria às gargalhadas. As pessoas que passavam por nós também riam, divertidas.

A custo, recuperámos a seriedade, e Michael avisou:

– O problema é esse, Jack. Muitos homens na cama, muitos segredos que deixam de o ser. Nestes tempos, é preciso ter cuidado. Os alemães têm amigos por todo o lado.

O lembrete de Michael soou-me exagerado. Desconhecedor do furtivo mundo da espionagem, tinha a atrevida ignorância de duvidar.

– Ela pareceu-me mais preocupada com o coronel... Diz que ele anda a falar com os comunistas – contrapus.

– Com ela é que ele não fala muito – resmungou Michael.

O meu amigo começou a andar na direcção da Suíça e segui-o. A pastelaria, onde a afluência de refugiados obrigara a abrir uma esplanada para a rua, fora baptizada pelos portugueses de «Bompernasse», pois podiam observar-se por lá muitas e belas pernas de mulheres estrangeiras. Francesas, belgas, holandesas, judias da Alemanha ou da Polónia, calçavam *soquettes*, saíam à rua sem meias, luvas ou chapéus, e penteavam o cabelo curto, «à refugiada». Aliviadas por terem escapado à guerra, aos *black outs*, às bombas ou seguições da Gestapo, viviam Lisboa como um oásis, nirvana de paz e felicidade, e mostravam as pernas ao sol, lendo revistas e fumando cigarros, numa animação estranha aos costumes lusitanos.

À frente da Suíça, um agitado grupo de portugueses discutia a recente ocupação de Timor pelos japoneses. Deviam ser funcionários públicos, saídos do emprego há pouco. Alguns tinham na lapela «cruzes de Lorena», emblema da França Livre, outros emblemas da RAF inglesa, que usavam com orgulho apesar das multas da PSP. A 20 metros do grupo, dois circunspectos homens de casaco cinzento, provavelmente da PVDE, vigiavam o ajuntamento para evitar o descambar das polémicas.

– Cá estão os nossos «amigos» – resmungou Michael.

Diversas vezes me confessara a embirração que nutria pelos agentes da Polícia de Vigilância e Defesa do Estado, a PVDE, que considerava gente de segunda categoria. Mal formados, quase todos originários da PSP, não falavam línguas, e Michael descrevia-os como paus-mandados, capazes de incomodar, perseguir e torturar, sem saberem distinguir um francês dum polaco. Porém, embora reconhecesse que existiam influências germânicas e do fascismo italiano na PVDE, Michael considerava que a Gestapo não dominava a polícia de Salazar. Explicara-me que o capitão Agostinho Lourenço, o chefe da PVDE, não era pró-nazi mas sim um «neutro», que cumpria estritamente as ordens de Salazar. Para o meu amigo, havia na PVDE homens mais perigosos do que o chefe, como o tenente Marrano, que Michael considerava «um filho da puta», formado na Alemanha pela Gestapo, um sinistro esbirro a quem dava gozo perseguir os judeus e os comunistas.

Sentámo-nos ao balcão da pastelaria. Michael puxou de um maço de cigarros, ofereceu-me um e acendeu outro. Depois perguntou:

– A Mary quer que tu a ajudes?
– Sim.
– E tu queres ajudá-la, ou só queres continuar a montá-la?

Sorri:
— As duas coisas.
Ele riu-se. Acenou ao empregado atrás do balcão e pediu duas aguardentes. O homem veio, pousou dois copos, encheu-os e retirou-se.
— O problema não é a ajuda que vais dar — disse ele. — O problema é ajudá-la a ela, à mulher do James.
Permaneci calado. Michael prosseguiu, revelando-me uma novidade:
— Ontem chegou um tipo novo a Lisboa. Ralph Jones. Para pôr ordem na casa. — Fez uma pausa, depois de dar um trago na aguardente, e baixou o tom de voz, como que a conferir gravidade ao que ia dizer. — O coronel Bowles é perigoso.
Olhei para ele:
— Por causa dos comunistas?
Michael franziu as sobrancelhas, dando-me a entender que não era local para falar em tal tema. Mudou de assunto e perguntou:
— Queres ver a minha nova faca?
Tirou do bolso do casaco um coldre, e mostrou-me a faca. A lâmina era afiada, brilhante, límpida como um espelho onde os nossos copos se reflectiam. Segurou-a pelo cabo de madeira trabalhada e afirmou orgulhoso:
— É uma *Randall*, igual às que o exército americano usa. Mandei-a vir de lá. Gosto de americanas...
A afirmação tinha um duplo sentido, pois ele andava a namoriscar uma secretária da Embaixada americana, Janice.
— É bonita — disse eu, enquanto passava um dedo sobre a lâmina.
— Cuidado, não te cortes — avisou. — É tão afiada que a casca das maçãs fica fina como uma folha de papel.
Admirei a arma e depois devolvi-a ao meu amigo, que a recolocou no coldre com cuidado, guardando o conjunto no bolso interior do casaco. Deu novo gole na aguardente e pousou o copo. Baixou a voz:
— Os alemães andam a queixar-se cada vez mais ao capitão Lourenço. A semana passada, um padre do Barreiro foi

chamado à PVDE. Acusaram-no de fazer sermões contra a Alemanha.

Reflecti. Se eles chegavam ao ponto de perseguir padres, fazer o mesmo ao coronel Bowles era fácil. Michael afastou-se do balcão e eu segui-o. Quando saímos para a rua, perguntou-me:

– E como vai a Carminho?

6

Michael nunca antes me perguntara por Carminho. Estaria a fazê-lo apenas porque se sentira enciumado com o meu caso com Mary? Ou estaria a tentar proteger-me, recordando-me a minha noiva oficial para me afastar de uma relação com Mary, que comportava riscos, devido às imprudências do coronel?

– Fomos ontem ao cinema, a Carminho, a irmã e eu. – Fomos ver a estreia de *Rebecca*, do Alfred Hitchcock. Estavam lá o Lawrence Olivier e a mulher, a Vivien Leigh, que vieram de propósito cá para fazer publicidade ao filme.

Michael não ficou impressionado. Era comum, naqueles tempos, virem a Lisboa muitos «famosos» de Hollywood. A mando da censura, os jornais davam enorme destaque às suas estadias, com o óbvio propósito de distrair a população.

– Ela tem andado bastante ocupada – continuei. – Organizou uma festa para as vítimas do ciclone, e conseguiu que alguns estrangeiros participassem. Até a Josephine Baker cantou!

Os artistas estrangeiros não podiam actuar em Portugal, tal como os refugiados estavam impedidos de trabalhar. Porém, o general na reserva Joaquim Silva, pai de Carminho, era amigo de Salazar, e movera as suas influências. Assim, uma excepção foi concedida, e o público ouviu a voz de Josephine Baker, uma célebre cantora da Broadway, que fugira de Paris depois de ter sido acusada de espionagem pela Gestapo.

– E viva Salazar – ironizou Michael.

– Como correu bem – continuei –, a Carminho quer organizar mais espectáculos. Falou com umas pessoas do jornal *O Século*, e formaram uma comissão.

– D'*O Século*? Esse é dos nossos – comentou Michael, entusiasmado. – Sabes o que se passou lá?

Contou-me que um dos jornalistas enchera as instalações de emblemas da RAF e bandeirinhas portuguesas e inglesas, com o ámen do director. Para o meu amigo, era uma pequena mas saborosa vitória.

Acrescentei que a comissão já tinha uma canção pronta, um hino para os espectáculos:

– O título é: «Obrigado, Portugal!»

Michael estacou de repente:

– Obrigado, Portugal? Obrigado, Portugal, porquê?

Abri os braços:

– Então não estamos a receber bem os refugiados?

Michael abanou a cabeça, desagradado:

– Jack, não me insultes. Não repitas a propaganda de Salazar.

Ripostei:

– Propaganda? Ora essa, então não somos o único país da Europa onde eles podem viver em paz e sossego?

– Paz sim, mas sossego? – irritou-se Michael. – Aos judeus, colocam-lhes um J no passaporte e, se puderem, deixam-nos na fronteira! Aos refugiados, quando não os podem mandar imediatamente para o navio, a caminho do Brasil e da América, enviam-nos para as praias! Para a Ericeira, para a Costa de Caparica, para a Figueira da Foz.

– Pelo menos apanham sol, e tomam banhos de mar! – exclamei.

Michael recomeçou a andar, indignado:

– E os que ficam por aqui são depenados! Até para irem à casa de banho nos cafés têm de pagar! Os donos das pensões cobram-lhes fortunas e os senhorios pedem um dinheirão por um quartito! Já para não falar num apartamento mobilado!

Infelizmente, era verdade. Muitos portugueses lucravam com a situação dos refugiados. Às vezes, mal chegavam às fronteiras, compravam-lhes a preços insultuosos as jóias, os casacos, até as roupas.

– Obrigado, Portugal – repetiu Michael, com desdém.
– E os vistos, e os bilhetes? Há imensos que são enganados pelas agências: pagam mais de 50 contos pelos bilhetes e pelos vistos e ficam a ver os navios partir sem eles!

Suspirou fundo. Estávamos a passar em frente de um quiosque, a caminho dos Restauradores. Michael parou e observou os jornais.

– Olha para isto! Vês como os nazis são fortes neste país? Repara nisto – e apontou com o dedo para as bancas.
– *O Sinal, A Voz, A Acção* é tudo deles! *A Esfera* também! O *Diário de Notícias* e o *Diário da Manhã*, a mesma coisa, tal como aqueles ali – e apontou para o *Diário Popular* e o *Jornal de Notícias*, resmungando: – Tudo boche. E nós, o que é que temos?

Apontei noutra direcção:
– Bem, temos o *Anglo Portuguese News*! E não disseste que *O Século* era dos nossos?

Michael revelou-se desapontado:
– É pouco.

Depois descobriu um pequeno motivo de alegria:
– Olha, o *Novidades*! Vá lá, pelo menos temos o Cerejeira e a Igreja. Cristo está connosco.

Para o animar, enumerei mais alguns títulos que me pareciam pró-ingleses:
– O *Diário de Lisboa*, o *República*, e os dois do Porto, o *Primeiro de Janeiro* e o *Comércio do Porto*. E as revistas...
– Sim – confirmou Michael. – *A Guerra Ilustrada* e *O Mundo Gráfico*. São as únicas mesmo bem feitas!

Na realidade, não eram revistas portuguesas: *O Mundo Gráfico* era americana e *A Guerra Ilustrada* uma tradução do original inglês. Ambas muito populares, tinham excelente qualidade gráfica.

O meu amigo rematou:
– Metade são nossos, metade são dos nazis! Estranho país este. Mas a tua Carminho que cante obrigado, Portugal, ela que vá cantando...

Embora a censura do regime vigiasse a imprensa, a divisão de opiniões reflectia o estado do país. Em 1941, Portugal estava rachado ao meio nas suas simpatias. Famílias, povo, imprensa, círculos do poder, dividiam-se entre o partido anglófilo e o partido germanófilo, ambos em luta pela alma e pela simpatia dos portugueses.

Continuámos a andar e passámos em frente do Hotel Avenida Palace. Michael não olhou para o edifício, mas encostou-se a mim, baixou a voz e disse, em tom conspirativo:

– Há um corredor secreto que liga o cais dos comboios do Rossio a um dos andares superiores do hotel. Assim, os alemães conseguem entrar sem terem de passar pelo controlo da polícia.

Não fazia ideia de como ele sabia tais coisas, e absorvia as histórias, deslumbrado com os seus conhecimentos da vida secreta lisboeta.

– Vais agora ao Aviz? – perguntou.

Olhei para o relógio. Eram seis e meia. Ficara de estar às sete no hotel, para me encontrar com Nubar.

– É melhor apanhares um táxi – sugeriu Michael.

Olhei na direcção do Marquês de Pombal e observei a Avenida da Liberdade, barulhenta e tumultuosa. Dali até ao Aviz era um longo caminho. Se fosse a pé não chegaria a horas.

– E tu? – perguntei.

– Não te preocupes. Tenho a minha faca nova.

Apertámos as mãos, bem-dispostos. Ele perguntou:

– Já viste a nova secretária lá da Embaixada, a Rita?

– Não.

– Veio com o Ralph. Novo chefe, nova miúda.

Sorri:

– É gira?

Michael deu um sonoro assobio:

– Gira é pouco. Olho azul, cabelo loiro, bela *poitrine*!

– «Bompernasse»?

Rimos.

– Do melhor que tenho visto nos últimos meses – afirmou.

– Melhor que a «belga»?

A «belga» era uma entidade mitológica para nós. Chamada Stephanie, tínhamo-la conhecido em Agosto de 1940, à porta da Pastelaria Suíça, atarantada com o calor, à procura de uma pensão. Passámos uma tarde na esplanada a conversar com ela, enfeitiçados, a olhar para aquela cara loira, para aquelas pernas enormes, para aqueles peitos volumosos. Mas, apesar de ambos a termos levado a uma pensão na Alexandre Herculano, nenhum a tinha conquistado. A «belga» adquirira assim um estatuto único: deusa inacessível, corpo divino, mulher belíssima, termo de comparação permanente, nostalgia de um romance nunca consumado.

– Não – disse Michael, fingindo uma tristeza profunda. – Melhor que a belga já não se fabrica.

Rimos outra vez. Reanimado, o meu amigo rematou:

– Mas a Rita é uma truta!

– Tenho de a conhecer! Um dia destes passo por lá só para a ver!

Michael aproveitou para me espetar uma bandarilha no cachaço:

– Vais tentar ser, uma vez na vida, o primeiro e não o último da lista?

Definitivamente, o meu caso com Mary tinha-o incomodado. Continuava a tentar desviar-me dela. Primeiro Carminho, agora Rita. Encolhi os ombros e dirigi-me para a paragem de táxis.

Uns momentos depois, ouvi-o chamar:

– Jack!

– Virei-me. Deparou-se-me o seu olhar sério, a cara fechada, e uma voz preocupada, que me disse:

– Cuidado com o coronel...

7

O que se passou entre mim e Carminho? Depois de 54 anos, em frente ao Condes e à paragem onde naquela tarde de Março apanhei o táxi para o Hotel Aviz, continuo sem resposta para tal pergunta.

No dia do espectáculo por ela organizado, Carminho apareceu a meio da tarde com o cabelo cortado curto, imitando o penteado «à refugiada». A moda trazida pelas estrangeiras, depois de vilipendiada pela alta sociedade lisboeta, era agora imitada pelas raparigas portuguesas.

Estranhei a mudança. A sua cara bonita, os olhos castanhos tranquilos, a boca fina, o seu pequeno nariz, ganhavam uma nova luz. Recordo-me bem do alvoroço em que fiquei ao vê-la. Quando, um ano antes, conhecera Carminho num jantar no Hotel Palácio, sentira-me atraído pela sua serenidade, a paz que a sua companhia me proporcionava. Carminho não era daquelas mulheres que enche uma sala. Pelo contrário: era discreta, tímida, escondia-se de qualquer tipo de protagonismo e falava pouco.

Ao mudar o penteado, parecia querer mudar de personalidade. Ficava mais bonita e desejável, mas perdia o recato e isso assustou-me. Lembro-me de que senti um forte desejo e que a tentei beijar. Naquele dia, ainda estava convencido de que sentia amor por ela.

– Não, aqui não, vem aí o meu pai.

Carminho afastou-se, recusando o meu beijo, embora no olhar brilhante revelasse contentamento com a minha manifestação. O general na reserva Joaquim Silva entrou na sala. Os seus cabelos, completamente brancos, estavam penteados para trás, luzidios devido à brilhantina. A testa alta recuperava-lhe o porte imponente que se via nas fotografias dos seus tempos de juventude, espalhadas pela casa. Vinha vestido com a sua farda de gala, impecavelmente engomada. Era um homem vaidoso, sempre bem barbeado e perfumado.

– Ora viva o meu futuro genro! – saudou.

Envolveu-me num abraço caloroso. Depois da cerimónia dos primeiros meses, passara a receber-me com entusiasmo.

– Então, Jack, diga-me lá, ganha ou não ganha esta guerra? Está difícil!

O general Joaquim Silva admirava a capacidade industrial e militar da Alemanha, os seus aviões e submarinos, a sua arquitectura grandiosa. Porém, considerava Hitler um «megalómano».

– Continua com o rei na barriga – disse ele – só porque dobrou os franceses em seis semanas. Mas com a Inglaterra é mais difícil. Nem o Napoleão lá foi, nem o Júlio César! Os ingleses têm muita fibra! Pode bombardeá-los pelo ar, mas não mete um pé em terra!

Durante o último Inverno, o pai de Carminho desenvolvera uma inesperada admiração por Churchill. Quando o conheci, em princípios de 40, o general considerava o primeiro-ministro inglês um velho tonto e bêbado, e lamentava que a Inglaterra tivesse caído nas mãos «daquela pipa». Contudo, esse severo julgamento foi ruindo à medida que ia ouvindo, na BBC, os discursos de Churchill. Um dia virara-se para mim e exclamara:

– Sangue, suor e lágrimas! Que grande tirada! Mexe connosco por dentro e nem sequer somos ingleses!

Gostava particularmente daquele discurso onde o primeiro-ministro prometera que os ingleses combateriam «em todos os campos, em todas as casas, em todas as ruas». E imitara a sua voz grave:

– *We shall never surrender*!
Emocionado, acrescentara:
– Livra, que até fico com pele de galinha!
Tais elogios não eram bem recebidos em sua casa. Os dois irmãos de Carminho, Luís e António, ambos militares, idolatravam Mussolini e Hitler, esforçando-se por moderar as excitações anglófilas do pai. Para minha sorte, naquela tarde nenhum deles estava presente.
– Que bela que a menina Carminho está! – apreciou o general. – E de penteado novo, que tão bem lhe fica!
Carminho sorria, encantada com os mimos paternos. A princípio, estes constantes apaparicanços pareciam-me exagerados e só aos poucos compreendera o verdadeiro motivo de tanta atenção: Carminho estivera várias vezes doente na adolescência, tinha os pulmões fracos, e essa vulnerabilidade gerava no pai a vontade de a elogiar todos os dias com piropos e carinhos.
– E então, está tudo em ordem para logo à noite? – perguntou o general.
Dizer que Carminho tinha sido a organizadora do espectáculo para as vítimas do ciclone era um exagero. Na realidade, apenas a ideia fora dela. A logística ficara a cargo da mãe, Guilhermina Silva, um poço de mau génio e vitalidade.
– Sim, pai, está tudo preparado. A mãezinha está lá, a arranjar as coisas de última hora. O *chauffeur* vem daqui a pouco para nos levar.
– E a Luisinha, já está pronta? – perguntou o general.
Luisinha era a irmã mais nova de Carminho. Com 20 anos, era bem-disposta, mais agitada do que Carminho, e fanática por cinema.
– Só pensa na estreia da *Rebecca*! Ainda falta uma semana e já não fala noutra coisa! – queixou-se Carminho.
O general não gostava de cinema americano e aturava com enfado os gostos do benjamim da casa:
– Ó Carminho, isso é que não! Não vamos falar de americanices patetas! Hoje não é dia de cinema, é dia de música!
Virou-se para mim e perguntou:
– Ó Jack, toma um *brandy*?

Aproximou-se do bar e encheu dois copos. Carminho não estava autorizada a beber, por causa da sua saúde.
– Então, foi ver as obras? – perguntou. – Ninguém pode dizer que estamos a morrer à fome, pois não?

Sugerira-me uma visita às novas obras públicas impulsionadas pelo ministro Duarte Pacheco: o Instituto Superior Técnico e o Instituto Nacional de Estatística. Com elas, Salazar promovia a ideia de que, apesar de a guerra sacudir a Europa, a prosperidade económica continuava em Portugal.

– Assim, os estrangeiros não pensam que isto é a parvónia! – exclamou o general. – Percebem que por cá vive-se bem, que é por isso que escolhemos a «neutralidade». É um grande homem, o Salazar, estamos em boas mãos!

Carminho lembrou que Salazar autorizara o espectáculo.
– Bem sei, fui eu que lhe pedi – revelou o general.
De repente, examinou a filha, admirado:
– Ó Carminho, esse penteado novo não é «à refugiada»?
Ela sorriu, lisonjeada:
– É sim, paizinho! O Jack gostou muito!
Então, o general exaltou-se:
– Há um ano, quando eu disse que era um penteado bem bonito, a tua mãe ficou horrorizada! Disse que as refugiadas eram umas «valdevinas», que só traziam maus hábitos! E agora todas as raparigas bonitas se penteiam assim! É o que eu digo, nesta casa ninguém me ouve!

Lembro-me de que, para não ofender a feroz esposa, o pai de Carminho tinha por hábito referir-se a ela como «nesta casa», como se a expressão, por incluir o lugar e quem lá vivia, fosse vaga e inócua. Era a forma de se queixar contra a tirania da mulher, revelando sabedoria e evitando sempre uma confrontação directa. Carminho e Luisinha também nunca discutiam as ordens da mãe, mas desafiavam a autoridade materna nos pormenores. O penteado «à refugiada» ou o cinema de Hollywood, ambos detestados pela mãe, eram os momentos de rebeldia das raparigas.

Em frente ao Condes, invade-me hoje uma nostalgia suave por esses dias. Ainda acreditava que aquele noivado tinha futuro, e lembro-me de que, na noite da estreia de *Rebecca*, largos minutos depois de se apagaram as luzes, Carminho encostou-se a mim e, em certos momentos de maior intensidade no filme, sempre que Joan Fontaine se assustava, chegava mesmo a pousar-me a mão na perna, apertando-ma. Quanta inocência...

8

Entro num táxi e peço para o homem me levar ao Hotel da Lapa. O Aviz já não existe, foi demolido ainda nos anos 60, e em seu lugar foram construídos dois edifícios, um deles o Hotel Sheraton. Não vale a pena lá ir. Prefiro fazer uma sesta. O condutor do táxi é um homem pequeno, de bigode escuro, olhar vivo. Lembra-me Roberto, o condutor do táxi que apanhei na mesma paragem, em 1941.

– É inglês? – perguntou o taxista.
Confirmei e ele fez o V de vitória com os dedos.
– Mas a minha mãe era portuguesa – acrescentei. – O meu pai é que é inglês. Eu nasci em Cape Town, na África do Sul.
Acrescentei que me chamava Jack Gil.
– Eu sou o Roberto – disse ele.
– Roberto – repeti. – Não gostas dos alemães?
– Não gosto dos fascistas. E, apesar de ter bigode, e com muita honra, não gosto do bigode de Hitler. É um facínora! Deus não lhe vai perdoar o que tem feito, atirar bombas sobre Londres! Isso é obra do Diabo!
Indignado, prosseguiu:
– Outro dia, na rádio, por cima da voz do Fernando Pessa, ouvia-se o barulho das bombas. Só de ouvir as sirenes fico arrepiado. Dá medo!

Roberto, o taxista de Lisboa, só era bombardeado pela rádio e mesmo assim tinha medo. Subimos a Avenida da Liberdade, em direcção ao Marquês, como muitos outros carros. O Aviz ficava na Tomás Ribeiro e Roberto contou que, no dia anterior, fora lá levar um cavalheiro jugoslavo. Fez um sorriso matreiro:

– Ele e mais duas mulheres. Coristas, de certeza.

Não havia nada de estranho nisso, um jugoslavo instalar-se no Aviz, comentei. Lisboa estava cheia de estrangeiros.

– Pois – resmungou Roberto. – Mas que levem duas mulheres ao mesmo tempo para um quarto do Aviz não há muitos. É preciso ter dinheiro. Muito dinheiro. As coristas são caras...

Continuámos pela Fontes Pereira de Melo acima. Depois, Roberto virou à esquerda, e parou à porta do Aviz, que tinha a aparência de um pequeno castelo. Quando desligou o motor disse:

– Tipo estranho, o jugoslavo.

Percebi que queria contar pormenores. Os taxistas eram obviamente excelentes fontes de segredos. Tempos mais tarde, Roberto e outros formariam uma rede de táxis a trabalhar para o MI6, informando-nos das movimentações dos alemães na cidade. Dei-lhe uma nota de 20 escudos, valor muito superior ao preço da corrida.

Ele baixou o tom de voz:

– Vi o jugoslavo outro dia, à porta do Hotel Avenida Palace. Estava a falar com um alemão. E ontem de manhã vi-o outra vez, a sair daqui. Sei que tomou um táxi para a Embaixada americana. – Levou a mão ao bigode e fez um esgar. – Não me parece boa rês, compreende?

Agradeci-lhe a informação e ele despediu-se:

– Sempre às ordens, senhor Jack Gil.

Subi a escadaria e entrei no hotel. O Aviz era um espaço fabuloso, de um requinte e um luxo únicos em Lisboa. A sua inauguração, em 1933, fora «um acontecimento», como costumava dizer o pai de Carminho. Atravessei uma porta larga, guardada de cada lado por uma águia dourada. No grande átrio, afundei os meus pés na célebre carpete, talvez com mais de 20 centímetros de espessura, por onde circulavam em silêncio imensos empregados, como que deslizando. Forrando as paredes, belas tapeçarias persas exibiam-se, iluminadas pela luz de candelabros enormes. A escadaria era de ferro forjado, com águias douradas a separar os lanços e vasos de porcelana com palmeiras.

Na recepção, pedi para falar com Nubar Gulbenkian. Seguia as instruções de Mary, que concluíra ser o meu emprego um disfarce credível. Nubar poderia perfeitamente ter negócios com o gerente de uma companhia de navegação sul-africana.

O empregado sugeriu que eu esperasse no bar. Ao balcão, encontrei Harry Ruggeroni a ouvir a BBC. Cumprimentou-me efusivamente:

– Jack, que bom vê-lo! O que o traz por cá?

Robert Ruggeroni, o fundador do Aviz, morrera uns anos antes. Os seus filhos Harry e Tony assumiram a condução do hotel. Mas, em 1939, Tony alistara-se na Royal Air Force, deixando Harry sozinho na gerência. Conhecera-o no final de uma regata no Estoril. O seu veleiro travara com o meu uma luta renhida, e no final iniciáramos amizade. Sempre que me via desafiava-me para um passeio de barco.

– É desta que vamos ao mar? Pode trazer a sua noiva!

Prometi aceitar o convite em breve. Como dedicado dono de hotel, Harry quis saber o que me levava ali, se desejava uma bebida ou se viria jantar. Preparava-me para responder quando um empregado nos interrompeu.

– Senhor Gil, o senhor Nubar está à sua espera na suíte D. Manuel I. Se desejar, posso indicar-lhe o caminho.

Harry olhou para mim intensamente e dispensou o criado:

– Deixe estar, pode ir. Eu mesmo levo o senhor Gil.

Subimos a escada em silêncio. Quando chegámos ao patamar do primeiro andar, Harry parou junto de um belíssimo vaso de cerâmica e baixou o tom de voz:

– Negócios com Nubar?
– Sim – disse, sem acrescentar detalhes.

Ele apontou para o corredor:

– É a última porta à direita.

Depois, deu-me um abraço e sussurrou:

– Cuidado, até no meu hotel as paredes têm ouvidos.

Abriu um grande sorriso e começou a descer a escada, gritando:

– Temos mesmo de combinar o passeio de barco!

Percorri o corredor e bati na porta por ele indicada. Respondeu-me uma voz grossa:

– Entre!

Nubar estava em pé, a alguns metros da porta. Era um homem alto e forte, com umas enormes sobrancelhas encaracoladas, barbas negras e volumosas, e um óculo redondo no olho direito. Na cabeça usava um fez, vestia um fato caqui e estava apoiado numa bengala negra. Passei os olhos pela suíte e, para minha surpresa, descobri, encostado a uma das paredes, um caixão. No momento, a cerimónia impediu-me de lhe perguntar o que fazia ali tal coisa, e só durante o jantar Nubar me explicou ser a urna para o caso de ele morrer de súbito:

– Estou muitas vezes constipado, e assim já estou preparado.

Era, de facto, um excêntrico. Apresentámo-nos, ofereceu-me um *brandy* e um charuto. Depois piscou-me o olho:

– Gosto muito de ouvir cantar os pássaros...

Segui-o até à varanda. O ruído da rua cresceu, pois passava um carro eléctrico. Disse, em voz baixa:

– Há microfones no quarto, tenho a certeza.

Mary avisara-me de que Nubar era um homem desconfiado. Mas, depois do subtil aviso de Harry – ele era o dono do hotel, portanto deveria saber melhor do que ninguém –, acredito que as precauções de Nubar eram justificadas. Sentou-se sobre o parapeito e continuou:

– É mais seguro aqui. O ruído abafa as vozes.

Suspirou:

– Eles seguem-me. Ontem, andei a tarde toda a passear pela Avenida da Liberdade, a pé, e vi-os. Dois alemães. Topo-os à distância. Mais valia trazerem uma suástica pintada na cara!

Imaginei Nubar a passear, de bengala na mão, seguido pelo *Rolls Royce* guiado pelo *chauffeur*, e umas centenas de passos atrás, misturados entre os transeuntes, dois nazis de farda e capacete a vigiarem-no.

— Sabe que o Von Kastor tem um macaco no gabinete? — perguntou ele, enquanto retirava o seu óculo redondo.

Ludwig von Kastor era o chefe da Abwehr em Portugal, o responsável pelo serviço de espionagem alemão. Contava-se que tinha um mapa no gabinete, cheio de bandeirinhas vermelhas suásticas, que mudava de local consoante os avanços das tropas do Terceiro Reich.

— Não fazia ideia de que ele tinha um macaco — disse.

— Chama-se *Simon* — contou Nubar, e encolheu os ombros. — Não sei porque é que deu um nome inglês ao macaco...

Da varanda era possível observar a porta principal do hotel. Um homem saiu de um táxi e entrou no edifício. Nubar comentou:

— Lá vai o Popov. Anda sempre a entrar e a sair. É um tipo estranho. É jugoslavo e dizem que é agente duplo. Trabalha ao mesmo tempo para os alemães e para os ingleses. Chamam-lhe «Triciclo».

Surpreendido, repeti:

— «Triciclo»?

Nubar fez uma careta divertida:

— Diz-se que gosta de ter uma roda de cada lado...

Não percebi e ele explicou:

— Gosta de dormir com duas mulheres ao mesmo tempo!

Deduzi que era o mesmo homem que Roberto transportara.

— Anda a tentar falar com os americanos — continuou Nubar. — Diz que tem informações muito importantes. Mas eles não acreditam nele.

— Conhece-o? — perguntei.

— Sim. O problema é que ele dá muito nas vistas — rematou.

Demos ambos uma baforada no respectivo charuto e depois Nubar contou-me que os dois pilotos ingleses estavam de momento em Cáceres, escondidos numa quinta. O seu avião fora abatido no Norte de África. Tinham sido recolhidos por pescadores tunisinos, que os esconderam durante uma semana. Depois, haviam apanhado um barco para Valência, conseguindo desembarcar incógnitos. A partir daí, com a ajuda da rede de contactos de Nubar, estavam a atravessar Espanha, tentando evitar encontros com a Seguridad, a polícia secreta de Franco.

– Tenho bons contactos com os contrabandistas espanhóis, e julgo que os posso ter próximo de Marvão no final de Abril.

Expliquei que Mary os iria esperar à fronteira, no dia combinado. Depois, levá-los-ia de carro até Montemor, onde ficariam escondidos uns dias.

– Só os iremos buscar quando tivermos os papéis em ordem, e um navio para levá-los para Inglaterra – informei.

Nubar perguntou:

– É a Mary que vai buscá-los?

Confirmei. Ele ficou uns momentos calado e depois disse:

– Diga à Mary que lhe envio um telegrama para a Embaixada a informá-la do dia em que eles estarão na fronteira.

Tossiu e revelou o seu único receio:

– O problema é atravessá-la. Há muita Seguridad do lado de lá, e muita PVDE do lado de cá.

9

Decidi aceitar o amável convite de Nubar para jantar, e descemos até ao sumptuoso restaurante do hotel. Fomos recebidos pelo *maître* Alberto Rapetti, que viera do Savoy do Funchal, depois de ter trabalhado no Claridges, em Londres. Conduziu-nos à mesa e sugeriu a sela de cordeiro, que degustámos com prazer, elogiando a excelência do chefe Ribeiro. Nubar disse-me que continuava a tentar convencer o seu pai, um milionário dos petróleos, a mudar-se do hotel onde estava, na Suíça, para Portugal e para o Aviz. Ao saborear a sobremesa, crepes flambeados, comentou:

– Se o meu pai provasse estes crepes não hesitava. Ainda por cima são crepes com história.

– Com história? – perguntei.

Nubar recordou que fora a sobremesa servida num jantar que ali decorrera e cujos convidados principais tinham sido o anterior rei de Inglaterra, Eduardo VIII, e a sua mulher, Wallis Simpson. No dia 30 de Julho de 1940, nas vésperas da sua partida para as Baamas, onde Churchill lhe oferecera o posto de governador, o rei que havia abdicado do trono de Inglaterra por amor jantara no Aviz.

– Nessa noite diz-se que os alemães o tentaram raptar – relatou Nubar.

Através do seu embaixador em Lisboa, o barão Huene, os nazis tinham feito uma proposta ao antigo soberano inglês: ele assinava um tratado de paz com a Alemanha de Hitler e em troca era recolocado no trono de Inglaterra.

— Os serviços secretos ingleses andaram num virote, tentando a todo o custo demover o rei de tomar tal decisão. Depois do jantar no Aviz, o homem lá se decidiu. Partiu para as Baamas, a bordo do *Excalibur*, no dia seguinte, depois de ter sido recebido por Salazar.

Nubar abriu o seu sorriso:
— Se calhar foram os crepes do chefe Ribeiro que o decidiram!

Saboreei os crepes com outro respeito. Depois, bebemos um café e fumámos um charuto, antes de nos despedirmos com um forte aperto de mão.

Ao sair para a rua cruzei-me com um casal que entrava de braço dado. Só vi a mulher de relance. Vinha enlaçada pelo braço do jugoslavo Popov e, pelas palavras que escutei, compreendi que regressavam do Casino do Estoril. Apesar de o «Triciclo» vir apenas acompanhado por uma mulher, invejei-o imediatamente: era uma bela mulher, de longos cabelos negros, repletos de caracóis, e cujo andar revelava um porte invulgar.

Alice. Foi a primeira vez que a vi, tenho a certeza. Estou deitado na minha cama, mas não consigo dormir a sesta. Tomei há pouco um chá que me soube bem. O casamento do meu neto é só no sábado. Ainda bem que vim três dias antes. Dá-me tempo para recordar. Recordar a minha casa dessa época, na Rua dos Remédios à Lapa. Pequena, apenas um quarto e uma sala, pouco maior do que este quarto de hotel. Para mim chegava. O meu pai, quando partiu para Nova Iorque, ainda sugeriu que eu me mudasse para a sua casa do Estoril, mas eu não quis. O escritório da companhia de navegação era no Cais do Sodré, se estivesse no Estoril a deslocação era muito grande. Para além disso, a casa da Rua dos Remédios era a minha toca. Era lá que eu recebia Mary.

– Olá, inglês, filho de mãe portuguesa!

Os olhos de Mary brilhavam e os seus modos eram agitados.

– Bebe-se nesta casa? – perguntou.

Enchi dois copos de *brandy*, mas decidi que não iria abusar. Não estava certo que mantivesse o relacionamento com ela.

– Então, o que disse o Nubar?

Contei-lhe como iriam chegar os pilotos, e também os receios de Nubar.

– Ele tem razão – disse Mary. – A PVDE tem um posto importante em Marvão, com vários agentes. Broncos, mas, se lhes contam que viram ingleses, vão logo farejar. Teremos de ser muito discretos.

Deu um gole no seu *brandy*, e explicou-me o quanto a rede das agências da PVDE tinha crescido nos últimos anos:

– Têm as fronteiras todas cobertas. Lá em cima, no Norte, ainda é pior. Têm postos em Caminha, Vila Nova de Cerveira, Valença, Monção, Melgaço, Chaves, Portelo, Bragança. E depois para baixo: Barca d'Alva, Vila Verde de Raia, Vilar Formoso, e assim até ao Algarve. Postos com dois agentes nos sítios mais calmos, quatro ou cinco nos mais agitados. Muitos não têm telefone nem rádio, mas eles arranjam sempre maneira de comunicar com Lisboa.

Deu novo gole e a sua agitação era visível. Continuou, os olhos a vaguearem pela sala sem sentido:

– Em Marvão, na vila, há gente que simpatiza com os alemães. Se nos vêem bufam logo.

– E os contrabandistas? – perguntei.

– Esses são de confiança. Não querem nada com a PVDE – acendeu um cigarro atabalhoadamente. – À ida para lá vamos por Montemor. O James deu-me um contacto.

– Comunistas? – perguntei.

Ela olhou para mim e atirou:

– Portugal não é só o Aviz, Jack Gil. – Deu nova passa no cigarro e continuou. – Sim, comunistas. Têm lá uma casa. É lá que os pilotos vão ficar até os trazermos para Lisboa.

Ganhei coragem e perguntei-lhe:

– Falas em nós. Queres que eu vá contigo?

Mary foi sarcástica a responder:

– Não me digas que a tua noivinha não deixa...

– Não se trata disso Mary. Não trabalho para ti.

Ela sorriu:

– E não queres trabalhar para mim, inglês, filho de mãe portuguesa? Não me digas que te mijas nas calças só porque vais a Marvão?

Fiquei em silêncio. Mary era implacável.

– És o meu disfarce, Jack Gil. Sem ti vou dar nas vistas. Os dois seremos um casal em passeio...

Levantou-se, aproximou-se e sentou-se no braço da minha cadeira. Baixou a cabeça e senti a sua respiração junto à minha orelha:

– Já fazemos o que os casais fazem...

Começou a afagar-me a perna. Senti o desejo a chegar, mas recusei-o e levantei-me. Mary ficou espantada:

– Jack Gil, já não me queres?

Respirei fundo. Invoquei o coronel Bowles, Carminho, o meu desconforto com a situação. Ela indignou-se e levantou a voz:

– Mas quem nos pode descobrir? O Salazar? A esta hora está a dormir!

Colocou-me os braços no pescoço, e adoptou um tom conciliatório, amoroso:

– Jack Gil, tem sido tão bom...

Lembro-me de que tinham sido quatro noites de paixão, de sexo intenso como nunca tivera na vida. Mary oferecia o que nunca antes uma mulher me oferecera. Mas a sua sofreguidão assustava-me. Sentia que aquela forma intempestiva de amar era perigosa. Não para mim, mas para ela. Para mim, o risco era apenas o de ser descoberto, o pequeno escândalo que poderia provocar, a desilusão que causaria em Carminho. Para Mary, o perigo era diferente. Não posso dizer que ela fosse uma mulher doente, daquelas que a psiquiatria qualificaria mais tarde como «neuróticas» ou com «distúrbios de personalidade». Mas era uma alma com as emoções desorientadas e eu receava contribuir para a sua perdição.

Contudo, Mary excitava-me muito. Antes dela, as minhas fantasias sexuais só eram levadas à prática com prostitutas, em relações fugazes e pagas. Mary entregava-se por desejo e isso inebriava-me. Sei hoje que o meu egoísmo não a ajudou. Mas homens são homens, e os problemas da alma dela que fossem para o Diabo!

Cinquenta e tal anos depois, parece que a tenho aqui a meu lado, na cama do Hotel da Lapa, a sua voz vinda dos confins da minha memória, em sucessivos sussurros:

– Quero-te.
– Quero beijar-te.
– Onde tu mais gostas...
– Excita-te?
– Queres mais?
– Vem para dentro de mim...

Amávamo-nos horas a fio e depois ficávamos nus, o seu corpo enroscado no meu, a sua perna encavalitada na minha, quentes, conversando sobre os espiões de Lisboa.

– Popov é um duplo – contou Mary. – *Um playboy* que fala com os alemães, com os russos, connosco, com os americanos e até com os japoneses. Diz que tem informação segura de que vai acontecer um grande ataque japonês no Pacífico.

Não era grande segredo. O Pacífico estava a ferro e fogo, os japoneses tinham expulso os ingleses de Hong Kong, de Singapura, da Malásia.

– Um ataque contra os americanos. Uma coisa em grande – acrescentou.

Passei-lhe a mão pelas nádegas:

– Grande é o teu rabo. Grande e bom.

Ela gritou:

– Pára! Ele diz que será numa ilha do Pacífico.

– E devemos acreditar num *playboy* jugoslavo que faz jogo duplo?

— Já nos deu muito boas informações no passado — recordou Mary.
Respirei fundo e perguntei:
— Sabes como lhe chamam?
Ela deu uma gargalhada e exclamou:
— Vocês são todos iguais!
— Nós quem?
— Vocês, homens!
— Porquê?
— Ao Michael parece que lhe saltam os olhos das órbitas quando fala no «Triciclo»!
Aquela referência ao meu amigo fez-me ficar rígido momentaneamente. Mary sentiu a minha frieza e perguntou:
— O que foi?
— Nada.
— O que se passa?
— Não é nada.
Mary deixou-se ficar em silêncio por uns momentos. Já esperava a sua pergunta seguinte.
— Falaste com o Michael sobre nós?
— Falei.
— E ele?
Respirei fundo e decidi colocar as cartas na mesa:
— Disse-me que ele, o Barney, da Sandeman, e o David já tinham dormido contigo.
Mary soltou uma sonora gargalhada:
— O filho da mãe, o grande filho da mãe! Por amor de Deus, Jack, com o David? Nunca dormi com o David! O David não gosta de mulheres!
Teria ela dormido com os outros dois? Não exigi logo um esclarecimento, até porque, subitamente, como era seu hábito, Mary mudou de assunto e perguntou:
— Já alguma vez estiveste com duas mulheres ao mesmo tempo?
Fui honesto:
— Não.
Tocou-me no pénis e perguntou:
— Agrada-te a ideia?

– Sim.
– Estás a ficar excitado...
Era verdade.
– A mim também me agrada – disse Mary.
Estremeci de excitação e perguntei:
– Gostas de mulheres?
Então Mary subiu para cima de mim e disse:
– Sozinha não. Mas contigo e com outra mulher, isso excita-me.

Sou um velho caco com 85 anos e a recordação é tão forte que é como se ela estivesse aqui, nesta mesma cama onde estou deitado, à espera de dormir uma sesta que nunca irei dormir porque Mary não deixa! Nunca me deixou dormir e não era agora que ia começar.

10

Quando temos demasiados pensamentos eróticos, por vezes dá jeito pensar noutras coisas. Duas mulheres? Tenho de fazer um esforço para evitar essa visão e o que me vem à cabeça é a faca de Michael a cortar pão e os comunistas sentados num banco. Vejo Montemor, um alpendre à noite, vultos, três homens, e o meu *Citroën* parado atrás de um monte de fardos de palha, escondido.

Foi o telegrama de Nubar que deu início à viagem. Os dois pilotos ingleses estariam na fronteira nos últimos dias de Abril de 41. Tentariam atravessá-la de noite, e nós teríamos de recebê-los em Santo António de Areias, uma aldeia próxima de Marvão, nos limites de Portugal.

Partimos de Lisboa pela manhã. Fui buscar Mary à Embaixada às dez horas, no meu *Citroën* azul. Enquanto verificava o estado dos pneus, reparei que Michael vinha a sair do edifício, de braço dado com uma rapariga loira. Não devia ter mais de 20 anos, e exibia uma cara corada, bochechas proeminentes e rosadas, uma expressão alegre no olhar. Devia ser mais uma secretária. Michael passava a vida a fazer-lhes a corte, o safado. Ao ver-me, dirigiu-se a mim e exclamou:

– Por onde tens andado?

Antes que eu pudesse responder, apresentou-me à rapariga:

– Rita, este é o Jack. O pirata anglo-português mais conhecido do Atlântico!

Rita estendeu-me a mão, com um sorriso simpático:

– Olá.

Gostei do toque frio da sua pele, dos dedos frágeis, suaves e femininos. Beijei-os com delicadeza, perguntando:

– E o que faz uma rapariga tão bonita por aqui?

Rita corou, lisonjeada com o piropo. Michael antecipou-se:

– A Rita trabalha para o Ralph. Em Sintra. Mas, como não tem carro e vive em Lisboa, eu dou-lhe boleia. – Apontou para a mala aberta do *Citroën*, onde se via um saco de viagem. – Estás de partida?

Sem nos termos apercebido, Mary aproximara-se, vinda da Embaixada, e respondeu por mim:

– Vai comigo.

Coloquei o seu saco ao lado do meu, na mala do carro.

– Rita – disse Mary, olhando para Michael –, não acredites em nada que este senhor te diz. O seu único amor verdadeiro são as facas...

Michael deu uma gargalhada um pouco forçada:

– Jack, devias levar tampões para os ouvidos. Eu gosto de facas, mas ela tem-nas na ponta da língua!

Havia um ligeiro ressentimento nele, tenho a certeza. Mas não muito profundo. Michael estava habituado ao jogo amoroso e sabia ganhar e perder sem alimentar rancores. Despedimo-nos e sorri para Rita:

– Muito prazer em conhecê-la.

Antes de entrar no carro, Mary dirigiu-se à rapariga:

– Quando voltar já devo ter novidades sobre a tua casa.

Liguei o motor. Abri a janela, para apertar a mão a Michael. Para minha surpresa, entregou-me a sua faca *Randall* e disse:

– Leva-a. Usa-a, se precisares. Mas não a percas.

Recuou, endireitando-se, para ficar fora do ângulo de visão de Mary. Piscou-me o olho e proferiu apenas com os lábios a frase «cuidado com os comunistas». Depois disse:

– Não se percam na estrada.

Foi um conselho de amigo, mas não o segui.

Por volta das seis da tarde, parámos em Montemor-o-Novo num posto da Shell, para abastecer o carro de gasolina. O nosso primeiro contacto era o próprio gasolineiro, o Sr. Marcelo, que Mary identificara como «um homem do James». Explicou-nos como chegar à casa onde deveríamos dormir, onde nos aguardava um fulano chamado Henrique.

Esperava não me perder por aqueles caminhos e sentia-me nervoso. Uma coisa era transportar pilotos ingleses, outra falar com comunistas. Para o regime de Salazar, a segunda actividade era muito mais grave.

– Deviam levar-lhes comida e bebida – sugeriu o gasolineiro. – Podem ir ali à Londrina, ainda está aberta.

Apontou para uma casa a cerca de 100 metros. Enquanto ele acabava de encher o depósito do *Citroën*, Mary e eu dirigimo-nos à Mercearia Londrina onde nos abastecemos com pão, cerveja e chouriço. À saída, reparei que na montra do estabelecimento se podia ver uma pequena bandeira inglesa e que, colado no vidro, estava um anúncio à British Overseas Airways, uma companhia que voava para Inglaterra. Era um cartaz branco com um avião e o título dizia: «Os velhos amigos são os melhores.» Sorrimos. A propaganda inglesa chegava até Montemor, certamente não um local onde existissem muitos clientes desejosos de apanhar o avião para Inglaterra!

Regressámos ao posto da Shell e despedimo-nos do Sr. Marcelo, que enviou «cumprimentos ao senhor coronel».

– O James sabe que eu vim contigo? – perguntei, incomodado.

Mary riu-se:

– Gosto da tua inocência.

– Gostas?

– Sim, Jack Gil, gosto. Achas que eu vinha até aqui contigo, falar com os homens do James, à espera que ele não descobrisse? Não sou tonta, Jack Gil. O James sabe que tu estás metido nisto desde o primeiro dia.

Por vezes esquecia-me de que estava a lidar com a chefe do MI9, cujo marido era o chefe do SOE em Portugal. Aquele casal junto sabia mais do que a imprensa e a polícia secreta portuguesa juntas.

Fizemos com lentidão o difícil trajecto. Num ou noutro cruzamento, em especial quando chegámos às estradas de terra, tivemos dúvidas se estaríamos no caminho certo. Apagara os máximos quando abandonámos o alcatrão, e era difícil orientarmo-nos, pois estava uma noite escura, com muitas nuvens. Valia-nos o facto de a vegetação não ser muito densa.

A certa altura, vimos a pequena represa à nossa direita e encostámos o carro. O gasolineiro dissera-nos:

– Quando chegarem à represa, eles já vos viram. Encostem e façam sinais de luzes quatro vezes. Depois esperem, dentro do carro.

Fiz os sinais de luzes. E esperámos, em silêncio, sem sequer acender um cigarro. Observei o local: à esquerda estendia-se a planície alentejana, à direita, havia um conjunto de árvores. De vez em quando, olhava pelo retrovisor, mas não descortinava nenhum movimento. Uns minutos mais tarde, ouvi um som metálico, quase imperceptível. Tentei identificar a sua origem, mas Mary antecipou-se, virou-se para trás e destrancou a porta traseira do seu lado. Piscou-me o olho. Um minuto depois, a porta abriu-se e um vulto entrou para dentro do carro.

Mary saudou:

– Boa noite, Henrique.

O homem, em voz baixa, não retribuiu e apenas ordenou:

– Avança devagar. Sem luzes.

Assim fiz. Vinte minutos depois, descortinei no escuro uma mancha mais clara, as paredes de uma pequena casa. Não existia nem luz, nem movimento. Henrique orientou-me:

– Encosta ali à esquerda.

Escondi o *Citroën* atrás de um monte de fardos de palha. Saímos do carro sem falar, e contornámos a casa. Nas traseiras havia um alpendre, com uma mesa e bancos corridos.

Dois homens, sentados e calados, esperavam-nos. Não conseguia ver as suas caras e nenhum nos deu as boas-noites.

– Podemos fumar? – perguntou Mary em voz baixa.

– Cá fora não. Só dentro de casa – respondeu Henrique.

Mary foi lá para dentro. Pousei os mantimentos sobre a mesa de madeira e anunciei:

– São para todos.

Os homens não tiveram qualquer reacção. Comecei a tirar os mantimentos do saco:

– Cerveja. Pão. Chouriço.

Continuaram calados. Henrique mantinha-se de pé, observando os meus movimentos. Desembrulhei o papel que cobria o pão e o chouriço. Levei a mão ao bolso interior do casaco, ao coldre da *Randall*. Retirei-a e comecei a cortar o pão. Coloquei três rodelas de chouriço entre duas fatias de pão e levei-o à boca.

Mary regressou ao alpendre e disse:

– Henrique, lá dentro só há um quarto.

– Aqui dividimos tudo. O espaço também.

Mary suspirou fundo, desagradada, e eu perguntei:

– Não dividem a comida?

A resposta de Henrique foi imediata:

– Sim. A nossa comida.

Compreendi. Para eles, eu não era de confiança. Tanto se me fazia. Abri a garrafa de cerveja e bebi pelo gargalo, não sem antes dizer:

– Também não devem partilhar os copos, portanto vai assim...

Obviamente, Mary não estava a gostar daquela tensão e disse:

– Henrique, o Jack é dos nossos.

O comunista ficou calado por uns momentos e depois apontou para o centro da mesa, onde estava pousada a *Randall* de Michael:

– Com uma faca daquelas?

Sabia que a faca era americana. Não devia gostar de americanos.

– É uma boa faca. Afiada. Corta tudo – disse eu. – Até gargantas, se for preciso.

Talvez estivesse a ir longe de mais. Estava no território deles, talvez considerassem que os estava a pôr em perigo. Ou então eram assim de nascença: desconfiados e hostis. Decidi-me por um dito espirituoso.

– Esta faca só corta gargantas alemãs. Soviéticas, não.

Um dos homens que estavam sentados deu uma curta risada. Pegou na faca, cortou uma rodela de chouriço e levou-a à boca. Depois disse:

– Henrique, o chouriço é bom. Aposto que é da Londrina.

O segundo homem também deu uma pequena risada. Começou a cortar pão e chouriço e a comer. Estavam esfomeados.

– Senta-te, Henrique, come – disse o homem que elogiara o chouriço.

Mary e eu sentámo-nos. Henrique aproximou-se mas permaneceu de pé. Deu um gole na cerveja. Limpou a espuma com as costas da mão e anunciou:

– Têm de partir de madrugada, antes de o Sol nascer.

11

Nunca acreditei no comunismo. Não acreditei nos anos 30, quando era um jovem, nem durante a Segunda Guerra Mundial ou durante a Guerra Fria. Sempre me pareceu uma ideologia perigosa. Por isso, não gostava de comunistas, o que não era propriamente original numa Europa onde os anos 30 tinham sido extremados e violentos. Mas não sentia hostilidade pessoal em relação a Henrique. Irritou-me a sua postura, mas hoje compreendo-a. Eles andavam assustados e desconfiados, além de esfomeados e desmoralizados, naquele Abril de 1941. O pacto germano-soviético ficara-lhes atravessado na garganta.

Na frente militar, também não tinham motivos de orgulho. Os soviéticos tinham sido humilhados pela pequena Finlândia, tendo o Exército Vermelho sofrido milhares de baixas, o que lançou dúvidas sobre as suas reais capacidades. E, em Portugal, a situação não se apresentava melhor: o Partido Comunista encontrava-se fragilizado, com muitos dirigentes presos, as células desorganizadas e sem propósito. As perseguições da PVDE, embora menos intensas naqueles dias de 1941, mantinham-nos sempre alerta, fugindo das vilas. O coronel James Bowles fora uma quebra na rotina, uma forma de ganharem algum dinheiro. Ao contrário do que Mary dissera, não eram só as convicções que os moviam.

Próximo da meia-noite, Mary anunciou que se ia deitar no sofá, mas Henrique discordou:
— Deite-se na cama. Descansa melhor.
Explicou que eles ficavam na sala, deitados nas esteiras.
— E tu? — perguntou-me Mary.
— Fico no meu carro. Vai descansar, não te preocupes comigo.

Mary desejou as boas-noites e entrou na casa. Ficámos em silêncio. Ouvi água a correr à distância, talvez num ribeiro. Uma coruja piou. Pensei que era melhor não lhes ver bem as caras, nem eles a minha. Assim não nos podíamos identificar. O máximo que poderia dizer é que eram três, usavam camisas brancas, boinas e alpercatas.

Henrique perguntou:
— O carro é teu?
Disse que sim, e ele comentou:
— No Alentejo, os homens não têm dinheiro para comprar um carro.
Senti vontade de o provocar:
— E será que querem? Ter um carro não é um desejo capitalista?

Nenhum respondeu. Então, peguei no papel que embrulhara o pão e limpei a faca de Michael. Depois guardei-a dentro do casaco. Os três homens observavam-me no escuro.
— Têm armas? — perguntei.
Um dos homens sentados resfolegou, irritado. Henrique perguntou:
— Tens medo que te roubemos a faca?
Os outros dois deram umas risadas baixas. Levantei-me.
— Porque havias tu de me roubar, Henrique? Para um comunista, roubar também é um crime.
Ele enervou-se:
— Não me chames pelo nome. Para ti eu não tenho nome, compreendes?

Encolhi os ombros, dei meia volta e comecei a andar na direcção do *Citroën*. Ouvi-o a dizer:
— Depende a quem roubas, inglês.

Continuei a andar e sorri. Todos me chamavam inglês. O mundo era previsível. O meu *Citroën* estava ali. Gostara de conhecer Rita, uma cara rosada e seios volumosos, logo pela manhã. Mary não tinha seios grandes, eram pequenos. Rijos mas pequenos. O rabo é que era grande, redondo, bem desenhado. Gostava do rabo dela. O pensamento excitou-me, mas abandonei-o logo. Não era o momento para isso. Deitei-me no banco traseiro do *Citroën*, dobrando as pernas. Decidi abrir um pouco a janela. Estava frio. Ouvi a coruja piar de novo, antes de adormecer.

Quando Mary me acordou, passava das cinco da manhã, mas ainda era noite. Gostaria de lavar a cara e de me barbear, mas Mary queria ir-se embora depressa. Nenhum dos homens veio despedir-se. Um vulto, provavelmente Henrique, estava encostado à porta de casa, vendo o carro partir.

Almoçámos em Estremoz e, ao fim da tarde, chegámos a Marvão, onde alugámos um quarto numa pensão. Depois de tomar banho, fomos jantar. À porta do café estava um grupo de homens, talvez uns 20, que pareciam à espera de alguém. Perguntei ao dono do estabelecimento a que se devia a aglomeração.

– Vêm ouvir a BBC.

Olhei para ele, sem perceber. Explicou:

– É agora às nove, as notícias com o Fernando Pessa, de Londres.

Sim, sabia disso, mas onde estava o rádio, perguntei.

– No primeiro andar – disse o homem. – O meu filho foi lá acima abrir as janelas e virar o rádio para fora, no volume máximo, para todos ouvirem.

Uns minutos mais tarde, escutámos a inconfundível voz de Fernando Pessa, relatando as últimas novidades a partir de Londres. Os nazis estavam a avançar sobre Atenas, expulsando-nos da Grécia.

Naquele tempo, estava convencido de que nunca ninguém os conseguiria derrotar militarmente. Tinham conquistado a Checoslováquia, a Polónia, a Holanda, a Bélgica, a França, a Dinamarca, a Noruega, parte dos Balcãs, e agora a Grécia. Nunca consegui perceber porque Hilter não invadiu a Inglaterra, pois parecia que ninguém tinha força para o parar.

Cansei-me de fumar quando tinha 50 anos. Um médico avisou-me de que tinha os pulmões em mau estado, que era melhor parar e eu parei. Mas confesso que agora me apetecia um cigarrinho. Um *Gauloise*, como os que fumava em Lisboa, nos anos 40. Michael gostava de facas americanas, eu era mais cigarros e carros franceses. Um *Gauloise*, a acompanhar a voz do Pessa vinda de Londres, que saudades...

Está a cair a tarde em Lisboa, e sopra um vento fresco de norte. Se fico aqui à varanda, ainda me constipo. Vou para dentro.

Enquanto jantávamos, a ouvir a BBC, gerou-se uma certa agitação na rua. Dois homens de casaco comprido e chapéu entraram no café, e gelei imediatamente. Olhei para Mary. Comia como se não se tivesse apercebido. Os dois agentes da PVDE entraram para a cozinha e ouvi-os barafustar com o dono do estabelecimento, durante mais de dez minutos. Pouco depois, o rádio calou-se. Os protestos na rua foram imediatos. Ouviram-se assobios e gritos:

– Fora!
– Queremos ouvir o Pessa!
– Chuis de merda!

Os dois PVDE regressaram da cozinha, de novo sem sequer olharem para nós, e saíram. A agitação desapareceu imediatamente e os populares dispersaram.

Mary deu-me uma repreenda em voz baixa:

– Ó inglês, filho de mãe portuguesa, para a próxima levanta-te e vai apresentar-te a eles! Que cara, homem! Ficaste branco como a cal! Que falta de sangue-frio, Jack Gil. Tens de fazer de conta que não é contigo. Se olhas, eles reparam em ti, palerma!

Não protestei. Terminámos o jantar em silêncio e, quando pedimos a conta, o dono do café aproximou-se e murmurou:

– É todas as semanas isto. Vêm cá, multam-me, na semana seguinte volto a ligar o meu *Telefunken*, e vamos andando.

A guerra do Alentejo era assim: a PVDE contra o Pessa. Salazar tolerava as emissões da BBC, tal como as da Rádio Berlim, mas não queria ajuntamentos públicos, pois considerava-os subversivos. Em casa, os portugueses podiam ouvir a rádio, mas em público não. A BBC era tão popular que, quando o noticiário mudou para as 22 horas, os donos dos cinemas protestaram logo, pois ficavam com a casa às moscas.

Regressámos à pensão. Tínhamos pago a noite logo ao chegar, a uma senhora que estava na recepção, e quando saímos, por volta das onze, pensámos que ninguém nos tinha visto. Foi um erro. Àquela hora, em Marvão, um casal inglês deu nas vistas. Mas só o saberíamos mais tarde.

Dirigimo-nos a Santo António das Areias. Parei o carro nos limites da aldeia. Não havia vivalma nas ruas. Esperámos, fumando cada um o seu cigarro. Uma hora mais tarde, apareceu um homem com um capote alentejano pelas costas.

– *Buenas noches, señora* Mary – disse.

– *Buenas noches*, Ramón.

Cara curtida pelo sol, cicatriz na testa, bigode preto, Ramón abanou a cabeça, tossiu e disse:

– *No está tranquilo...*

– *Qué pasa?* – perguntou Mary.

O chefe dos contrabandistas explicou que um dos seus homens tinha visto um carro com agentes da PVDE.

– Na *carretera* para Marvón.

Era a única saída por estrada. Se levássemos os pilotos no carro seríamos descobertos. Ramón resmungou:

– *Hay sido la putana de la pensión*.

A mulher tinha bufado. Irritado, acendi um cigarro e Mary acendeu outro. Ramón não quis. Estava com o olhar fixo na rua quando disse:

– *Hay que levarlos para la finca del señor* Castro.

Mary explicou-me que era a herdade de um rico proprietário, também ele meio inglês, que colaborava com o MI9.

– *Pero, vai ser más caro* – resmungou Ramón.

Mary tranquilizou-o:
— *No te preocupes*.

A herdade era cerca de 30 quilómetros a norte, os seus limites acompanhando a fronteira. Ramón e os pilotos ingleses iriam por Espanha, nós por estrada.

— Como vais? — perguntou Mary.

Ramón encolheu os ombros:
— *Caballos*.

Percorrer 30 quilómetros a cavalo, pela planície, demoraria pelo menos umas seis horas. Quando chegassem à herdade já seria dia. Era perigoso, mas era a única alternativa, disse Ramón. Quanto a nós, teríamos de nos desenvencilhar da PVDE.

De volta à estrada, Mary deve ter captado a minha agitação.

— Não vais gaguejar, pois não? — perguntou.

Sorri. Treinámos a explicação a dar à polícia. Seríamos dois amigos, perdidos, a caminho de Portalegre. Queríamos conhecer o local, talvez comprar uma quinta por aquelas bandas. Sentia-me preparado, mas quando vi o carro da PVDE na berma da estrada, já próximo de Marvão, comecei a suar das mãos.

Encostei o *Citroën* na berma e desliguei o motor. Os agentes aproximaram-se e mandaram-me abrir o vidro. Duas lanternas ofuscaram-nos. Ordenaram-me que saísse do carro, com as mãos ao alto. Eram os mesmos dois do café, de casaco comprido e chapéu. Talvez fossem os únicos em Marvão. Um deles revistou-me de alto a baixo, e encontrou a faca de Michael. Passou-a ao outro.

— Que é isto? — perguntou o segundo.

Expliquei que aquela faca andava sempre comigo. Não era ilegal o porte de armas brancas. Ele não ma devolveu. Mandou-me abrir o porta-bagagens e revistou os dois sacos. Não encontrou nada no meu, mas, no de Mary, descobriu uma pequena pistola *Smith & Wesson*. Um arrepio percorreu-me a espinha.

— De quem é? — perguntou o agente.

A pistola estava junto de uma camisa de noite feminina, umas ligas e dois sutiãs. Pela minha cara de surpresa, percebeu que não era minha.

Ao ouvir a pergunta, Mary saiu do carro e disse, num português arranhado pelo sotaque inglês:

– A pistola é minha.

Contudo, a pistola deu-lhes um pretexto para nos obrigarem a ir à delegação de Marvão. Entrámos no carro e liguei o motor do *Citroën*.

– Acho que isto até vai ser bom – disse Mary.

Não a compreendi. Para mim, aquilo não era nada bom, pois ficaria com um registo na PVDE. Além de que iríamos perder tempo, o que nos impediria de chegar à herdade antes do nascer do Sol.

– Como é que ser detido pela PVDE pode ser bom? – perguntei, irritado.

12

Nunca fora detido ou preso por nenhuma polícia. Nem sequer em Hong Kong, onde à porta dos bordéis por vezes me envolvia em cenas de pancadaria, como qualquer rapaz da minha idade. Ser preso pela PVDE não era uma perspectiva agradável. Visto a esta distância, o episódio já não me parece dramático, e posso revisitá-lo sem ansiedade. Mas, no momento, a experiência assustou-me.

A delegação da PVDE em Marvão ficava no primeiro andar de um pequeno prédio, perto do café onde jantáramos. Subimos a escada, um dos agentes abriu a porta e entrámos. A primeira sala que se nos deparou tinha dois bancos de madeira corridos, encostados à parede, como num consultório médico. Na parede lateral esquerda, existia uma porta de grades, e podia ver-se através dela uma pequena cela. Na parede oposta, havia uma outra sala, de tamanho idêntico à cela.

O agente que falara na estrada apresentou-se finalmente. Sertório era um homem de cara abolachada, a tez salpicada de manchas encarnadas. No seu nariz, redondo e largo, podiam ver-se pêlos espreitando das narinas. Os olhos, pequenos mas vivos, contrastavam com o seu corpanzil de mastodonte. Olhou para mim e disse:

– Venha comigo. A senhora pode esperar aqui – e apontou para os bancos.

Sibilina, Mary avisou-me em inglês:
– Lembra-te do que combinámos.
Sertório reagiu imediatamente, virando-se para ela:
– O que disse a senhora?
Fiz um sorriso conciliatório, e encolhi os ombros:
– Disse para eu não demorar porque os bancos são duros.

Não pareceu convencido, mas como não compreendia inglês não teve alternativa e avançou para a sala da direita. Segui-o. O outro agente permaneceu de pé junto à porta, vigiando Mary.

A sala de interrogatório era uma assoalhada pobremente decorada, com uma mesa, duas cadeiras e apenas um armário. Sertório sentou-se e eu fiz o mesmo. Atrás dele, na parede, estavam penduradas duas fotografias, uma de Salazar, outra de Carmona.

– Senhor Jack Gil Mascarenhas Deane – disse ele, lendo o meu documento de identificação. – É português?

Enquanto escutava o resumo da minha biografia, o agente Sertório respirava com vagar, e os seus olhos saltitavam.

– O que fazia na estrada de Marvão a estas horas da noite? – perguntou.

Dei a explicação combinada com Mary. Fez uma careta:
– Amigos?

O meu desconforto era evidente enquanto insistia na amizade.

O agente Sertório tossiu e levou a mão ao nariz, coçando-o. Tamborilou os dedos no tampo da secretária:
– Sabe, senhor Jack Gil, os ingleses que aparecem por aqui vêm normalmente buscar gente deles. Pilotos, soldados, refugiados...

Um ligeiro calafrio percorreu-me a espinha, mas mantive o olhar sereno.

– Por causa disso, normalmente dão-se com os contrabandistas. Ou com os comunistas. E isso é muito sério.

Pestanejei e acenei a cabeça, dando-lhe razão. Ele respirou fundo.

– Nunca ouviu falar de um homem chamado Ramón?

– Não. Não conheço ninguém com esse nome.

Voltou a tamborilar os dedos no tampo da secretária:

– Porque saíram da pensão àquelas horas da noite?

Repeti a explicação combinada com Mary. Ele abriu os braços, mas o seu tom de voz não se alterou:

– Para Portalegre? Mas porquê? A cama tinha percevejos? Havia ratos no chão? Senhor Jack Gil, daqui até Portalegre é pelo menos hora e meia!

Concedi: fora uma brusca mudança de ideias, mas sem significado especial. Sertório tamborilou na mesa com os nós dos dedos:

– De Marvão para Portalegre há uma estrada nacional, com tabuletas a indicarem o caminho. Não se passa por Santo António das Areias.

Insisti que nos havíamos enganado. Ele pigarreou:

– Demoraram duas horas e meia a perceber que estavam enganados?

Comecei a suar das mãos e das axilas.

– Saíram da pensão às onze e encontrei-os quase às duas da manhã. – Ergueu as sobrancelhas. – Dava tempo para ir a Portalegre e voltar.

Acenei a cabeça, concordando. O seu tom de voz subiu:

– O que estiveram a fazer durante esse tempo?

Senti um nó na garganta. Não tinha resposta pronta.

– Porque não me conta a verdade, senhor Jack Gil?

Naquele aperto, só me lembrei de uma saída:

– Bem, senhor agente, há coisas que não se devem dizer. Para defender a reputação de uma senhora, compreende?

O agente Sertório sorriu:

– Ah, sim, compreendo.

Mexeu-se na cadeira, procurando uma posição mais confortável.

– Nesse caso, o que não compreendo é porque saíram da pensão. Estavam no mesmo quarto, não estavam? Então porque se foram embora de carro?

Estava a suar muito. Baixei os olhos, derrotado. Ele ficou também em silêncio, a respirar vagarosamente. Depois perguntou:

– Senhor Jack Gil, trabalha para os serviços secretos ingleses?

Neguei com veemência. Voltei a repetir que éramos apenas amigos a dar um passeio, que não tínhamos cometido crime nenhum, que ele não nos podia prender só porque nos encontrara num carro às duas da manhã!

O agente Sertório escutou-me sem sorrir. Depois do meu relambório, perguntou:

– Porque trazia a senhora uma pistola?

– Não sei. Ela não é minha esposa – disse, um pouco irritado.

O agente Sertório levantou-se de repente, num impulso, e temi que me fosse agredir. Mas não. Declarou o interrogatório terminado e dirigiu-se para a porta. Abriu-a e chamou Mary, ainda eu não saíra da sala. Quando ela entrou os nossos olhares cruzaram-se. Mary parecia muito calma.

Sentei-me no banco de madeira corrido e confirmei que era duro. O segundo agente continuava de pé, aparando as unhas. Junto aos seus sapatos havia pequenas lascas. Não olhou para mim.

Um minuto depois, a porta abriu-se e o agente Sertório chamou-me:

– Senhor Jack Gil, faz o favor de chegar aqui?

Levantei-me enquanto ele informava:

– A senhora não fala português.

Com a minha tradução simultânea as coisas ficaram facilitadas. Mary confirmou a minha história e, num pormenor delicioso que revelava o seu sangue-frio, pediu-me que explicasse ao agente Sertório que algumas mulheres gostavam de fazer amor no carro. Ele ficou baralhado com o à-vontade dela e baixou os olhos:

– Pois...

Tive a sensação clara de que aquele episódio estava a servir os objectivos de Mary, mas não sabia porquê. Quando o agente Sertório lhe perguntou o que fazia na Embaixada, retirou um papel da carteira. O polícia examinou-o, mas não admitiu que não o conseguia perceber.

– E a arma, para que é? – perguntou.
Traduzi a explicação de Mary:
– Os ingleses que trabalham na Embaixada têm licença de porte de arma.
– E onde está a licença? – perguntou o PVDE.
Mary procurou na mala mas não a encontrou. Foi evidente para mim que ela se começou a fingir aflita. Levou a mão ao peito e deu um pequeno grito, dizendo em inglês:
– Jack Gil, acho que a perdi!
Fechei os olhos. Nem queria acreditar! Mary não tinha a licença? Não escondi o meu desapontamento, abanando a cabeça ao explicar ao agente a situação. Fez uma careta, como que a dizer que isso era uma complicação e informou que, sendo assim, Mary teria de ficar detida.
– Só podemos confirmar se está tudo bem com os papéis da senhora amanhã de manhã. O senhor pode ir.
Mary sorriu, nada incomodada, e até o agente Sertório estranhou a sua reacção. Levantámo-nos e despedi-me dela. Bem-disposta, sorriu e tranquilizou-me:
– Não te preocupes, Jack Gil!
Então, pela segunda noite consecutiva, dormi no *Citroën*. Ontem à porta dos comunistas, hoje à porta da PVDE. Antes de adormecer, matutei nas intenções de Mary: porque estava ela tão bem-disposta? Não fazia muito sentido ficar contente por ter sido detida pela PVDE. O cansaço começou, porém, a invadir-me e adormeci.
Acordei às oito da manhã, dei uma volta a pé por Marvão, e voltei ao café onde jantáramos. O dono, vendo o meu ar desgrenhado, franziu o sobrolho, mas não fez perguntas. Bebi um galão, comi umas torradas, paguei e saí.
Às dez da manhã a PVDE deixou Mary partir. Entrou no carro eufórica. Vê-la naquele estado de espírito era raro. Mary estava quase sempre tensa e zangada. Sem bebida, sem peso na alma, era uma criança feliz quando saiu da delegação.
– Isto foi excelente! E tu, Jack Gil, dormiste bem?
Resmunguei e arranquei com o *Citroën*, metendo-o na estrada a caminho de Portalegre. Quis saber o que ela via de excelente naquele episódio. Mary piscou-me o olho:

— Sabes com quem falei esta manhã? Com o capitão Agostinho Lourenço! Disse-lhe que não podia explicar bem a situação pelo telefone, mas que, quando chegasse a Lisboa, teria imenso prazer em conversar com ele!

Mary, mal se vira detida pela PVDE, virara imediatamente a situação a seu favor, e provocara uma forma de ser recebida pelo chefe da PVDE. Era muito habilidosa, aquela mulher.

Uns quilómetros à frente, o meu coração agitou-se. De repente, travei a fundo. Mary deu um grito:

— O que foi? Estás doido ou quê?

Encostei à berma e olhei pelo retrovisor. Como não vinha ninguém fiz uma brusca inversão de marcha, ouvindo os seus gritos:

— O que se passa? Porque estás a dar a volta?

Acelerei o carro de regresso a Marvão e gritei:

— Esqueci-me da faca do Michael! Tenho de a ir buscar!

13

O resto da viagem decorreu sem história. Fomos buscar os pilotos à herdade e no dia seguinte regressámos. Sem me explicar porquê, Mary decidiu não os deixar em Montemor. Já em Lisboa, à porta da Embaixada e depois de ter ido lá dentro uns minutos, pediu-me um último favor:

– Preciso que os leves a Colares.

Descreveu-me a quinta onde devia deixar os pilotos. Estava cansado, a barba por fazer e queria ir tomar um banho. Para mais, nessa noite havia um jantar em casa de Carminho a que prometera não faltar. Mas acedi. Mary sorriu:

– Obrigada, Jack Gil. Prometo que te compenso um dia destes.

Apanhou o cabelo atrás. Devia ter passado água pela cara, pois pequenas gotinhas pousavam-lhe nas sobrancelhas, no cabelo e na testa. Transpirava energia. Ninguém diria que fizera uma viagem cansativa.

– Vou ser recebida pelo capitão Agostinho Lourenço, às onze e meia! – declarou orgulhosa. – Tenho de lhe explicar que é importante para nós que os pilotos possam passar por Portugal a caminho de Londres.

Nos cruzamentos da Lapa continuava a pantomina e a fauna habitual de vigilantes estava presente.

– Que ideia tens dele? – perguntei.

Observámos um *Mercedes* preto que passou. A opinião de Mary era semelhante à de Michael:

– Faz o que o Salazar lhe manda. Falam todos os dias, mais do que uma vez. Acho que nos podemos entender. Desde que não façamos disparates.

Passou por nós outro *Mercedes* preto. Devia haver uma reunião importante na Embaixada alemã.

– Foi por isso que não quiseste ficar em Montemor? – perguntei.

– Vês como és um menino esperto?

Deu-me um beijo de despedida e acenou aos pilotos. Entrei no *Citroën*.

– O Henrique não gostou de ti – disse Mary.

Encolhi os ombros:

– Nem eu dele.

– Eu percebi – disse ela.

Guiei pelas ruas de Lisboa até encontrar a estrada de Sintra. Os ingleses adormeceram e só os acordei na quinta de Colares. Regressei a Lisboa e fui a casa tomar um banho. Adormeci em cima da cama e cheguei bastante atrasado a casa de Carminho.

– Já estava a ficar preocupada – disse ela no *hall*, onde me tinha vindo receber. – Estás com um ar muito cansado. Correu tudo bem no Porto?

Fiquei momentaneamente desconcertado. Já nem me recordava de que dissera a Carminho que tinha de ir ao Porto, em negócios da companhia de navegação. A minha separação dos mundos, o inglês e o português, continuava, agora já com outro motivo para além das tropelias amorosas. Nunca lhe contei das minhas actividades paralelas no MI9.

– Sim – menti. – Tudo como aqui, os mesmos problemas, o bloqueio. O pior foi a viagem. Muito trânsito. E tive um furo.

Entrámos na sala de jantar e deparou-se-me a família toda à volta da mesa. Numa cabeceira, D. Guilhermina, a quem fui beijar a mão, e que me recebeu com uma frieza antipática. Do lado oposto da mesa, o general levantou-se para me abraçar.

– Ora viva! Deve estar muito contente com as novidades!

Pestanejei:

– Quais novidades?
– Não me diga que não sabe? O Salazar foi feito doutor *honoris causa* pela Universidade de Oxford! É uma grande honra! É um momento alto na relação entre Portugal e a Inglaterra!

Pelas caras que faziam, Luís e António, os irmãos de Carminho, não estavam contentes com aquela honraria. Passaram de imediato ao ataque.

– Já sabes que Atenas caiu? – perguntou Luís. – As vossas tropas estão a abandonar as ilhas gregas, uma a uma.

A seu lado, António fez uma pomposa observação de estratégia naval:

– Se conseguirem tomar Creta, os alemães ficam reis e senhores do Mediterrâneo. Quero ver como vai o Churchill sair dessa!

A invasão de Creta só aconteceria a 20 de Maio, umas semanas depois. As tropas aerotransportadas nazis desceram de pára-quedas, tomaram o aéródromo e começaram o transporte maciço de homens e materiais. A 2 de Junho, a ilha rendeu-se, depois de violentos combates, e os navios de guerra ingleses abandonaram-na. Para muitos militares, foi uma das melhores operações da guerra, e até os americanos iriam imitá-la anos mais tarde, no Pacífico, contra os japoneses.

– Vimos ontem imagens da entrada triunfal dos alemães em Atenas – contou Luís. – Fomos ao cinema!

– Ao cinema? – gritou Luisinha. – Aonde?

– Aposto que foram à Legião – rosnou D. Guilhermina.

A Legião Portuguesa tinha uma sala de cinema onde fazia a sua propaganda aos regimes fascistas. Luís abanou a cabeça. Carminho tentou adivinhar:

– À Legação alemã?

– Também não – respondeu Luís.

A seu lado, António fez um ar trocista. Os irmãos estavam a divertir-se com a curiosidade provocada.

– Vamos, desembuchem! – disse o general. – É algum segredo de Estado?

Luís, compenetrado, declarou:

– Sim, é segredo. – Olhou para mim. – Principalmente à frente de ingleses...

O general franziu o sobrolho:

– Ora essa, o Jack não é inglês! O Jack é da família!

Houve um coro de protestos. Por fim, os irmãos lá se explicaram: tinham ido a um cinema operado pelos alemães na Rua do Passadiço.

– É discreto – explicou Luís. – Por fora, nem se dá por aquilo, ninguém diz que é um cinema. Entra-se pela porta da frente de um andar normal. Depois, atravessa-se um corredor escuro.

– Ai credo – gemeu Luisinha –, que medo!

Os irmãos fizeram caretas de desdém.

– A seguir – continuou António –, chega-se a um terraço, onde existe um prédio independente, sem comunicação para a rua, com três andares. O cinema é no primeiro: uma sala grande, com bandeiras alemãs nas paredes e o retrato de Hitler à entrada.

A mesa escutava em silêncio. Luís estava orgulhoso:

– Só se entra com convite da Embaixada alemã. Naquele dia, só havia oficiais do Exército português.

– E o filme? – perguntou Luisinha, excitada. – Era uma história triste?

Luisinha gostava particularmente de histórias tristes. Fora ver três vezes o *Rebecca* e chorara sempre. António decepcionou-a:

– Não. Eram notícias e um filme sobre os submarinos alemães.

– Oh, que coisa chata! – protestou Luisinha. – Não gosto nada de submarinos. Só de pensar que no fundo do mar anda lá uma coisa que nos afunda com um torpedo. Que horror!

O jantar prosseguiu e Luisinha recordou os filmes que vira no Condes e no Politeama. Enfadado, o general levantou-se e mudou-se para a sala, acendendo o charuto. D. Guilhermina dirigiu-se à cozinha, e ouvi-a gritar ordens às criadas. Sem os pais por perto, os dois irmãos sentiram o campo aberto e voltaram a implicar comigo.

– Então, Jack, o que vai fazer a velha pipa?
A expressão com que o general baptizara Churchill tinha pegado de estaca. Olhei-os, admirando as suas aprumadas fardas. Falavam com uma arrogância infantil, própria dos tontos. Como se fosse deles o mérito das vitórias nazis, como se soubessem o que era a guerra. Nunca tinham saído do quartel, mas, à mesa da casa dos pais, eram uns heróis.
Citei Churchill:
– «Os nazis que façam o seu pior, que nós faremos o nosso melhor.»
Ficaram momentaneamente subjugados pelas palavras. Depois, António reagiu:
– E isso o que quer dizer? Vão lutar com discursos?
– Vamos bombardeá-los – respondi secamente.
Desiludida com a minha crueldade, Carminho incomodou-se:
– Que horror, Jack, você não pode defender isso!
Os irmãos olharam-me com raiva. António elevou a voz:
– Isso pensam vocês! A artilharia aérea dá cabo de vós! Nem chegam a entrar na Alemanha! Ainda vão na Holanda e já vão a cair!
Imitou o som de um avião em queda, assobiando, e riu-se muito. Carminho e Luís também riram, divertidos.
– E tu depois vais ver o filme – disse eu.
António deu uma gargalhada:
– Ai vou, vou, podes ter a certeza!
Luisinha interveio:
– Ó António, porque estás sempre a implicar com o Jack?
Ele ignorou a irmã. Enchi o copo com vinho e provoquei-o:
– É muito fácil ter coragem no cinema.
Reagiu de imediato, enfurecido:
– Que queres dizer com isso? Estás a chamar-me cobarde?
Carminho comentou:
– Jack, não precisa de ser desagradável...
Senti aquela frase como uma manifestação de deslealdade.

– Não te estou a chamar cobarde – disse. – Mas faz-me impressão que sintas tanta fé naquele monstro.

– Monstro? – gritou António. – Não me venhas com essa propaganda barata! Hitler é um grande político, um grande militar! Trinta vezes melhor do que o teu velho bêbado! Eu, se fosse inglês, morria de vergonha! Um careca agarrado ao charuto, corado que nem um tomate, a enrolar na fala!

Luís e Carminho riram-se. Acendi um cigarro. Senti-me subitamente muito cansado e sem paciência para os aturar. Não era tanto a picardia verbal com António que me incomodava, mas sim o afastamento emocional de Carminho. Estava claramente do lado dos irmãos. Levantei-me:

– Veremos se o bigodinho ridículo do teu tiranete o leva longe.

Deixei a sala e dirigi-me a uma pequena salinha. Abri a janela e saí para a varanda. Nas minhas costas, ouvia os comentários dos irmãos, e Luisinha a defender-me. Uns minutos mais tarde, Carminho apareceu. Sorri e estendi-lhe a mão, convidando-a a vir até à varanda:

– Não vamos falar de guerras. Vamos namorar, aqui ninguém nos vê.

Carminho encolheu-se e apertou os braços à volta do peito.

– Não, aí fora está frio, posso adoecer. Vou ajudar a mãezinha.

Deu meia-volta e desapareceu. Na varanda, acendi um cigarro. Nunca me sentira tão sozinho naquela casa.

14

Há cinco décadas, os hotéis de Lisboa eram locais animadíssimos. Algures no ano de 1942, quando já trabalhava para os serviços secretos ingleses, li o documento que classificava os principais hotéis consoante a sua tendência política. O Avenida Palace, o do corredor secreto, era pró-nazi, bem como o Duas Nações e o Atlântico, cuja gerência era alemã. Do lado do Eixo, contavam-se ainda o Tivoli, o Suíço e o Vitória, o mais perigoso, pois à superfície era pró-aliado, sendo na verdade controlado pelos alemães.

Quanto aos nossos, existiam o Metrópole, o Europa, o Grande Hotel do Estoril, o Grande Hotel Itália (apesar da Itália), o Palácio Estoril e o Aviz.

Contudo, a simpatia dos proprietários não significava que os hotéis vetassem hóspedes de lealdades contrárias. Isso, numa Lisboa neutral, não era possível. Até Harry Ruggeroni tinha de aceitar os alemães, como hóspedes ou como visitantes. Ainda por cima, o Aviz era o hotel mais luxuoso, requintado e com *glamour*, e os alemães não eram imunes ao seu *charme*. No restaurante, eram habituais as presenças do barão Huene, o embaixador alemão em Lisboa, ou mesmo de Von Kastor, o chefe da Abwher. Militares e homens de negócios alemães cruzavam-se com ingleses, americanos, e até reis fugidos de países por eles invadidos.

Naquela tarde de Junho de 41, quando cheguei ao Aviz, o que me surpreendeu não foi ver muitos alemães no hotel, mas sim a coincidência tremenda de existirem dois *cocktails* simultâneos, um organizado pela Embaixada inglesa e outro pela Embaixada alemã! Os inimigos e as respectivas cortes cruzavam-se pelos corredores e os convidados portugueses circulavam entre as duas salas com naturalidade. Quem nos visse não diria que existia, a milhares de quilómetros de distância, uma guerra horrível entre aqueles dois países.

– Não pude evitar esta trapalhada. Clientes são clientes.
Na recepção, Harry deu-me um contido aperto de mão, sem a habitual efusividade, para não levantar suspeitas. Avancei na direcção do bar e observei o ambiente. Os criados circulavam por entre os convidados, com as bandejas levantadas. Ao fundo, descobri Michael e David rodeados pelas secretárias da Embaixada: Linda, Analise, Rose e Rita. Esta última acenou-me com a mão e retribuí o seu sorriso. A maioria dos presentes eram ingleses, mas também se viam portugueses. O secretário-geral do Ministério dos Negócios Estrangeiros e um padre conversavam com o embaixador Campbell. A alguns metros deles, Barney, o gerente da Sandeman, era o centro de um animado grupo, que ria das suas piadas. O «clube dos namorados de Mary» estava presente, mas não a vi.
Servi-me de um *whisky* duplo com gelo e avancei a custo, na direcção de Michael. Ao ver-me aproximar, ergueu os braços e saudou-me em voz alta:
– Grande Jack, porque te demoraste tanto? Não me digas que a polícia te mandou parar o carro outra vez!
Piscou-me o olho. A seu lado, Rose perguntou preocupada:
– A polícia? O que se passou com a polícia?
Encolhi os ombros, explicando que se tratara apenas de um pequeno percalço na estrada. Michael interrompeu-me:
– Um pequeno percalço? A mim contaram-me que o carro ia aos sss! Deves ter bebido muitos desses! – e apontou para o meu *whisky*.
Michael adorava correr riscos, andar em cima do arame. Não podendo contar a verdade, não resistia a inventar uma

história aproximada e credível. O seu único propósito era embaraçar-me aos olhos das raparigas. Só um amigo fazia uma coisa dessas.

– E há quem diga que não foi só a bebida! – gritou.

As raparigas ficaram expectantes e ele, vendo que tinha a audiência presa às suas palavras, prosseguiu:

– Que figura, Jack, ser apanhado pela polícia com as calças na mão!

Algumas das secretárias fingiram-se escandalizadas, mas soltaram risinhos excitados. Tinha a certeza de que aquele malandro ia falar no meu noivado.

– E isto é um rapaz noivo! Ai se a portuguesinha sabe! – exclamou.

As mulheres riram da perfídia de Michael. De repente, lembrei-me que trouxera a sua faca. Como ele estivera no Porto mais de um mês, julgo que a organizar uma rede com Ralph, não tivera oportunidade de a devolver. Assim, meti a mão ao casaco e num movimento brusco saquei-a. Ouviram-se mais gritinhos de excitação feminina.

– Vais engolir esses insultos, meu pulha! – gritei, muito sério.

Annalise e Linda desfizeram os sorrisos. Alguns convidados próximos de nós olharam, desconfiados. Michael simulou medo, murmurando:

– Jack, calma. Estava a brincar.

Apontei-lhe a faca:

– Abro-te a barriga, canalha! – E um momento mais tarde: – O pior é que só sai *whisky*!

Demos os dois uma gargalhada e as raparigas, percebendo a brincadeira, riram também. Entreguei-lhe a *Randall* e o coldre.

– Já tinha saudades dela – disse ele. – Mataste alguém?

Os olhares femininos convergiram para mim.

– Matei o tempo.

As secretárias riram-se muito. Reparei que Rita tinha o copo de champanhe vazio e, talvez por causa do calor que fazia na sala, estava muito corada. Perguntei-lhe:

– Foi difícil aturar o Michael no Porto tanto tempo?

Ela sorriu:

– Não. Ele esteve sempre muito ocupado.

Sugeri que fôssemos buscar mais champanhe. No bar, entreguei-lhe uma nova flute, cheia, e senti as suas mãos frias. Admirei-a: Rita trazia um vestido creme, com um decote prometedor.

– Já tens o problema da casa resolvido? – perguntei.

Mary arranjara-lhe uma pequena casinha em Sintra, perto do local onde trabalhava com a equipa de Ralph.

– Tem sido muito amiga. Sem ela, estes primeiros tempos teriam sido muito difíceis para mim – confessou.

– Não estás a gostar de Lisboa?

– Não é isso. Estou. É uma cidade linda. Mas não conhecia ninguém e sentia-me muito sozinha. A Mary toma conta de mim.

Rita fixou os seus olhos nos meus, sorrindo:

– Ela gosta muito de si, Jack Gil.

Mais uma a chamar-me Jack Gil.

– Damo-nos bem – disse eu.

– Acho que ela não é muito feliz.

Nesse preciso momento, o coronel James Bowles entrou na sala, seguido de Mary. Ao ver-me, avançou, decidido, na minha direcção. Sabia da sua fama de impetuoso e imprudente, mas nunca esperei que fosse rude e desagradável comigo.

– Até que enfim que nos conhecemos! – exclamou.

Apertou-me a mão com excessiva força, como se me tentasse humilhar. Não gostei da sua expressão perturbada e senti, pelo cheiro, que devia ter bebido, um hábito do casal. Rita, por quem o coronel mostrara um total desprezo, nem sequer a cumprimentando, contornou-o e juntou-se a Mary. As duas começaram a cochichar e afastaram-se.

– Finalmente! Sei que anda a ajudar a minha mulher, mas já era tempo de ouvir a sua voz! – disse James Bowles.

Não notei no seu tom nem ironia nem ciúme. A referência a Mary não era maliciosa. Talvez ele não suspeitasse da intimidade entre mim e a mulher. Contudo, revelou de imediato o seu desagrado.

– Devo dizer que não gostei nada da sua atitude com Henrique! Ele é um tipo firme! Não sei porque lhe faltou ao respeito.

Fiquei imediatamente enervado. Não fazia qualquer sentido ele dar-me ali um sermão. Só ajudara Mary porque ela me pedira. Além de que o coronel não tinha qualquer autoridade sobre mim. Enfrentei o seu olhar:

– Henrique? É esse o nome? Nem sabia.

Ele pestanejou, momentaneamente perturbado. Continuei:

– Para mim não existe. Era noite, nem lhe vi a cara. É um fantasma.

James Bowles mordeu o lábio. Não esperava uma resposta destas. Empertigou-se e exclamou em voz alta:

– Eles são muito importantes para nós! Para combater a escória que está na sala ao lado, é preciso gente de coragem e convicção, como Henrique! Mas você passou o tempo a provocá-lo!

O tom de voz do coronel atraía as atenções, mas as pessoas olhavam apenas uns segundos, pois ao verem que era ele desinteressavam-se, habituados como estavam aos seus excessos. Não caí na armadilha de o contestar.

– Senhor Coronel, não estamos no local certo para falar sobre isso.

Ele irritou-se:

– Ora esta, quem é que se julga? Eu digo o que tenho a dizer! Você foi um mau ajudante! Por sua causa, a Mary teve de mudar de planos!

Não me interessava dar-lhe troco. Ele continuou, acelerado:

– Com atitudes dessas, os meus contactos ficam em risco. Sem Henrique e gente como ele, não conseguimos nada! A Mary sabe disso, mas você parece que não!

Era um tipo insuportável. Prosseguiu a sua catarata de recriminações. Mais do que a embirração, o que me espantou foi a quantidade de informação que ele revelou, os contactos que tinha em Estremoz, Beja, Serpa, Santarém, Faro.

– Se não fossem eles, e a malta da Shell, não conseguia nada neste país! – protestou. – Não posso admitir que andem a estragar o meu trabalho!

De repente, disparou:

– Você é do MI6?

– Não – respondi.

– São uns bandalhos, não percebem nada de Portugal! Acham que é com *cocktails* e almoços nos hotéis que se ganha ao Hitler!

Só quando me tornei um homem do MI6, em meados de 1942, é que compreendi que ele tinha razão no diagnóstico, embora a chegada de Ralph começasse a dar frutos. Contudo, não seria com excitados como James Bowles que a espionagem inglesa se tornaria mais eficaz.

– E sabe o que me enerva mais? É esta mania de terem medo da PVDE! Borram-se pelas calças abaixo! Falam deles como se fossem a Gestapo! Por amor de Deus, haja decência! Comparar a PVDE com a Gestapo é como comparar os exércitos nazis com os franceses!

Exaltado, tentou uma estocada final, um golpe de misericórdia.

– Já disse à Mary: um tipo como você não serve! Você não tem estômago para operações militares!

Abriu muito os olhos e perguntou-me:

– Foi à tropa?

Ao ouvir a minha negativa, bateu os tacões e disse, pomposo:

– Era óbvio! Você não serve!

Provavelmente continuaria a humilhar-me até se cansar, mas a sorte esteve comigo. David aproximou-se e pegou no braço de James.

– Coronel Bowles, preciso de lhe dar uma palavra...

Afastaram-se os dois, saindo da sala, na direcção do átrio do hotel. Aliviado pelo fim da refrega, dirigi-me ao bar e pedi outro *whisky* duplo.

Sempre os bebi duplos. Cinquenta e tal anos depois continuo com os mesmos gostos e abro uma garrafinha de *Famous Grouse*, que retirei do minibar. Vou precisar de mais do que um *whisky* duplo para recordar o episódio abrasador que vivi nessa noite, e que eclipsou por completo o antagonismo e a antipatia do coronel Bowles.

15

As coisas que se passavam «enquanto Salazar dormia». Michael usava sempre a frase para classificar episódios de um mundo oculto e nocturno, onde se usavam regras imorais ou ilegais. Consoante os casos, a frase podia referir-se a aventuras de alcova, pecaminosas mas individuais; descrever um drama político lisboeta; ou identificar um acto violento, praticado em surdina por alguma personagem desprezível.

No entanto, dava-nos mais gozo aplicar a expressão a historietas picantes, vividas por nós ou por terceiros, onde existissem detalhes eróticos com elevado calibre. Como a história que vivi naquela noite. Que eu julgava ter sido um segredo só meu, uma glória exclusivamente individual que não partilhara com o meu amigo. Ele nunca a teria aprovado, pois tudo fazia para me afastar de Mary.

– O coronel desconfia de ti e da Mary? – perguntou Michael.

Estávamos no terraço os dois e emprestei-lhe o meu isqueiro.

– Achas que ele sabe de nós?

O meu amigo sorriu e acendeu o cigarro:

– *Gauloises*. Qualquer dia acabam – disse, expelindo o fumo. – Acho que ele nem quer saber. O coronel não gosta de mulheres.

A afirmação era surpreendente. Devolveu-me o isqueiro.

– O que queres dizer? – perguntei.
Michael encolheu os ombros:
– Há muitos anos que não toca na mulher.
Seria verdade? Acendi o meu cigarro enquanto Michael continuou:
– Mas isso não interessa. Ele anda a criar-nos problemas. O capitão Lourenço queixou-se do SOE ao Ralph. Sabe dos contactos com os comunistas. Foi um aviso, Jack...
– O Campbell não tem mão nele?
Michael abanou a cabeça:
– O coronel Bowles tem a mania que o SOE só recebe ordens directas do Churchill. O Campbell não o controla. É muito difícil saber o que o coronel anda a fazer. Não podemos perder tempo a vigiar-nos uns aos outros.
Bebi um gole de *whisky*. Precisava de ir à casa de banho. Como Michael também queria ir, atravessámos a sala, agora com menos convidados. Já no átrio, cruzámo-nos com uma belíssima mulher, cuja cara me era vagamente familiar, e que vinha da sala onde decorria o *cocktail* dos alemães. De tez bronzeada e grandes olhos negros, os seus lábios estavam pintados de um vermelho forte, e os seus enormes e encaracolados cabelos negros caíam-lhe pelas costas. Usava um vestido preto, cuja saia travada era cortada por uma racha, deixando ver um pouco da coxa. Dirigiu-se à escadaria e parámos para vê-la subir os degraus, abanando as ancas e as nádegas. A meu lado, Michael murmurou:
– Que monumento... Abençoadas entranhas que a criaram.
Já na casa de banho, recordei-me de onde a vira pela primeira vez.
– Foi aqui, na noite em que vim falar com o Nubar. Quando saí, cruzei-me com ela. Vinha de braço dado com um tipo chamado Popov!
Michael semicerrou os olhos e baixou a voz:
– Conheces o Popov?
Recordei-lhe o que Nubar e Mary me haviam contado.
– Está convencido de que os japoneses vão atacar os americanos.

Michael abanou-se e puxou o fecho de correr para cima.

– Vai partir para a América num *Clipper*. De Cabo Ruivo, daqui a dois dias. Mas os americanos não acreditam nele.

– E nós?

Encolheu os ombros e dirigiu-se ao lavatório:

– Nós? – começou a lavar as mãos. – Se queres saber, até era bom que a América entrasse na guerra. Bem precisamos de ajuda.

Regressámos ao átrio.

– As raparigas já se foram embora? – perguntei.

– A Linda foi para casa. Acho que a Rita também. A Rose e a Annalise estão cá. Mas depois de ver aquele monumento a subir as escadas...

O feitiço também o devia ter tocado, pois perguntou:

– E se tentássemos saber onde foi?

De regresso à sala onde decorria o *cocktail*, acenou a um dos empregados, pedindo-me que esperasse cinco minutos. Regressou antes disso.

– Tinhas razão – disse. – É a namorada do Popov. É portuguesa. Chama-se Alice. Nas últimas semanas veio cá três vezes, sempre com ele.

– Sozinha? – perguntei, sabendo da fama do «Triciclo».

O meu amigo soltou uma gargalhada:

– O criado também se riu quando lhe perguntei. Mas não é das que alinham com outra! Ninguém é perfeito!

Nesse momento, Mary apareceu, bem-disposta.

– Então, tiveste vontade de o matar?

A pergunta era para mim, mas Michael não percebeu.

– Nada disso! O Jack estava só a impressionar as meninas com a faca!

Ela desfez o equívoco:

– Não estou a falar de ti, idiota, estou a falar do meu marido!

Michael não lhe deu troco e respondeu por mim:

– Ah, isso. O Jack resistiu com estoicismo. Mas ainda bem que já me tinha devolvido a faca!

Rimos os três. Mary deu um suspiro de alívio:

– O que vale é que o monstro já se foi embora! Graças a Deus, o David distraiu-o com uma patranha qualquer.
– O David o quê? – disse uma voz, aproximando-se.
Formámos um grupo, a que se juntaram Annalise e Rose.
– Acho que o Jack foi o homem da noite – disse David, com o seu habitual tom anasalado.
Ficámos na galhofa mais de dez minutos, comentando o *cocktail*. A certa altura, Mary segredou-me ao ouvido:
– Queres ir a uma festa?
Sorri-lhe. Era bom vê-la assim animada. Perguntei:
– Porque não vamos todos?
Voltou a segredar-me:
– É só para ti.
Um *frisson* percorreu-me o corpo. Ela murmurou:
– Suíte D. Duarte, primeiro andar. Daqui a meia hora.
Minutos mais tarde, Mary abandonou a sala, despedindo-se. Aos poucos, o grupo desfez-se. Saí sem despertar atenções, deixando Michael a falar com Ralph. Subi a escadaria e, no patamar do primeiro andar, procurei a suíte, avançando pelo corredor. Não a descobri e dei meia-volta. Quando me virei, vi uma mulher encostada a uma porta.
– Perdido? – perguntou.
Era Alice. Engoli em seco, com um nó na garganta. Ela insistiu:
– O que procura?
Abri os braços e proferi um dito espirituoso:
– A felicidade.
Sorriu. Tinha uma voz rouca:
– Está assim tão perto de encontrá-la?
Foi a minha vez de sorrir. Apresentei-me, sentindo o seu intenso perfume:
– Jack Gil Mascarenhas, à procura da suíte D. Duarte.
Ela estendeu-me a mão:
– Alice, a sair da suíte D. João II!
Era uma mulher dos diabos. Não perdi a presença de espírito e exclamei:
– Um rei forte e visionário!
Ela começou a andar, abanando as ancas, e segui-a.

– Um rei demasiado cruel! D. Duarte era mais pacífico!
– Apontou com a mão direita. – É ao fundo do corredor, do lado esquerdo. Estão à sua espera.
Nem ouvi o seu último comentário e disse:
– Do lado esquerdo? É o lado do coração.
Chegámos ao patamar e ela começou a descer as escadas devagar.
– É homem para se deixar levar pelo coração, Jack?
Sorri-lhe.
– É para isso que ele serve.
Olhou para cima e fez uma pequena vénia:
– Foi um prazer, Jack.
Fiz também uma pequena vénia:
– O prazer foi meu.
Fiquei a vê-la desaparecer, o cheiro do seu perfume no ar. Sorri. Michael iria roer-se de inveja quando lhe contasse.

Se não tivesse a perspectiva de ir dormir com Mary, teria corrido atrás daquela deusa? Teria sofrido uma desilusão, quando ela mostrasse que não queria nada comigo, ou teria sorte? Existiam dois caminhos e eu segui um, mas o que aconteceria caso tivesse seguisse o outro? Não sei. As coisas sucedem assim e não me posso queixar.

Mary abriu a porta, de copo de *brandy* na mão. Tinha a saia e a camisa amarrotadas. Puxou-me para dentro e deu-me um beijo na boca.
– Porque demoraste tanto?
Os seus braços percorreram-me o corpo.
– Disseste meia hora – murmurei, tirando o casaco.
A suíte D. Duarte tinha uma pequena sala, separada do quarto por uma porta entreaberta. Mary olhou para lá de relance e exclamou:
– Tenho uma surpresa para ti!
Tentei agarrá-la, mas fugiu-me e disse:
– Primeiro tenho de te vendar os olhos!

Protestei. Avisou de que não havia surpresa se não me tapasse os olhos! Como num passe de mágica, surgiu na sua mão um lenço preto. Obrigou-me a virar de costas e vendou-me. Deu-me a mão e disse:
– Vem.
Não conseguia ver nada. Avancei devagar e levou-me para o quarto pela mão. Lentamente, dirigiu-me para a cama e, quando toquei com os joelhos no colchão, rodou-me e sentou-me, dizendo:
– Agora deita-te, devagar.
Senti-a contornar a cama, enquanto me avisava:
– Não digas nem faças nada.
Sentou-se à cabeceira, rindo, e passou-me a mão pelas pernas. A cama estremeceu, num movimento estranho, como se houvesse vento no quarto. Desapertou-me a braguilha e o cinto, e puxou-me para baixo as calças e as cuecas. A sua mão, quente, tocou-me entre as pernas. Soube-me bem. Pouco depois retirou-a, e o meu coração deu um pulo quando uma outra mão, mais fria, me tocou também.
– Mary, quem está aqui? – perguntei.
Tentei agarrar a mão, mas ela fugiu-me. As duas mulheres desataram aos gritinhos e Mary lembrou:
– Estás proibido de tirar a venda! Não te prometi uma festa?
– Quem é ela? – perguntei.
Ambas se riram e Mary declarou:
– Vais ter de descobrir.
Voltou a tocar-me entre as pernas, excitando-me. Depois, a mulher das mãos frias tocou-me também, ao mesmo tempo que Mary. Lembrei-me de que tocara numas mãos frias durante o *cocktail*.
– Posso tocar nela? – perguntei.
Devem ter trocado um olhar e aprovado o meu pedido.
– Podes – disse Mary.
Endireitei-me e fui avançando a mão até tocar na perna da segunda mulher. Estava também de ligas. Subi a mão pelo seu corpo.
– Ela está a gostar muito – comentou Mary.

Afaguei os seios volumosos da segunda mulher, já sabendo quem era. Estava ofegante, excitada. Aproximei a minha cara, até lhe encontrar a boca. As nossas línguas entregaram-se, sôfregas.

– Ela está a adorar, Jack – informou Mary.
– Rita – disse eu.

Mary deu uma gargalhada e Rita desconcentrou-se, rindo. Tirei a venda dos olhos e vi-as, as duas seminuas, à minha frente. Pareciam já ter estado juntas. Abracei-as e trocámos beijos os três. Depois caímos sobre a cama, enroscados uns nos outros e amámo-nos a três em desvario. Como se um tremendo cataclismo aí viesse e só nos restassem poucas horas sobre a Terra.

16

Deitado na cama do Hotel da Lapa, insone, estremeço só de recordar aquela noite. Lembro-me de cada gemido, e parece que sinto nas minhas mãos aqueles corpos, como se estivessem aqui a meu lado. O que era aquela loucura? Teria sido da bebida ou era a época que nos deixava naquele estado, temendo tanto o futuro que nos entregávamos ao sexo com um fantástico e saboroso desespero?

O mundo não ia acabar, meu Deus, então porquê? Não ia acabar? Isso não é verdade. De certa forma, o mundo acabou no dia seguinte. Melhor: um certo mundo acabou no dia seguinte. Às primeiras horas do dia 22 de Junho de 1941, possivelmente à mesma hora que Mary, Rita e eu nos amávamos como coelhos na suíte D. Duarte do Aviz, as tropas de Hitler iniciavam a invasão da União Soviética.

Operação Barbarossa. Foi como se o planeta tivesse saltado dos carris, como se a Terra inteira tivesse suspendido a respiração, como se a humanidade, espantada e morbidamente fascinada, tivesse decidido parar para assistir ao maior confronto bélico de sempre. Milhões de homens, tanques, aviões, camiões, bombas, canhões, partiram à desfilada, atirando-se com violência contra os soviéticos. A insanidade, definitiva e inexorável, tomou conta dos homens, e a mais tremenda e horrível guerra da história da humanidade atingiu um novo clímax. Um infernal remoinho começou a girar, envolvendo-nos a todos, até aos que viviam na pacatez de Lisboa.

Será que o sentíramos nos últimos tempos? Talvez. Havia gente que estava informada, pelo menos superficialmente, sobre as intenções de Hitler. Mas até a esses surpreendeu a fúria com que o ataque foi lançado. A *blitzkrieg* inicial, contra a França, a Holanda, a Bélgica, já espantara o mundo, bem como as invasões da Jugoslávia ou da Grécia, os combates no Norte de África, ou o bombardeamento permanente da Inglaterra. Mas isto era diferente: uma força bruta avançando sem parar, ao longo de milhares de quilómetros, em três frentes, na direcção das tropas de Estaline. Isto era impensável, era absolutamente esmagador!

É possível que aquele ambiente que se vivia em Lisboa, irresponsável, desorganizado, boémio, não fosse mais do que a antecâmara luminosa de um buraco escuro tremendo que estava à nossa frente sem o vermos, embora os nossos sentidos o suspeitassem. E, de repente, aquela implacável fúria abateu-se também sobre nós, não sob a forma de *panzers* ou bombas, mas como se em Lisboa se tivesse mexido uma placa tectónica e sob os nossos pés se tivesse aberto uma fenda sinistra.

Mal as notícias chegaram a Portugal, os partidários dos nazis entraram em euforia, e a máquina de propaganda alemã avançou sobre nós como uma onda imparável. O fim abrupto e espectacular do pacto germano-soviético era um motivo de orgulho para a imprensa portuguesa pró-germânica, e um triunfalismo histérico invadiu os cabeçalhos dos jornais. Finalmente começava «a caça aos vermelhos», aos comunistas, aos «grandes destruidores da civilização cristã»! A Legião Portuguesa entrou em delírio e outros órgãos do regime foram contaminados.

Iniciou-se, em Lisboa, o mais difícil período da guerra para os ingleses. As coordenadas geopolíticas do mundo mudaram no dia 22 de Junho de 1941. Até ali, o facto de a Inglaterra estar, quase sozinha, a lutar contra Hitler e Mussolini, despertava a simpatia da maioria dos portugueses. E o facto de Hitler e Estaline serem aliados *contra natura* anulava os perigos de sermos acusados de estar ao lado da oposição a Salazar. A Barbarossa mudou os dados: Estaline, atacado por Hitler, tornava-se objectivamente um aliado dos ingleses. Isso, em Portugal, significava que o partido pró-germânico e a propaganda nazi nos podiam acusar de estar «feitos com os comunistas» e de desejarmos o fim do regime.

A posição da Inglaterra deteriorou-se rapidamente, e Salazar começou a endurecer o discurso. Naturalmente, a PVDE apertou a relação com os ingleses, e aumentou a vigilância, pressionada pelas constantes denúncias alemãs. O tenente Marrano, a alma danada dos nazis na PVDE, iniciou as suas operações, instigado pela Gestapo. Perseguia judeus, comunistas, refugiados, exagerando as suas culpas, prendendo-os no Aljube, torturando-os para lhes sacar supostos segredos de grandes conspirações.

A Abwehr e a Gestapo lançaram-se numa ofensiva tremenda, tentando destruir as redes inglesas, minando os nossos apoios, sabotando os nossos rádios. Os submarinos alemães, que antes raramente apareciam próximos da costa, começaram a ser presenças habituais, a sua carapaça negra produzindo efeitos psicológicos, obrigando os comboios de abastecimento ingleses a uma permanente angústia.

Em casa de Carminho, os efeitos foram também imediatos. Os dois irmãos, António e Luís, se antes eram acintosos, nesses dias ascenderam à condição de insuportáveis. Eduardo, um amigo deles que era jornalista da revista *A Esfera*, tornou-se presença habitual ao serão, arrotando a sua propaganda. Até o general Joaquim Silva deixou de se referir a Churchill em termos elogiosos, e demonstrava grande admiração pela «coragem» que as tropas de Hitler revelavam, considerando que o ditador era um novo Napoleão. A sua mulher, D. Guilhermina, até aí sempre contida nas suas opiniões sobre a guerra, revelou o seu fascínio mórbido por Mussolini e Hitler, e passou a acusar as criadas de «comunistas», quando elas não cumpriam de imediato as suas ordens.

Para mim, o ambiente tornou-se irrespirável, pois Carminho alinhava sempre com os irmãos. Só Luisinha percebeu a fragilidade da minha posição, e tentava contrariar o meu progressivo afastamento, convidando-me para ir ao cinema com uma cada vez mais renitente noiva. Contudo, o coração e os afectos não são imunes às paixões políticas. O afastamento entre nós era evidente e a minha presença naquela casa tornou-se mais rara. O namoro, embora oficialmente não tivesse terminado, ficou num limbo duvidoso, uma mera formalidade que de vez em quando se cumpria.

Entreguei-me com naturalidade a Mary e a Rita. A partir do Verão, o coronel James Bowles deixou de viver com a mulher e instalou-se em local secreto. Quase nunca aparecia na Embaixada, e as suas actividades eram desconhecidas. Incapaz de viver sozinha em casa, Mary convenceu Rita a mudar-se para lá. As minhas visitas eram frequentes.

Hoje, ao recordar esses dias, penso que fomos os três pouco lúcidos. Era uma questão de tempo até a bomba-relógio chamada James Bowles nos estoirar na cara. As suas ligações aos comunistas, por mais secretas e protegidas que estivessem, não poderiam ficar impunes por muito tempo num ambiente daqueles. Lisboa e Portugal não eram assim tão grandes, e o coronel Bowles era tudo menos prudente e silencioso. Apesar de já não viver com Mary, era o seu marido, e tudo o que lhe acontecesse afectava a vida dela.

Mary começou a afundar-se, consumida e desorientada. Nem eu nem Rita a conseguimos ajudar. Talvez tenhamos percebido tarde de mais. Talvez fôssemos apenas um homem e uma mulher egoístas, que vibravam com o prazer que Mary nos proporcionava, evitando pensar na ruína que se ia abatendo sobre a sua alma torturada.

17

No final da guerra, em 1945, eu já era um especialista em mistificação, boatos negros, sujar o nome das pessoas com intrigas. Mas, em 1941, ainda dava os primeiros passos nessa sinistra arte, e chocava-me com facilidade não só com o conhecimento de certos factos, mas com as maquinações obscuras que antecediam a sua revelação.

Lá fora, nasce o dia em Lisboa. Quase não consegui dormir e sinto-me entristecido com a recordação do resvalar para o abismo de Mary, e as responsabilidades que o meu amigo Michael teve. Os homens são maus por natureza ou são os acontecimentos da vida que os tornam maus? É uma questão filosófica antiga e com esta idade a filosofia já me interessa pouco. A tentativa de destruição do coronel James Bowles tomou uma forma horrível naquela tarde de Outubro, enquanto eu e Michael avançávamos pelas ruas de Alfama.

– Talvez o teu futuro sogro devesse vir a Alfama... – resmungou ele. – Isto é que é Portugal. Não é o Técnico, a Marginal, os novos cais. Aqui o Duarte Pacheco não vem construir.

A miséria e a porcaria eram indescritíveis. Viam-se crianças nuas encostadas às portas, ranhosas e sujas. Pernas magríssimas, panos a taparem-lhes só o tronco, as partes baixas à mostra, desprotegidas. Saíam e entravam de buracos escuros onde não se via luz. Vi passar uma delas, andrajosa e descalça, levando a tiracolo um saco com jornais, apregoando os títulos, o *Lisboa*, ou o *Popular*.

O som da sua voz juntava-se aos cantos dolentes dos cegos, ou aos pregões dos vendedores ambulantes, que ofereciam figos ou facas. Homens de ar duro e olhar ébrio regressavam da estiva, cuspindo para o chão escarros colossais, que as crianças pisavam sem se importar. As varinas, de canastra na cabeça, iam de porta em porta e um ou outro engraxador arrastava a sua engraxadeira. Em Alfama não se viam as senhoras da alta sociedade que passeavam pelo Chiado, embora se descobrissem as suas criadas fardadas, de olhos encovados e carrapito na cabeça. Eram mulheres rurais, arrancadas à terra natal ainda na infância para «servirem» nas casas da capital. Sem vida própria a não ser estes momentos furtivos, onde tentavam conhecer um homem que lhes saciasse o corpo. Ao seu lado, quase imitações sem farda, iam as donas de casa pobres, de xaile sobre os ombros e lenço na cabeça.

Atravessávamos aquela massa de gente que se movimentava, numa azáfama de formigueiro, quando Michael disse entredentes:

– Deve ser aqui que ele as vem buscar.

Ainda estava chocado com o rumor que corria sobre o coronel Bowles, e que falava de crianças desaparecidas em bairros pobres. Seria verdade ou apenas um boato maldoso? E quem o alimentava? O coronel era um adversário importante para os alemães, e Schroeder, o recém-chegado chefe da Gestapo em Lisboa, fizera do SOE o seu primeiro alvo. Antes de combater o MI6, mais discreto e difícil de atacar, decidira sabotar o coronel Bowles. Coisa que nem sequer era difícil, pois ele expunha-se, e aos seus informadores, com uma incompetência inacreditável. Nas últimas semanas, vários homens da sua rede haviam sido denunciados à PVDE, que prendera um pescador, um estivador e dois operários no Cais do Sodré. Eram arraia-miúda, mas a intenção era clara: enviar um sinal ao SOE de que a ofensiva da Gestapo iria começar. A reacção de James Bowles, ignorando o facto e continuando os seus contactos sem precauções adicionais, fazia temer o pior.

– E a Mary, o que diz? – perguntou Michael.

Referia-se ao rumor negro que corria sobre o coronel e as crianças.

– Não falei com ela sobre isso, nem vou falar.

Não era coisa que se falasse com uma mulher, muito menos com a esposa do envolvido. Seria demasiado duro. Michael estugou o passo, de cabeça baixa, resmungando entre dentes. Por momentos, examinei uma terrível hipótese: estaria o MI6 a ajudar à queda do coronel?

– Michael, são vocês que andam a espalhar os boatos?

Parámos ao mesmo tempo e ele enfrentou-me. Um vendedor ambulante chocou de imediato comigo.

– Não podes fazer isso à Mary. Não percebes que, se o coronel for ao fundo, ela vai com ele? – disse, emocionado.

Michael olhou-me:

– Jack, claro que não somos nós. A Mary é fundamental, tem feito um óptimo trabalho no MI9. Além de ser boa na cama.

Sorriu e continuou, apesar de eu não lhe ter retribuído o sorriso:

– Só tem um defeito. O marido. Aquele tipo é mais perigoso para nós do que os alemães todos juntos.

Não tinha negado que estivesse a espalhar o boato. Fechei os olhos por momentos, desolado, e quando os reabri ele já tinha recomeçado a andar. Segui-o, furando a multidão, e, depois de termos ambos dobrado uma esquina, Michael bateu a uma porta.

Entrámos. Cumprimentámos uma sexagenária de bata azul desbotado, cara enrugada e cabelo recolhido no inevitável carrapito, que nos conduziu através de uma pequena cozinha cujas paredes estavam negras, cobertas de fuligem. Ao lado do fogão a lenha, onde fumegava uma panela, existia um pequeno lavatório de pedra.

Saímos para o logradouro, onde nos esperavam dois homens. O primeiro chamava-se Carlos, era gordo e tinha bigode, aparentava 40 anos e usava boné. O segundo era magro, tinha óculos, vestia uma camisa azul e calças pretas, e trazia o cabelo cortado à escovinha.

– Aqui está, são como um pêro – exclamou Carlos.

Francis, o dos óculos, estendeu a mão e proferiu um *hello* britânico. Era um operador de rádio inglês, especialista em aparelhos especiais, destinados a estragarem a qualidade de transmissão da Rádio Berlim. Viera da Madeira num navio, desembarcando com papéis falsos, e fora recolhido pelo nosso contacto no porto, o homem do boné.

Em várias áreas de Lisboa, as emissões da BBC eram afectadas por interferências provocadas por um emissor central, instalado na Legação alemã. Michael suspeitava de que, ligados a essa central, existissem outros aparelhos regionais, alguns deles móveis, montados em carros ou camiões, que mudavam diariamente de lugar, boicotanto a voz de Fernando Pessa.

Para os ingleses, chegara a altura de retaliar. Francis iria instalar seis emissores em edifícios propriedade dos ingleses, escolhidos pelo MI6 para que os alemães não os pudessem desactivar com uma denúnica à PVDE.

– Temos de esperar pela noite para o tirar daqui – informou Michael.

Carlos despediu-se e saiu. A porta da rua bateu. Ficámos no logradouro a conversar em voz baixa. O operador de rádio relatou as atribulações da sua viagem, assombrada pelos ataques dos submarinos alemães.

– Um dos barcos do comboio foi torpedeado. Vimo-lo a afundar-se.

Abanou a cabeça:

– Pelo menos 20 mortos. Aos outros, conseguimos recolhê-los nos botes. Deus, era aterrador.

Relatos daqueles eram comuns. Embora a Royal Navy tivesse supremacia no Atlântico, os permanentes ataques surpresa dos submarinos alemães lançavam o pânico nas tripulações. Por vezes, os barcos portugueses também eram atingidos, e a propaganda inglesa aproveitava a circunstância para ampliar a indignação da opinião pública. Umas semanas mais tarde, a 30 de Outubro de 1941, Portugal comoveu-se com os náufragos do *Corte Real*, afundado pelos *U-Boats* nazis ao fazer a viagem entre o Continente e os Açores. Felizmente, ninguém morrera.

– Eles têm informações sobre os comboios – murmurou Michael.

– A sério? – perguntou Francis.

– Os sacanas estão por todo o lado – reforçou ele.

Nessa noite, ao abandonar a casa, já a calma nocturna se tinha instalado no bairro, não reparámos na sombra que nos seguia. Uns dias depois Michael foi chamado à PVDE, tendo sido interrogado pelo tenente Marrano. Para o meu amigo, foi evidente que alguém nos observara, pois Marrano informou-o de um protesto da Embaixada alemã pelo facto de estar em Lisboa um «terrorista inglês», operador de rádio, entrado clandestinamente no país com o objectivo de sabotar as emissões da Rádio Berlim. Regressado do encontro com Marrano, lembro-me de que Michael me conseguiu arrastar até uma tasca no Bairro Alto.

Estava revoltado com o facto de nem conseguirmos despistar os nazis em Alfama. A possibilidade de perdermos a guerra parecia muito forte. As tropas de Hitler nunca chegariam a Moscovo, mas naquele dia a derrota militar da União Soviética parecia evidente. Leninegrado estava cercada, a Ucrânia ocupada, e dizia-se que Estaline ia abandonar o Kremlin e refugiar-se na Sibéria. Se naquela noite tivesse de apostar, apostaria até a minha casa em como Hitler faria uma parada de Natal na Praça Vermelha. Mas perderia...

Esta manhã, depois de tomar um duche, apanhei um táxi para o Bairro Alto. Está muito parecido com o que era há 50 anos, mas não consegui descobrir a tasca onde jantámos naquela noite. Passeio pela Rua da Rosa, pela Rua da Atalaia, pela Rua do Diário de Notícias, pela Rua da Barroca. De repente, sinto-me emocionado. O quanto eu gosto deste sol de Lisboa, o quanto isto me faz bem! Porque é que fui tão impulsivo e me fui embora há 50 anos? Eu sei porque foi. Se calhar foi o destino, o fado tão típico deste bairro. Entro num restaurante, peço o almoço. Enquanto trinco uma azeitona, lembro-me de Michael.

– Vais ao Algarve? – perguntou.
– Sim. Vai chegar um piloto inglês vindo de Marrocos. Ele conhecia a região.
– Há uma quinta de um casal de ingleses, perto de Vila Real de Santo António, aí a 300 metros do mar. Nas traseiras existe um descampado que serve como campo de aviação. O Francis vai com vocês.
Levantei a sobrancelha. Não sabia. Ele tossiu: estava constipado.
– Era para ir eu. Mas, como estou neste estado, vai a Rita.
– A Rita? – perguntei. – Vão meter a Rita nisso? Ela é uma secretária!
Michael deu um pequeno gole. Estava a beber um cálice de absinto.
– Jack, em Lisboa ninguém é o que parece.
Não me agradou a ideia de levar um operador de rádio à ilharga.
– Porque é que o Francis vai? – perguntei.
Michael tossiu de novo e espirrou. A sua voz ficou anasalada.
– Vai instalar um posto emissor secreto na quinta. A nossa malta em Vila Real de Santo António consegue topar os *U-Boats* no mar. Temos de informar Gibraltar o mais depressa possível, para podermos mandar aviões que ataquem os submarinos. Espero que vocês não dêem nas vistas. Se a Gestapo ou a PVDE descobrem o rádio...
Tossiu de novo e disse:
– A propósito, e antes que me esqueça...
Levou a mão ao bolso do casaco, retirou a faca *Randall* e entregou-ma.

18

O casamento do meu neto Paul é só depois de amanhã, por isso o que não me falta é tempo livre. Devia ter planeado uma viagem ao Algarve, a Vila Real de Santo António. Mas, uns dias antes do seu casamento, não seria possível o meu neto vir comigo e sem ele a viagem era impraticável. Estou, portanto, condenado a ficar sozinho no meu quarto de hotel.

Foi em Vila Real de Santo António que a gravidade do estado de Mary se tornou evidente. Não falou até ao Algarve, exibindo um humor de cadela. Chegados à quinta dos ingleses, enquanto Francis iniciava os trabalhos de instalação do rádio num barracão de alfaias agrícolas, Mary alegou dores de cabeça e foi-se deitar. Pouco depois, o casal de proprietários retirou-se também, deixando-me a beber um *brandy* na companhia de Rita.

– O que achas que ela tem? – perguntei.

Baixou os olhos, envergonhada. Rita era subserviente, demasiado respeitadora da autoridade de Mary, e não queria parecer intrometida. Apesar da intimidade sexual que tínhamos os três, falávamos pouco sobre os pensamentos privados e as preocupações reais de cada um.

– Ela sabe o que dizem do coronel Bowles?

A rapariga abriu os olhos:

– Sobre os comunistas?

Não parecia saber dos rumores.

– Ele anda a arriscar de mais. Acho que a Mary sofre muito com isso. Ainda estás a viver com ela? – perguntei.
– Sim.
– Ela tem andado a beber mais do que o costume?
Piscou várias vezes os olhos antes de responder:
– Julgo que não.
– Levantei-me e dei uns passos pela sala, como que a dar gravidade ao que queria dizer. Respirei fundo.
– Rita, nós temo-nos divertido, é bom estarmos os três juntos.
Abriu um grande sorriso:
– É, isso é. A Mary gosta muito de si, Jack Gil.
– Sim, eu sei – continuei –, mas acho que há qualquer coisa, está diferente. Não te deste conta de nada? Ela chora sozinha, ou grita contigo?
Rita deu um gole apressado no *brandy* e corou um pouco.
– Sim, às vezes grita comigo. Mas ela sempre foi assim, desde o princípio.
Abri a mão direita, para exemplificar:
– Não reparas como as mãos dela tremem de manhã? É um sinal de que anda a beber muito. Ela leva garrafas para o quarto, à noite?
A rapariga baixou os olhos, incapaz de me responder. Pressenti que acertara. E, no dia seguinte, tive a prova. A meio da manhã fomos ao posto de correios da vila, deixando Francis a trabalhar no barracão. Mary queria fazer um telefonema. Quando entrou no edifício, perguntei a Rita:
– Ela dormiu bem?
Sentada no banco de trás, baixou os olhos.
– Passou-se alguma coisa? – insisti.
Reparei que estava quase a chorar.
– Foi antipática contigo?
Negou com um aceno de cabeça. Depois disse, numa voz sumida:
– Ela anda muito nervosa.
Minutos mais tarde, Mary regressou e, pela forma como bateu com a porta do carro, era evidente a sua fúria.
– Arranca! – gritou-me.

Nunca me falara com esta rispidez, como se eu fosse o seu *chauffeur*, um funcionário sem importância. Não mexi um dedo e perguntei:

– O que se passou?

Olhou para mim, irada:

– Jack Gil, agora também tu me causas problemas? Pensei que vinhas para me ajudar! Não tenho de me justificar! Guia o carro e não me enerves!

Nem sequer liguei a ignição. Fiquei a olhar para ela, calmíssimo. No banco de trás, Rita encolheu-se.

– Mau – disse Mary –, pensas que és o meu marido? Liga a merda do carro!

A última frase fora dita a gritar, mas não teve qualquer efeito sobre mim. Ao longo dos meses, habituara-me aos seus ataques de mau génio e sabia que continuar calmo costumava pôr um fim à explosão. Porém, desta vez não fui bem-sucedido. Mary desatou aos gritos, vociferando e insultando-me. No banco de trás, Rita começou a gemer baixinho, e Mary revoltou-se:

– E tu estás a choramingar porquê? Nunca me viste assim? Raios os partam, que dois palermas que eu arranjei!

Soltou uma enxurrada de palavrões, cobrindo-nos de acusações, mas eu continuei mudo, sem reacção, enquanto Rita soluçava. De repente, abriu a porta do carro e saiu. Corri atrás dela. Agarrei-lhe num braço e ordenei-lhe, autoritário:

– Volta para dentro do carro. Já!

Surpreendentemente, aquela súbita manifestação de força acalmou Mary. Soltou um soluço:

– Ó Jack Gil, que se passa comigo?

Envolvi-lhe os ombros com ternura, trazendo-a de regresso ao carro. Já sentada, desculpou-se e contou-nos que o coronel, com quem falara ao telefone, ordenara uma paragem em Montemor no regresso a Lisboa.

– Ameaçou-me. Se me recusasse a ajudar o Henrique, denunciava à PVDE o rádio e a casa dos ingleses!

Fiquei chocado:

– O quê? Ele endoideceu? Denunciar o rádio e a pista dos aviões?

Mary escondeu a cara com as mãos e chorou convulsivamente. Confortámo-la durante largos minutos, até recuperar a calma. Propus que fôssemos almoçar, e durante a refeição tranquilizou-se. Mas, enquanto comia o robalo fresco, dei-me conta de que já não era ela a comandar a operação, mas sim eu. Deixava-se conduzir, desprovida da lucidez e da energia necessárias.

Deixei-a no carro com Rita e fui a casa do vice-cônsul, o Sr. Portman, receber as últimas instruções da operação nocturna que planeáramos. Era um homem nascido na Cornualha, que devia beber muita cerveja, pois exibia uma larga barriga e um rosto avermelhado. Comandava a distribuição de propaganda inglesa na região e revelou-me o seu contentamento com os últimos progressos.

– Ontem à noite, no cinema, consegui que os garotos batessem muitas palmas quando passou um documentário inglês! Dei-lhes uns pacotes de guloseimas e não me deixaram ficar mal!

Depois de falar com ele, regressámos à quinta. Decidi que Francis não iria ao porto comigo, pois estava atrasado no seu trabalho. As mulheres também ficariam em casa. Mary ainda protestou, mas eu convenci-a. Talvez tenha sido um erro. Mais tarde soube que Mary passara a noite a beber, tendo vários ataques de fúria, ao ponto de Francis ter ficado a dormir no barracão.

Mas, quando saí, deixei-a bem-disposta. Abraçou-me por trás, encostando a sua cara à minha nuca e falou-me ao ouvido, como se eu fosse o seu cavalo. Costumava falar-lhes assim às duas, na cama, e imitou-me.

– Volta para nós. Vem ter ao quarto. Vamos ficar à espera...

Guiei até ao posto da Guarda Fiscal de Vila Real de Santo António, junto ao porto da vila, contente por termos regressado aos bons momentos.

Parei o carro próximo do pequeno edifício amarelo. Uma luz iluminava o interior. Aproximei-me e bati à porta. Um guarda fardado e anafado veio abrir. Exibia um bigode ralo, e cheirava a aguardente.

– Ora viva! – saudou. – Tinham-me dito que era uma senhora!

Mary não pudera vir, coisas de mulher, justifiquei. Encolheu os ombros:

– Não há problema nenhum. Trouxe o dinheiro?

Tal como Portman dissera, o segundo-sargento Damião cobrava 150 escudos por cada piloto inglês que deixava desembarcar. O praça, cujo nome nunca soube, recebia 100 escudos. Abri a carteira e dei-lhes o dinheiro.

– Ora muito bem! – declarou bem-disposto. – Agora só temos de esperar que chegue a traineira! Isto se a PVDE não aparecer! Mas vocês já se arranjaram com eles, não é verdade?

O segundo-sargento Damião decerto ouvira falar no informal «acordo de cavalheiros» existente entre o MI9 e a PVDE. Tinha sido Mary a negociá-lo com o capitão Agostinho Lourenço, ao longo de várias conversas, a primeira das quais no dia em que regressámos de Marvão. Desde que não déssemos nas vistas nem provocássemos desacatos, os pilotos que só queriam passar por Portugal eram deixados em paz pela PVDE.

Enquanto conversávamos, notámos que a cerca de quinhentos metros se apagavam as luzes de um carro. Damião murmurou:

– Devem ser os espanhóis.

Não estranhei que a Seguridad, a polícia secreta de Franco, andasse por perto. Estávamos a poucos quilómetros de Espanha. Obviamente, não imaginava que aquele carro da Seguridad estivesse na origem de tanta desgraça.

19

Damião informou-me de que a traineira espanhola portadora do nosso aviador estava a três milhas da costa. Avançámos para o pontão, desci os degraus de pedra e saltei para o pequeno batel que me transportaria até ela. O guarda despediu-se, dizendo:
– Deus vos livre dos submarinos.

A bordo estavam dois homens que nunca falaram durante a viagem. Os pescadores tinham-se convencido de que as suas vozes se podiam escutar no fundo do mar, tal era o medo dos submarinos. Enquanto eles remavam em silêncio, apertei o casaco, sentindo o frio nos ossos. Um deles entregou-me uma manta que cheirava a peixe, mas enrolei-me nela sem me importar.

Cerca de uma hora mais tarde, avistei um vulto no mar calmo, a pouco mais de 100 metros. Era a traineira. Aproximámo-nos devagar. Em silêncio, o batel encostou-se à traineira, como se fosse um barco de piratas a iniciar uma abordagem. O piloto inglês saltou, e o batel balançou, enquanto ele se tentava equilibrar. Sentou-se a meu lado. Sem que alguém tivesse proferido uma única palavra, os pescadores remaram, afastando o batel da traineira. Partilhei a manta com o piloto, e regressámos a terra, sempre calados.

No pontão, Damião esperáva-nos, e saudou o aviador:
– Uelcóme!

Rimos os cinco, libertando a tensão, e dirigimo-nos ao posto, onde bebemos uma aguardente. Fiquei a saber que o piloto se chamava Giles, e era escocês, de Aberdeen. Depois, despedimo-nos de Damião, e dirigimo-nos ao *Citroën*. Verifiquei que o carro da Seguridad continuava no mesmo local, de luzes apagadas, e que não arrancou atrás de nós.

Chegados à quinta, indiquei a Giles o seu quarto, e desejei-lhe as boas-noites. Dirigi-me então para o aposento das mulheres, que ficava do outro lado da casa, na esperança de as encontrar acordadas. Mal entrei, Rita levantou a cabeça. Na cama da esquerda, Mary ressonava. Sentei-me na cama de Rita, que me contou a crise de Mary e o amuo de Francis. Apontou para o chão e vi uma garrafa de *brandy* quase vazia.

– Adormeceu com ela na mão – explicou. – Fui eu que a pousei no chão, para não cair. Achei melhor deixá-la ali, não fosse ela acordar e acusar-me de lha ter tirado. É o que ela faz lá em casa.

Pela forma como ressonava, Mary não iria acordar de certeza. Deitei-me ao lado de Rita. A cama não era larga, e ela afastou-se um pouco, para me deixar entrar. Deixara o casaco na sala, na esperança de me libertar do cheiro a peixe, mas a rapariga sentiu-o de imediato:

– Cheiras a peixe.

– Desculpa. Queres que me afaste? – perguntei.

– Não.

Já passava das três da manhã e sentia-me cansado e com sono. Não tencionava ficar ali muito tempo.

– A Mary quer partir logo de manhã? – perguntei.

– O Francis está atrasado. Precisa de fazer uns testes no rádio, de manhã. Mas a Mary quer estar em Montemor amanhã à noite. Tem um recado urgente para o Henrique – revelou a rapariga.

– Que recado?

– Não sei. Só disse que era urgente.

Depois de uma pausa, Rita perguntou:

– Eles são comunistas?

Suspirei:

– São.

Rita virou-se para mim e ficámos frente a frente, os nossos narizes quase se tocando, a sua respiração aquecendo-me a cara. Perguntou:
— Não gostas desse Henrique?
— Não gosto de comunistas.
Voltou a virar-se de costas para mim. Passado um minuto disse:
— Tenho medo, Jack Gil. Abraça-me.
Abracei-a por trás, encostando o meu corpo ao dela. Pegou-me na mão direita e pousou-a no peito, como se a agarrasse para não me deixar fugir.
— Vai correr tudo bem, Jack Gil?
— Sim, Rita. Não te preocupes. Amanhã resolvemos tudo.
Tinha acalmado Mary. Tinha ido buscar um piloto inglês. Tinha despistado a Seguridad. Apesar do cheiro a peixe, tranquilizar Rita não seria difícil.
— E se a PVDE nos apanha? — sussurrou ela, como se a própria PVDE nos pudesse ouvir ali. — O Ralph está sempre a dizer que quem for apanhado a falar com os comunistas vai preso.
— Ele diz isso?
— Diz.
— Tem razão. Não vamos falar com eles amanhã.
— Mas tu já falaste, da outra vez.
— Sim. Mas não lhes vi a cara. Não havia luz. Nem podíamos fumar. Eles não me podem identificar. Nem eu a eles.
Ela respirou fundo, mais serena:
— Ainda bem. Não gostava nada que fosses preso.
O seu corpo encaixou-se no meu, como se fôssemos duas colheres numa gaveta de um faqueiro. Apesar de estar de calças, os efeitos começaram.
— Ela está doida, Jack Gil — gemeu Rita, baixinho. — Nunca me tratou tão mal. Acho que já não gosta de mim.
Abracei-a com força.
— Gosta, sim. Ela gosta muito de ti.
Na outra cama, Mary ressonava fortemente, e os vapores da sua respiração deixavam no quarto um odor alcoólico.

– Estou um pouco tonta. Achas que é do cheiro? – perguntou Rita.
– A peixe?
– Não, tonto, o *brandy* – ripostou ela.
Rimos os dois baixinho.
– Eu também gosto muito de ti – disse.
Apertou de novo a minha mão contra o seu peito, a voz sumida:
– Às vezes imagino que vocês se vão fartar de mim. Eu sei que não sou importante, mas gosto muito dos dois.
– Ninguém te vai deixar, Rita – prometi. – Nós gostamos muito de ti. O nosso amor por ti tem vindo sempre a crescer.
Ela riu-se e, com uma voz marota, murmurou:
– Não é a única coisa que sinto a crescer...
Era verdade, estava muito excitado. Ela tocou-me e perguntou:
– Porque não tiras as calças?
Despi-me, e ela tirou a camisa de noite. Encaixámo-nos de novo, agora nus. Toquei no seu peito, sentindo o mamilo frio contra a minha mão. Ela gemeu baixinho. De repente, como se nos tivesse pressentido, Mary mexeu-se na cama, mudando de posição. Depois, mastigou a saliva durante uns segundos, até voltar a serenar. Cúmplices, Rita e eu rimos baixinho. Ela perguntou:
– Achas que a Mary fica chateada se nos vir assim?
Massajei-lhe o peito e aproximei a minha cara da nuca dela. Mordi-lhe a orelha e falei-lhe ao ouvido, como se fala com os cavalos:
– Ela não vai acordar, minha potrinha...
A minha mão desceu e toquei-a entre as pernas, demorando, sentindo o seu corpo estremecer, quente. Então, ela virou-se e subiu para cima de mim. Gemeu, enquanto lhe mordia de novo as orelhas e lhe segredava que a ia cavalgar como se fosse uma potra. Amei Rita enquanto Mary ressonava alto, na cama ao lado, e fiquei sempre com a estranha sensação de termos infringido uma regra. Como se fôssemos dois alunos a copiar nos exames, nas costas da professora.

20

Deixei Rita adormecer e levantei-me. Vesti-me, calcei os sapatos e saí do quarto. Não queria que Mary me visse a dormir ao lado de Rita, caso acordasse primeiro do que eu. Dirigi-me para o meu quarto e deitei-me, mas não consegui adormecer. Não tinha ainda encontrado solução para evitar a ida a Montemor quando o dia começou a nascer. Tomei um duche rápido e saí de casa. Estava uma madrugada fria.

Ao aproximar-me do barracão, escutei os estalidos do rádio. Entrei. Francis estava mal-disposto, via-se na sua cara tensa. A troca de palavras com Mary devia ter sido azeda. Dei-lhe os bons-dias, narrei por alto o episódio marítimo da noite anterior e perguntei:

– Os testes correram bem?

Encolheu os ombros, irritado:

– Estou a acabar.

Acendi um cigarro. Ofereci-lhe um, mas recusou.

– Tens de a desculpar – disse. – A Mary anda muito enervada.

Francis olhou para mim, ajeitando os óculos:

– Não é preciso ser rude e grosseiro. Não fui malcriado com ninguém.

Tentei pacificá-lo:

– Eu sei. O problema não és tu.

– Ela é completamente doida – mordeu o lábio. – Houve momentos ontem em que me apetecia ter batido naquela cabra.

Sorri:
— Ainda bem que não o fizeste.
Bufou e deu uma pancada na mesa:
— Eu estou a fazer o meu trabalho! Não tenho de aturar bêbados! Vem o caminho todo a dormir, nem fala comigo, e ontem à noite, de repente, desata aos berros, a chamar-me incompetente e lento! Será que ela faz ideia do tempo que leva a deixar uma coisa destas operacional? Já ouvi muitas mulheres aos gritos, mas nenhuma como ela!

Não insisti. Dei uma passa no cigarro e olhei em volta, examinando o casarão. Havia alfaias agrícolas, um tractor, fardos de palha.

— Este sítio é seguro?
Francis encolheu os ombros:
— Já instalei rádios em sítios mais perigosos. Cafés, tabacarias, fábricas. Até em logradouros a céu aberto. Aqui ninguém dá por ele.

Não tinha tanta certeza. Estava convencido de que não havia sido seguido pela Seguridad, mas podia estar enganado.

Francis desligou o rádio, tapou-o com uma manta azul e afirmou:
— Está pronto. Podes ir acordar os outros.

Uma hora mais tarde partimos, agora éramos cinco dentro do *Citroën*. Mary continuava embriagada, e sentei-a atrás, entre a Rita e o piloto. Francis recusara-se a ficar ao lado dela no carro.

— A cabra ainda vomita para cima de mim, de tão bêbada que está.

Felizmente, tal não aconteceu. Mary só acordou ao fim da tarde, quando passámos por Évora. Ainda estremunhada, perguntou:
— Onde estamos?
Expliquei-lhe.
— Preciso de parar em Montemor – afirmou.
Francis olhou para mim de soslaio.
— Não te preocupes – disse. – Vou parar na Shell, para meter gasolina.

Uma hora mais tarde, na gasolineira do Sr. Marcelo, saímos os cinco do carro. Ao ver-nos, o homem mostrou-se nervoso.

– Não é boa ideia saírem do carro. Hoje há aí muita actividade.

– PVDE? – perguntei preocupado.

Acenou que sim com a cabeça e avisou:

– Ninguém pode pôr a cabeça de fora numa noite destas.

Obrigar aquele rebanho a voltar para o carro não era tarefa fácil. Giles e Francis protestaram, queriam desentorpecer as pernas. Só havíamos parado em Beja para comprar umas buchas à hora do almoço.

Mary abriu a mala do carro, mexendo no seu saco de viagem. Rita executou alguns movimentos: esticou as costas, espetou o peito volumoso, e depois dobrou-se, tocando com os dedos das mãos na ponta dos pés. Francis e Giles bateram palmas, entusiasmados, mais com os seus peitos arqueados do que com a sua flexibilidade corporal.

– Vamos – repeti. – Tudo para dentro do carro.

Um a um foram entrando. Mary pediu para trocar de lugar com Rita, e foi a última a entrar, com uma bolsa na mão. Giles piscou o olho a Francis, contente por poder ficar encostado às grandes mamas de Rita.

Paguei ao Sr. Marcelo. Avisei que iria parar na Londrina, para comprarmos chouriço, pão e cerveja. Guiei até à porta da mercearia e, quando ia a sair do *Citroën*, Mary gritou:

– Quieto, Jack Gil!

Ouvi outro grito, de Rita. Quando me virei para trás, Mary apontava-me a sua pistola *Smith & Wesson*. Trazia-a sempre, tal como eu trazia a faca de Michael. Olhei-a, mais intrigado do que preocupado:

– O que se passa?

– Onde pensas que vais? – perguntou Mary.

Tinha os olhos raiados de sangue, do tempo que passara a dormir. As suas veias do pescoço estavam tensas como cordas e a mão tremia-lhe.

– Comprar cerveja e pão – respondi. – Posso?

Gritou:

— Não te armes em engraçadinho, Jack Gil! Sei perfeitamente que não tencionas levar-me ao Henrique! Mas eu vou, quer tu queiras ou não!

Virou-se para os outros e apontou-lhes a arma à vez.

— Tu sai! — disse a Giles. — E tu também, Rita. Fora do carro. JÁ!

Apontou a *Smith & Wesson* a Francis e por momentos temi que ele se virasse a ela. Pus-lhe a mão no braço e disse:

— Calma, Francis. Sai. Por favor.

O operador de rádio praguejou e saiu do carro, batendo com a porta.

— Tu também, Jack Gil! Sai! — gritou Mary, apontando-me a pistola.

Tentei persuadi-la:

— Mary, o Marcelo avisou que a PVDE anda por aí. Não podes deixar-nos aqui expostos. Temos um piloto e um operador de rádio, é um desastre se nos apanham!

Aproximou a pistola do meu nariz:

— Sai!

Como não me mexi, gritou ainda mais alto:

— SAI!

Saí do *Citroën* e afastei-me uns metros. Mary saltou por cima dos bancos e ligou o carro. Pela janela, voltou a apontar-me a pistola:

— Esperem por mim aqui!

O *Citroën* inverteu a marcha, passando de novo pelo posto da Shell. Ficámos os quatro no meio da estrada, a vê-lo afastar-se.

— Que grande cabra, que grandessíssima cabra — protestou Francis, fazendo-lhe gestos obscenos com a mão. — Bêbada! Puta!

— Tudo lá para dentro. Já! — gritei.

Irritado, Francis desafiou-me:

— Não grites comigo. Não mandas nada aqui, está bom de ver.

Não ripostei. Pelo canto do olho vi um carro sair de uma rua lateral, a cerca de 500 metros, e seguir na peugada do *Citroën*. Era o carro da Seguridad, que me vigiara em Vila

Real de Santo António. O meu coração começou a bater mais depressa. Como fora possível eles seguirem-nos sem eu ter reparado?

Corri até ao posto da Shell e pedi a Marcelo um carro emprestado.

– Um carro!? – exclamou o homem. – Nem pense nisso! Hoje o meu carro não vai para aqueles lados. Nem que me paguem dez contos de réis! Que ideia a dela, ir ter com o senhor coronel numa noite destas.

Fiquei petrificado. James Bowles estava em Montemor?

– O coronel está cá?

O gasolineiro encolheu os ombros:

– Foi o que ouvi dizer.

Surpreendido, voltei a passo à Londrina. Encontrei Rita e os dois homens sentados numa mesa a comer. Não partilhei a novidade com eles.

Francis ergueu os olhos e provocou-me:

– Então, não conseguiste parar a maluquinha?

Giles riu-se. Sentei-me ao lado de Rita. Francis imitou Mary:

– Tu sai! E tu também! Fora do carro. JÁ!

Giles deu uma gargalhada. Eu também me ri. Ele era bom a imitar.

– Não te armes em engraçadinho, Jack Gil – imitou Francis. – Sai! SAI!

Rimos os quatro, divertidos. Atrás do balcão, o dono do café olhava, desconfiado. Bebi a cerveja. Senti-me subitamente muito cansado.

– Ela é totalmente, absolutamente, completamente doida! – rematou Francis, e Giles abanou a cabeça, concordando.

Duas horas depois, Mary voltou. Entrou na mercearia, viu-nos e ordenou:

– Toca a mexer. Temos de partir para Lisboa.

Bêbado e cansado, não consegui levantar-me da mesa. Francis e Giles estavam também bêbados e desataram a rir à gargalhada.

Francis tentou repetir a imitação, a mão no ar, como se tivesse uma pistola:

— Fora do carro já, e tu tamb...

Não conseguiu acabar a frase e explodiu a rir, contagiando-nos a todos. Surpreendentemente, Mary revelou desportivismo, e riu-se também. Deixou acalmar os ânimos e repetiu:

— Temos de ir. Quanto mais depressa chegarmos a Lisboa melhor!

Levantei-me a custo e cambaleei um pouco. Ela agarrou-me.

— Não me parece que possas guiar nesse estado.

Eu sorri.

— Não? E vais-me dar um tiro nos pés, para eu acordar?

Os meus companheiros de mesa riram. Mary deu-me o braço.

— Vamos, Jack Gil. Eu guio!

Francis desatou em prantos fingidos:

— Não, por favor, assim é que ela nos mata a todos!

Saímos da Londrina aos tombos e às gargalhdas, e arrastámo-nos até ao *Citroën*. Antes de me sentar no banco de trás, ao lado de Francis e de Giles, reparei que não havia pó no fundo do carro, nem nas jantes ou nos pneus. Mary não andara em estradas de terra.

21

Perdi quase todas as mulheres que amei ao longo daqueles anos. É um pensamento triste, bem sei, mas verdadeiro. E, curiosamente, perdi Mary e Carminho quase ao mesmo tempo. Na verdade, vinha perdendo as duas nos últimos meses. Por causa da guerra, ou por minha culpa? Mesmo a esta distância temporal não tenho uma resposta conclusiva. As nossas acções determinam o que nos sucede na vida, mas os acontecimentos externos também as alteram, e isso é especialmente verdade numa época de guerra. A última vez que entrei na casa de Carminho como seu noivo foi na noite da véspera de Natal de 1941.

– Jack, este *vintage* da Sandeman é óptimo – informou o general ao abrir uma garrafa de vinho do Porto.
Fazendo uma careta, António resmungou:
– Pena ser inglês.
A beber um aperitivo, além do general e dos dois filhos, estava presente Eduardo. Suspeitava do seu interesse em Carminho, mas julgo que foram mais os permanentes incentivos de António e Luís que o fizeram ascender à condição de meu putativo rival. Era pró-germânico, e os irmãos esperavam assim aumentar o meu desconforto, forçando-me a uma desistência do noivado.
Alto e magro, de testa pronunciada e queixo pontiagudo, Eduardo era natural de Coimbra, onde cursara Direito. No

entanto, rapidamente se mudara para Lisboa, empregando-se numa firma de solicitadores. Fanático e limitado, repetia os argumentos da propaganda oficial dos países do Eixo. A sua última exaltação dera-se a propósito do espectacular bombardeamento de Pearl Harbour pelos japoneses, na manhã de 7 de Dezembro.

– Foi uma operação brilhante! – apreciou entusiasmado.
– Os aviões japoneses afundaram a esquadra americana, porta-aviões e tudo! Apanharam-nos a dormir e foi uma razia!

Com a entrada da América na guerra – que só aconteceu devido àquele acto brutal e maligno, pois antes de Pearl Harbour nunca o Congresso fora convencido por Roosevelt – o conflito tornou-se verdadeiramente mundial. De um lado, o Eixo: Alemanha, Itália e Japão. Do outro, os Aliados: a Rússia, a América, a Inglaterra, o Canadá, a Austrália, a Resistência Francesa e vários outros países.

Naquele Natal de 41, o nosso lado não estava a ganhar. Nem na Europa, nem no Norte de África, nem no Pacífico. A única boa notícia era a suspensão quase total dos bombardeamentos nazis sobre Londres. Uma sombra caía sobre nós, dobrando os ânimos e deprimindo as almas. É verdade que a Inglaterra já não lutava sozinha contra Hitler, como fizera durante um ano inteiro. Mas, militarmente, a Rússia parecia-nos à beira da rendição, salva apenas pelo Inverno, e a América demorava a responder. Como a maioria dos ingleses, andava macambúzio e enervava-me aturar a euforia antipática de Eduardo e dos dois irmãos de Carminho. Ao que aquela família chegara: partilhar a ceia de Natal com um escriba a soldo dos nazis, um megafone de salão! Ouviam Eduardo como se ele fosse um oráculo, um génio da geopolítica, quando se limitava a reproduzir a Rádio Berlim ou os discursos de Goebbels.

Não sendo um homem charmoso, Eduardo insinuava-se junto de Carminho, e estava sempre a questioná-la sobre a saúde, coisa que me irritava imenso. «Como se sente?»;

«Não apanhou nenhum resfriado, pois não?»; «Era melhor vestir um casaco, olhe que hoje está muito húmido.»

Esta permanente preocupação era a sua arma de sedução: Carminho apreciava a sua voz de veludo e, à custa de tanto salamaleque, o homem já conquistara um lugar à mesa na ceia de Natal!

O nosso mútuo afecto dissolvera-se. Há meses que não saíamos juntos, sendo o receio do frio invernal o motivo oficial. Já nem sequer ao cinema íamos, para desgosto de Luisinha. Apesar de as minhas necessidades de homem estarem satisfeitas por Mary e por Rita, a verdade é que tais paixões eram passageiras. Amava Mary: a sua vivacidade, a sua queda para o pecado, as suas taras. Mas Mary era demasiado imprevisível, e nunca consegui imaginar um futuro ao seu lado. Consumíamo-nos com o fervor dos amantes, mas sem ilusões quanto ao seu carácter transitório.

Quanto a Rita, não a amava. Gostava de possuí-la – tinha umas mamas inesquecíveis –, mas nunca encheu o meu coração.

Carminho foi uma ideia de futuro em que acreditei. Uma espécie de terra prometida onde acabaria por chegar; uma visão de serenidade, família e filhos. Foi essa fantasia que me fez respeitar os códigos daquela sociedade, passando meses a fazer-lhe a corte, sempre acompanhados pela mana Luisinha, o nosso *chaperon*.

Contudo, a guerra estragou-nos, criando entre nós um fosso que aumentava com o passar dos meses. A fantasia evaporou-se, e os seus defeitos e manias apareceram-me a uma nova luz, provocando-me desagrado e até repulsa. Fiquei sem paciência para os seus dramas, para os casacos e as mantinhas e os cachecóis que a protegiam do frio. E fiquei muito sentido com as suas deslealdades, com o seu apoio permanente às opiniões de Eduardo e dos irmãos.

Às vezes, dava por mim a olhar para o rabo de Luisinha. A mana mais nova tinha a alegria e a jovialidade que faltavam à mais velha. Admito que sentia curiosidade em descobrir as explosões nocturnas daquele vulcãozinho sempre em ebulição. O seu gosto pelo cinema americano não era apenas um interesse. Luisinha despertava com as paixões do celulóide, dava gritinhos, saltitava de alegria como uma cabrita quando estreava um novo filme. A sua alma estava inebriada pelo fulgor dos desejos contidos e pelo desejo de os viver.

Para mais, e além do general, Luisinha era a única que se preocupava genuinamente comigo. Simpática, abraçava-me com alegria quando me via, revelando as saudades que tivera. Roubava-me às celeumas com os irmãos e confessava as suas paixões inocentes por Gary Cooper ou Humphrey Bogart. Divertia-me também porque nunca se deixava impressionar pelos dramas respiratórios da irmã. Encolhia os ombros:

– Ai, que chata, sempre com dores de garganta!

Era mais baixa e gordita que a esguia Carminho, e usava sempre saias apertadas, que lhe realçavam as formas. Mais do que uma vez, apanhou-me a mirar-lhe o rabo, mas fingiu não reparar, embora eu sentisse que ela gostava. Eram momentos breves e furtivos, os únicos que nos eram permitidos. Nem me passava pela cabeça fazer-lhe a corte, ou desafiá-la com maus propósitos. Essa era uma terra proibida. Limitava-me a olhar para o seu rabo, sem dar nas vistas.

– Ofélia! OFÉLIA!

A gritaria de D. Guilhermina recomeçou:

– Traz o bacalhau para a mesa!

Quem não a conhecesse julgaria decerto que estava invadida pela ansiedade, enervada pela obrigação de organizar o jantar da véspera do Natal. Nada mais enganador. D. Guilhermina era sempre assim, passava os dias a berrar o nome das criadas. «Ofélia!», «Maria dos Anjos!» e lá vinham elas, esmagadas pela voz autoritária da patroa, agachadas como cãezinhos medrosos, como se os castigos corporais as esperassem ao fundo do corredor. Que jugo, que crucificação diária!

Duas travessas de bacalhau chegaram, envoltas numa nuvem de vapor. O general exclamou, contente:

– Mal posso esperar para lhe meter o dente!

Acintoso, António acrescentou de imediato:

– Cuidado com as espinhas, Jack! Os ingleses já têm muitas atravessadas na garganta!

Sorri, evitando ser arrastado para a celeuma. Como de costume, alguém pegou na deixa.

– O Salazar anda muito incomodado – revelou o general.
– Teme que o Roosevelt entre pelos Açores!
– Era só o que faltava – rosnou D. Guilhermina –, os Açores irem parar às mãos dos comunistas!

Para ela, não havia meias tintas: se Churchill e Roosevelt eram aliados de Estaline, então eram comunistas!

– Ó mãe, por amor de Deus, os americanos não são comunistas! – indignou-se Luisinha.

Gostei ainda mais dela por ser capaz de o dizer.

– A menina esteja calada, não percebe nada de política – zangou-se a mãe.

Luisinha olhou para ela, surpreendida:
– Ó mãezinha, mas percebo de Hollywood!

O general tapou os olhos com as mãos, como se estivesse a acontecer uma tragédia à sua frente:
– Oh, tende clemência! Hollywood é que não! Hoje é véspera de Natal!

Os irmãos deram uma gargalhada e Carminho acrescentou:
– Podem não ser comunistas, mas estão feitos com eles.

A alfinetada, pensei eu, já cá faltava a alfinetada desleal. Eduardo pressentiu a minha fragilidade e insistiu:
– No Congresso americano, houve um senador que considerou os Açores território americano!

– Que descaramento! – indignou-se D. Guilhermina.

O general serviu-se do bacalhau, pousando uma posta no prato e disse:
– É isso que incomoda o Salazar.

– Manda-se para lá a tropa, se for preciso! – exaltou-se Luís. – Os Açores são Portugal, não são a quinta do Roosevelt!

– É uma pena não termos aviação – acrescentou António.
– Senão fazíamos-lhes o mesmo que os japoneses lhes fizeram em Pearl Harbour!

Nesse momento, lembrei-me de Popov. Michael contara-me que, meses atrás, o «Triciclo» fora preso na América. O FBI não acreditara nele, considerando-o um espião alemão. Afinal, Popov tinha razão.

– Mais uns quilómetros e chegavam a Los Angeles – exagerou Eduardo.

– Cruzes! – disse Luisinha, benzendo-se. – Se dessem cabo de Hollywood era um crime!

– Era mas era a maneira de a menina ficar em casa, em vez de viver como uma valdevina! – resmungou a severa mãe.

Luisinha fez beicinho e amuou:

– Nesta casa está sempre tudo contra mim.

Olhou na minha direcção em busca de um aliado:

– Só o Jack é que me percebe, não é?

Acenei com a cabeça, sorrindo-lhe. Eduardo não deixou escapar a oportunidade:

– A Carminho não gosta muito de cinema americano, pois não?

22

Uma frase destas dá cabo de um noivado. É demolidor um rival compreender melhor a noiva do que o próprio noivo. Aquilo era um epitáfio e só faltava um ponto final. Deu-se ao fim da noite, antes da Missa do Galo. Não doeu. Não havia sentimentos fortes entre mim e Carminho, por isso não existiu raiva.

Carminho não iria à Missa do Galo, na Basílica da Estrela, pois não podia expor-se às agruras do Inverno. A restante família preparou-se, agasalhando-se, e o oportuno e beato Eduardo anunciou que os acompanhava, aumentando assim a sua cotação junto de D. Guilhermina. Carminho perguntou-me:
– O Jack também vai?
– O que eu gostava era de ficar consigo.
Ela baixou os olhos. Não era vergonha, era embaraço.
– Isso não é possível.
Ouvindo-a, Luisinha exclamou:
– Só se eu ficar também!
A mãe não lho permitiu e fez troar a sua voz:
– Nem pense nisso! A vida não é só cinema! A menina vai à missa!
Lavrada a sentença, só me restava despedir-me. Apertei a mão aos homens, beijei a mão à severíssima mãe e dei um

beijo repenicado na bochecha de Luisinha, perante o olhar desaprovador da família.

– Adeus, Jack – murmurou ela, pesarosa.

– Adeus? Credo, até parece que vou para a guerra! – exclamei.

Ninguém se riu, excepto Luisinha. Saí da sala e Carminho acompanhou-me até ao *hall*. Beijei-a na cara, e senti nela a emoção de uma estátua. Era como se eu fosse um empecilho. Suspirei.

– Já não gosta de mim?

Ela baixou os olhos de novo, incapaz de me enfrentar:

– O Jack está diferente. Não parece o mesmo...

– Não respondeu à minha pergunta – insisti.

Bateu as pestanas, sem levantar o olhar, como se encontrasse no tapete persa do *hall* respostas para o nosso pequeno drama.

– Gosto do Jack de uma maneira diferente. Como um amigo. Como gosto do Eduardo.

Aquela comparação, que alterava oficialmente o meu estatuto, foi de uma crueldade desnecessária. Mas não me abateu.

– Como o Eduardo? – inquiri. – Então já não somos noivos.

Não fora uma pergunta, fora uma afirmação. Carminho permaneceu sem levantar os olhos do chão, o que me desiludia. Prefiro as mulheres que, em momentos destes, nos encaram de frente. Eu podia ter reagido, contestado, protestado. Era inútil e desnecessário. Apenas disse:

– Não vamos guardar mágoas. O tempo cura tudo.

Saí e desci pelas escadas até à Álvares Cabral. O *Citroën* estava estacionado a 30 metros, e caminhei até lá sem pressa.

Era o fim de um noivado, mas nem de perto nem de longe o sentia como um desgosto de amor. Hoje tenho a certeza de que se tratou apenas de uma conveniência da época, de uma ideia de futuro, frágil, sem fundações, e que ruiu aos primeiros solavancos. Afectivamente, não foi a rotura desse laço que me pesou, mas sim a de outro.

Mary mudara de atitude, afastando-se de mim e de Rita. A última vez que nos juntáramos a três havia sido no início de Dezembro. Mesmo o meu trabalho para o MI9 ficara suspenso, e ela recusara-se a explicar onde fora naquela noite em Montemor. O *Citroën* estava sem pó, portanto não estivera no esconderijo de Henrique. Onde quer que tivesse ido, é provável que a Seguridad a tivesse seguido, facto que eu não lhe revelara. Amor com amor se paga: ela não me contava, eu não lhe contava. Um erro estúpido da minha parte? Não sei se deva ser tão severo comigo próprio. O destino do coronel James Bowles estava traçado, não começou com o carro da Seguridad a seguir Mary em Montemor. Na noite de Natal, depois de sair de casa de Carminho, encontrei-a sozinha em casa. Rita não estava.

– Já não vive cá – disse Mary, secamente.
Respirei fundo, ganhando coragem.
– O que se passou com ela?
Mary olhou-me surpreendida:
– Com a Rita? Não se passa nada. Simplesmente não estou com paciência para vê-la a choramingar pelos cantos!
Acendi um cigarro e sentei-me a seu lado no sofá. A casa continuava espartana. Nem mesmo a presença de Rita durante uns meses alterara aquela sensação de transitoriedade.
– Talvez sejas demasiado dura com ela. A Rita gosta muito de nós.
Impacientou-se:
– Por amor de Deus, Jack Gil, poupa-me a pieguice! Pareces uma personagem de um romance de cordel!
Examinei a ponta dos sapatos. Estavam um pouco sujos. As ruas de Lisboa continuavam imundas. Murmurei, tristonho:
– Vivemos um romance de cordel.
Ela encolheu os ombros.
– Foi divertido enquanto durou. Mas já não há tempo para isso.
Dei uma passa, expirei o fumo e depois beberriquei um gole de *brandy*.

– Acabei o noivado com a Carminho – informei.

Mary começou a olhar para o chão. Aquilo enervou-me um pouco. Parecia Carminho. Porque é que ela não olhava para mim? Reparei que uma lágrima lhe apareceu no canto do olho. Enxugou-a e deu um enorme gole no seu *brandy*, fazendo um esgar quando o calor da bebida lhe queimou a garganta.

– Oh, Jack Gil – gemeu. – Que pena, Jack Gil, que pena. Se tivesses acabado o noivado quando estivemos juntos a primeira vez. Podíamos até ter casado e fugido daqui...

As lágrimas reapareceram e desta vez deixou-as correr pela cara abaixo. Fungou e encarou-me:

– Sabias o que se contava do James?

A pergunta deixou-me momentaneamente desorientado. Dobrei-me para a frente, colocando os cotovelos nos joelhos. Ela voltou a gemer:

– Jack Gil, porque é que nunca me disseste?

Olhei para o chão. Foi a minha vez de fechar os olhos. Isto era difícil.

– Ouvi uns rumores. Nada de concreto.

Ela fungou de novo.

– E acreditaste?

Abri os olhos, franzindo as sobrancelhas. Ela abanou a cabeça, desolada.

– Aposto que foi o Michael. Acreditas em tudo o que ele te diz. Também acreditas que eu dormi com o Barney, com o David, com ele.

Olhei para ela:

– E não dormiste?

– Não, Jack Gil. Não dormi com nenhum deles – suspirou, como se estivesse muito cansada. – Uma noite estive quase para dormir com o Michael. E queria dormir com ele. Mas ele não quis. Chamei-lhe cobarde. Ele disse que não se queria envolver com a mulher do coronel Bowles.

Dei mais uma passa no meu cigarro. Em quem devia eu acreditar? No meu melhor amigo ou na mulher com quem vivera tanto?

Mary lamentou-se:

– Lisboa é isto. Boatos, má-língua e intrigas. De tanto querer dar cabo dos alemães, tornámo-nos especialistas em dar cabo uns dos outros.

– Foi o Michael quem pôs os rumores a correr? – perguntei.

Deixou-se ficar em silêncio durante uns momentos.

– O James tem muitos inimigos. Não são só os nazis que querem dar cabo dele. É mentira, Jack Gil. Pode ter muitos defeitos, mas crianças?

Cuspiu para o chão da própria casa e gritou:

– Tenho nojo dessa gente!

Levei as mãos à cabeça e penteei o cabelo:

– Mary, quem é que o quer destruir? O MI6 ou a Gestapo?

– Todos. Ele é um problema para todos.

– Todos, quem? – perguntei.

– Todos. A Gestapo, a PVDE, o MI6. Mas crianças? Isso não.

Levantei-me e caminhei pela sala. O cigarro ficara no cinzeiro, apagando-se lentamente.

– Naquela noite, em Montemor, quando levaste o *Citroën*, foste ter com o teu marido. Mas não foste ao esconderijo do Henrique, pois não?

Ela olhou para mim, curiosa:

– Como é que sabes?

Expliquei: não havia pó no carro, ela não andara em estradas de terra. Mary sorriu:

– Vais ter futuro no negócio, Jack Gil. – Deu mais um gole no *brandy*. – Eles mudaram-se. Para uma casa numa aldeia a uns quilómetros de Montemor. Mudaram tudo, até os explosivos.

– Naquela noite?

Ela confirmou. Fechei os olhos. Isto era péssima notícia.

– Mary – perguntei pausadamente –, quando ias para lá notaste se algum carro te seguia?

Abriu os olhos, espantada:

– De que é que estás a falar?

Pestanejei:

– A Seguridad. Seguiram-nos desde o Algarve. Só percebi em Montemor. Quando tu arrancaste no *Citroën*, uns minutos depois vi um carro a sair de uma rua lateral. Foi atrás de ti. Não pude fazer nada. Ainda fui a correr ter com o Marcelo, mas ele não me emprestou o carro.

Desesperada, Mary levou as mãos à cabeça:

– Ó meu Deus, Jack Gil, porque é que não me disseste?

A gritaria durou mais de meia hora. Mary chamou-me falso e incompetente. Acusou-me de estar a soldo de Michael e do MI6. Rebati os seus argumentos. Sentia que a culpa dela era tão funda que tinha de me culpar a mim para se aliviar.

– Nunca te vou perdoar – disse, num acesso final de raiva.

Abraçou os joelhos, puxando-os na sua direcção, e começou a gemer:

– Jack, ajuda-me, estou a cair...

Abracei-a. Mas, mesmo nos meus braços, continuou a cair. Homem nenhum tinha força para impedir aquela queda.

23

O meu *Citroën* azul foi uma das muitas vítimas dos acontecimentos que se seguiram. Como tinha sido visto pela Seguridad em Montemor, Michael sugeriu que lhe mudasse a cor da pintura. Mudei-o de azul-claro para azul-escuro. Desesperado como estava, podia perder tudo: perder Mary, Rita, Carminho. Mas não ia perder o meu *Citroën*!

O escândalo rebentou em Janeiro, e foi como se uma bomba caísse na Rua de São Domingos à Lapa. Chegou-se a dizer que o próprio embaixador Campbell tivera o lugar em risco, e só a sua extrema habilidade de raposa velha tinha garantido a sua permanência. Mas o golpe nos ingleses foi profundo.

Em semanas, a rede do coronel James Bowles foi desmantelada pela PVDE, que prendeu dezenas de pessoas no Norte, no Alentejo e no Algarve. Foram descobertos os explosivos, os esconderijos, as ligações aos comunistas e aos anarquistas, os contactos nos postos da Shell. Foi uma razia impressionante. A rede incluía altos executivos da empresa de petróleos, vários gasolineiros como o Sr. Marcelo, e prolongava-se até às células comunistas. Henrique e o seu grupo também foram apanhados e levados para a prisão do Aljube, ali ao lado da Sé de Lisboa.

Ninguém conseguiu provar a origem da denúncia final, mas os rumores apontavam para a Seguridad, com o entusiástico apoio da Gestapo de Schroeder. Perante as evidências de que a rede incluía comunistas, o capitão Agostinho Lourenço levou o assunto a Salazar.

Pressionado pelas embaixadas do Eixo, o presidente do Conselho proferiu a ordem, e o capitão Lourenço pôs os seus homens em acção. Todos os dias eram presos mais elementos da rede, para gáudio do infernal tenente Marrano, encarregue dos interrogatórios e das torturas. Foi a mais importante derrota dos ingleses durante a guerra, no palco da espionagem de Lisboa. Embora abafado, o caso abanou o regime, contribuindo para uma situação ainda mais frágil dos partidários da Inglaterra. A imprudência do coronel Bowles levou a que a propaganda alemã tivesse uma arma poderosa para explorar, insistindo na ideia de que assim se provava a colaboração entre ingleses e comunistas, destinada a deitar abaixo o regime de Salazar.

Não era a verdade completa – a intenção era preparar o país para uma possível invasão nazi –, mas, perante as evidências, «parecia verdade». A teoria da conspiração colou imediatamente e muitos perderam em definitivo a confiança nos ingleses. Um dia, encontrei Luisinha à porta do Condes, e contou-me que o general considerava tratar-se de uma «traição vergonhosa da Inglaterra».

Para mim, a derrocada do SOE teve como penosa consequência a derrocada do meu pequeno mundo privado. Quando o coronel foi preso e depois expulso do país, Mary mergulhou numa profunda letargia, alcoolizando-se constantemente, e deixou de sair de casa. Cheguei a ter de arrombar a porta para conseguir entrar, e levá-la ao hospital. O seu estado de degradação era avançado. Estava torturada pela culpa: dizia que tinha sido ela a conduzir a Seguridad ao esconderijo de Henrique; que não conseguira afastar o coronel dos perigos; que não fora capaz de suster os falsos boatos sobre as inclinações sexuais do marido.

A sua alma, há muito danificada por um casamento sem felicidade e pelo terror das bombas londrinas, estilhaçou-se por completo. Parecia um fantasma, passeando pela casa aos tombos, uivando à noite e bebendo. Incapacitada para continuar o seu trabalho no MI9, o embaixador decidiu enviá-la para Londres, apesar dos meus protestos. Fui despedir-me dela ao Cais de Alcântara e o que vi não foi Mary, mas um ser translúcido e abúlico, sacudido por convulsões, amparado por dois enfermeiros, que a embarcaram num navio, carregando-a ao colo até ao camarote.

Ao longo da minha vida, em momentos de maior severidade, responsabilizei-me pela sua perdição, e torturei-me moralmente, ao ponto de considerar que havia sido o justo castigo dos pecados que praticáramos juntos. Mas não é verdade. As coisas não são assim, não acontecem só por nossa culpa, e não devemos pensar que, se tivéssemos agido de maneira diferente, o destino seria outro. A verdade é que não foi, e hoje penso que, pelo menos durante aqueles meses, eu e Rita conseguimos proporcionar a Mary alguma alegria. Ela costumava abraçar-nos na cama e dizer:

– Eu amo-vos. Vocês são uns palermas, mas eu amo-vos.

Tenho a certeza de que isso lhe fez bem. Não a salvou: ninguém salva ninguém. Mas ajudou-a a atravessar o seu calvário íntimo, quase até ao fim. Quando soube como ela morreu, em 1944, dois anos depois da sua partida de Lisboa, vivi um dos momentos mais difíceis da minha vida. Foi duro vê-la partir e ver partir Rita logo a seguir, e foi duro o que se passou com Alice e Anika. Mas nunca Deus me pregou uma partida tão estúpida como quando soube que Mary tinha sido vítima de uma bomba V-2, caída na casa de repouso londrina onde vivia como um vegetal. Lembrei-me dos seus terrores e das suas palavras: «As bombas a cair e nós a cair com elas.» A minha alma ficou negra durante dias e ainda hoje não consigo evitar as lágrimas.

Um mês depois de Mary, Rita deixou Lisboa e também regressou a Londres. Durante o turbilhão da crise, só estivemos uma vez juntos, numa noite, em minha casa. Tentámos reinventar o amor, mas não fomos bem sucedidos. Sem Mary por perto, não funcionávamos bem.

Já depois do fim da guerra, talvez em 1948, soube que ela tinha emigrado para a América, e que por lá casara com o dono de um rancho em Montana. Ainda hoje sinto saudade das suas magníficas mamas, mas sei que não a amava. Foi melhor para ela sair de Lisboa e esquecer-se de mim.

Sei que visitou Mary na casa de repouso e tenho a certeza de que sofreu tanto como eu aquando da sua morte. Rita amava-a também, à sua maneira. No nosso último jantar, Rita explicou que às vezes estavam juntas sozinhas, mas só porque se queriam treinar para depois me amarem a mim. Na altura, a ideia encantou-me, e fiquei cheio como um pavão, o verdadeiro «Triciclo». Na realidade, o que ela queria dizer era que nós só fazíamos sentido a três. A dois não funcionávamos bem.

Durante a crise, soube que Henrique tinha sido preso e torturado. Não gostara dele, mas também não lhe desejava tal sofrimento, ainda por cima provocado indirectamente pelo meu *Citroën*. Senti raiva contra a PVDE e uma vontade de agredir a besta do Marrano. Uns tempos mais tarde, viria a conseguir, com a ajuda de Michael.

Hoje já é tarde, e estas últimas recordações entristeceram-me. Amanhã quero lembrar-me dos momentos felizes. Vou passear ao Jardim da Estrela e sentar-me no banco onde, perdidos de bêbados, Michael me recrutou para ser um espião do MI6 em Lisboa.

PARTE II

ALICE

24

Em meados de 1942, Michael passava a vida a espicaçar-
-me, tentando fazer reviver o nosso espírito marialva do
Verão de 1940, ou do boémio início de 1941. Descrevia ao
pormenor as novas secretárias da Embaixada, das legações
ou dos consulados; relatava a animação da esplanada da
Pastelaria Suíça, sempre repleta de refugiadas recém-chega-
das a Lisboa; nomeava as suas namoradas americanas, a
Martha, que substituíra a Catherine, que por sua vez substituíra a Janice. Não conhecera nenhuma delas, mas não duvidava nem por um segundo da veracidade daqueles depoi-
mentos. O estilo duro de Michael, aliado à sua boa estampa
física, provocava estragos nos corações femininos.

– Jack, sabes quem eu vi no Aviz?

Atravessávamos o Jardim da Estrela, digerindo um demorado e pesado jantar. Sentia-me embriagado e um pouco
tonto. Apesar da provisória euforia do álcool, a minha disposição geral não melhorara.

– O monumento – disse o meu amigo.

– Quem?

Irritou-se:

– Jack, andas tão macambúzio, nem pareces o mesmo!
O monumento! Aquela maravilha que vimos a subir as escadas do Aviz! A Alice!

Alice... Deprimido como andava, não voltara a pensar nela.

– A namorada do Popov.

Michael deu uma gargalhada.

– És mesmo inocente, Jack! Achas que mulheres daquelas são namoradas?
Olhei para ele, surpreendido:
– É uma corista?
Encolheu os ombros:
– É mais uma acompanhante de luxo.
– É prostituta?
Deu nova gargalhada, divertido:
– Isso já não sei. Mas, segundo me contaram, anda sempre de braço dado com *playboys*, banqueiros, industriais. Passa a vida no Casino, onde conheceu o Popov. Cheirou-lhe a dinheiro.
Suspirei, desiludido:
– É uma bela mulher. Mas com uma fama dessas...
Entusiasmado, Michael continuou:
– Nem sabes da missa a metade: chamam-lhe «A Devoradora de Nozes».
– Isso parece nome de ópera!
– E deve ser uma bela ópera, Jack! Sabes porque lhe chamam assim?
Sentámo-nos os dois num banco, esticando as pernas. O meu amigo estava com um sorriso malicioso.

Lembro-me como se fosse hoje, agora que estou aqui no mesmo banco em que nos sentámos naquela noite, no início de Julho de 1942. Ele deliciava-se com histórias escabrosas. O gozo que sentia ao contar detalhes picantes era evidente e contagiante. Grande pirata...

Retirou do bolso um charuto e começou a rolá-lo nos dedos, escutando o estalar das folhas de tabaco junto ao ouvido. Parecia ter sido ensinado pelo meu pai.
– Alice frequenta vários hotéis de Lisboa – contou. – Dizem que se despe, ficando só de ligas, e que depois apanha nozes do chão com a boca. De gatas, uma a uma, enquanto dá palmadas no rabo...

Boquiaberto, pisquei várias vezes os olhos, espantado com a descrição. Não me era difícil imaginar naqueles exercícios a mulher espantosa com quem trocara umas palavras nos corredores do Aviz. Mas, apesar de bamboleante e voluptuosa, Alice parecera-me um espírito inteligente e fino, custando-me a acreditar que se entretivesse com tais pantominas.

– Apanha nozes com a boca – reforçou Michael. – Não é fascinante, Jack?

Sim, era. Tivesse sido contada um ano antes, a história ter-me-ia certamente provocado um ataque de taquicardia. Mas, no meu estado, soava apenas a mais uma tentativa, colorida e concupiscente, de ele me animar.

Depressão. Se fosse hoje, teria sido esse o diagnóstico médico que se me aplicava naquele primeiro semestre de 1942. A consequência foi uma existência errática: bebia muito, para deixar de sofrer; trabalhava mal, passando dias seguidos sem ir à companhia de navegação, e afastava-me dos outros, arrastando a solidão nos bares da Lisboa nocturna.

As causas eram óbvias: a perda simultânea das três mulheres que me enchiam a vida. As mulheres sempre foram essenciais para mim, e sem elas eu era uma espécie de cão sem dono, vagabundo e vira-latas. A psiquiatria explicaria de certeza o meu comportamento com a morte da minha mãe, em Sydney, tinha eu 12 anos. Era uma senhora dotada de uma bonomia paciente, que aturava o carácter fogoso, imprevisível e conflituoso do meu pai. Um dia, teve um aneurisma cerebral e morreu. A sua partida deixou um vazio na minha existência. Naqueles tempos, com 30 anos, talvez a minha urgência na procura de mulheres fosse uma tentativa de preencher esse vazio.

No entanto, sempre que encontrava uma e a levava para a minha caverna, sentia-me de imediato invadido por uma angústia tremenda, um receio absurdo de a perder subitamente, como perdi a minha mãe. Esse alvoroço impedia-me de me ligar com profundidade e, como não o fazia, o resultado era que as perdia. Essa perda inevitável, embora não súbita ou imprevisível, era dolorosa, pois recordava-me a morte da minha mãe, aparecendo como a confirmação de uma espécie de destino masculino, aparentemente inevitável. Era isso que provocava a depressão.

Perdera Mary, Rita e Carminho, e criara a ideia sombria de que o meu destino era perder as mulheres que amava.

Das duas primeiras sentia muitas saudades. Dava por mim a recordar os momentos felizes que vivera, a euforia sexual que partilháramos a três, e percebia o quanto a minha existência lisboeta ficara amputada sem elas.

Quanto a Carminho, os meus sentimentos eram diferentes. Sei que nunca estivera apaixonado por ela, no entanto castigava-me por ter investido tanto tempo num noivado que se revelara uma fraude. Sentia-me um idiota por ter cumprido as regras impostas pela sociedade portuguesa a um noivado – o início sereno, a progressiva mas demorada integração na família dela, a ausência de intimidade sexual antes do casamento, a presença permanente de um *chaperon*, normalmente a irmã Luisinha – e para nada.

De certa forma, hoje reconheço, com uma honestidade que não tinha em 1942, que casar com Carminho era um passo natural para me integrar na sociedade lisboeta. A paixão e a descoberta sexual viriam depois do casamento, como era normal naquele meio e naquela época. Contudo, a guerra não o permitira. Há coisas que não se podem mudar. Eu era inglês, filho de mãe portuguesa mas inglês. E a Inglaterra estava envolvida numa violenta guerra contra a Alemanha, a Itália e o Japão, regimes ditatoriais e fascistas que despertavam muitas simpatias em casa de Carminho. Além disso, eu acreditava na Inglaterra livre, liberal e democrata, não num regime autoritário como o de Salazar. Portanto, não provocava afecto em Carminho, na sua mãe e nos seus irmãos, mas sim repulsa.

Se estivesse apaixonado por ela, teria sofrido ainda mais, mas julgo que não mudaria o destino. Não tinha era sido humilhado, como fui. Algures, em finais de Maio de 42, fora com Luisinha ao Politeama. Depois da matiné, fomos tomar um chá. Para minha irritação, informou-me que Carminho estava de namoro com Eduardo, acrescentando:

– Não consigo perceber como ela prefere aquele chato em vez do Jack.

No meu estado depressivo, nem notei que a frase dela comportava um elogio, e talvez mesmo o vislumbre de um sentimento mais profundo. Encolhi os ombros, conformado, invocando o desportivismo que se devia ter nos assuntos de coração. Mas, quando estava sozinho, aquela derrota, aquela substituição por um rival, feria o meu orgulho masculino.

Era assim que eu me sentia naqueles tempos, macambúzio e chato. Não admira que Michael se desiludisse comigo.

– Jack, estás uma tumba!

Tristonho, contei-lhe a novidade: o namoro de Carminho com Eduardo. Para minha surpresa, Michael revelou uma inesperada irritação. Estava convencido de que o meu noivado atravessava uma crise temporária mas não irreversível, e por várias vezes me incentivara a não desanimar. Não o fazia apenas por motivos sentimentais, como compreendi nessa noite.

– Isso é que não! – exclamou, a voz enrolada pelos efeitos do álcool. – Isso é mau. Tens de a reconquistar!

Fiz um esgar e abanei a cabeça, recusando a ideia.

– Mas, Jack, isso era importante para nós! O general é uma figura do regime! Conhece Salazar, é amigo dele!

A princípio não compreendi. Para mim, a relevância política da família de Carminho não era importante, mas sim a sua relevância social, que podia facilitar a minha integração.

Ele resmungou:

– Isso é para ti...Para nós o importante é que eles são amigos de Salazar!

Nós? A quem se referia? A minha ligação ao MI9 terminara com a partida de Mary. O novo chefe do departamento, Clarence, nem sequer me contactara.

Confrontado com o meu pedido de esclarecimento, Michael levantou a mão, pedindo-me tempo. Com vagar, queimou a ponta do seu charuto, dando várias baforadas, para garantir que ficava aceso.

– Jack, somos bons amigos, não somos?

Dado o meu estado de desmoralização, considerara seriamente a hipótese de me juntar ao meu pai em Nova Iorque. A amizade que sentia por Michael e uma carta escrita pelo meu pai, obrigando-me a ficar em Lisboa para evitar a ruína da companhia de navegação, foram os motivos que me levaram a adiar tais propósitos.

– Já há uns tempos que andava para ter uma conversa contigo – disse.

Depois da saída de cena do SOE, explicou, o MI6 tomara conta das operações. A partir de Sintra, Ralph reorganizara o departamento seguindo as instruções de Bletchley Park, a sede em Inglaterra. Em conjunto com o embaixador Campbell, havia sido definida uma nova estratégia ofensiva. Atingidos pela derrota política da «rede Shell», os ingleses desejavam retaliar com força. Para isso, eram necessários mais operacionais. Michael deu nova baforada:

– Jack, tu demonstraste vontade, inteligência, prudência, e mesmo alguma manha, nas operações que fizeste com a Mary para o MI9. Acho que podias começar a trabalhar connosco.

25

— Queres que eu volte a namorar a Carminho por causa do MI6? Por amor de Deus, Michael, tem juízo!

Desculpou-se. Mas insistiu que, naqueles dias, conhecer amigos de Salazar, como o general Joaquim Silva, tinha muito valor.

— Jack, estamos em guerra! — relembrou. — Uma guerra duríssima. E estamos a perdê-la em todas as frentes!

Assim continuava o sentimento inglês em Julho de 42. Singapura caíra em Fevereiro, às mãos dos japoneses. Tobruk rendera-se uns dias antes a Rommel e ao seu Afrika Korps. Os americanos limitavam-se ainda às operações navais no Pacífico. A Leste, os exércitos nazis, depois de paralisados pelo terrível Inverno, haviam relançado a ofensiva, na direcção do Cáucaso e de Estalinegrado. Churchill ordenava bombardeamentos contra a Alemanha, mas o cenário geral era deprimente.

Em Portugal, as perspectivas não eram melhores. O partido germanófilo continuava eufórico, os partidários dos aliados acabrunhados. A Gestapo e a Abwehr actuavam livremente, enquanto a PVDE fechava os olhos. E a situação económica piorara, sendo que a população portuguesa começava a culpar os ingleses das dificuldades, acusando o bloqueio naval imposto por Churchill.

— É fundamental percebermos o que pensam os portugueses influentes, que têm acesso ao Salazar! É por isso que é importante tu dares-te bem com o general!

Não gostei de o ouvir insistir.
— Bolas, Michael, compreendes o que me estás a pedir?
Ele deu uma gargalhada:
— Jack, não percas o bom humor! Tudo menos isso! Era um verdadeiro objectivo de cavalaria romântica! A reconquista da noiva perdida para o amigo dos nazis! Uma coisa épica. Dava um filme!
Rimo-nos. Apertei a cabeça entre as mãos:
— Tudo menos isso! Só de pensar nos irmãos. E na mãe!
Voltei-me para ele e implorei:
— Tu não conheces a D. Guilhermina! Se a conhecesses, não me pedias para lá voltar!
O meu bom amigo deu nova gargalhada:
— Só dá mais valor ao feito! Para recuperar o coração da sua amada, o cavaleiro tem de vencer primeiro o dragão! Vem nos livros!
Esfreguei a cabeça, desconsolado. Não me sentia capaz de tal feito. Michael tossiu:
— Bem, pelo menos manténs o contacto com a irmã?
Contei-lhe que, uma vez por mês, ia com ela ao cinema.
— Por agora chega — afirmou. — O MI6 precisa de ti por outras razões.
Revelou-me que trabalhar numa companhia de navegação era de extrema utilidade, pois permitia contactar as autoridades marítimas, os armadores e os pescadores, sem levantar suspeitas.
— Ninguém estranhará o teu interesse, nem as tuas perguntas — continuou.
Mas, inquiri, qual era o objectivo? Michael encostou-se para trás e deu duas passas seguidas no charuto:
— Jack, Portugal é essencial para nós. A algumas milhas desta costa passam os comboios de navios que transportam homens e materiais indispensáveis à guerra. Sem eles, será impossível derrotar os nazis.
Sim, sabia isso, bem como o facto de os *U-Boats*, os submarinos nazis, castigarem com violência os nossos comboios. Atacavam em alcateia, a estratégia do almirante Doenitz, e eram extremamente eficazes.

– Só este ano já nos afundaram centenas de navios. São milhares de toneladas perdidas no fundo do mar! – informou Michael.

Explicou-me que existiam rotas diferentes para os comboios, designadas por letras, referentes aos portos de partida e de chegada. Por exemplo, GUS significava que o comboio partia de Gibraltar com destino aos Estados Unidos; OG referia-se aos que ligavam o Reino Unido a Gibraltar, sendo o inverso designado por HG.

– Os OG e os HG são os mais castigados pelos submarinos alemães, pois têm de acostar em Gibraltar, o que é muito perigoso. Nas imediações do estreito tornam-se alvos fáceis para os *U-Boats*.

A Inglaterra precisava de defender com grande empenho estes comboios. A sua marinha acompanhava-os no mar, e a aviação sobrevoava-os, tentando bombardear os submarinos.

– Ao longo de toda a costa portuguesa – relatou o meu amigo –, por vezes a poucas milhas, há escaramuças, ataques aéreos, lutas. Além dos *U-Boats*, os alemães enviam também os seus *Condores*, que saem de uma base em França para bombardear os comboios.

Recordei-lhe a batalha aérea em Moura, que Mary me descrevera.

– Sim, lembro-me – confirmou Michael. – Mas há batalhas muito mais violentas, como a deste último Natal.

Ouvira relatos verbais, mas a censura evitara as notícias por uma razão evidente: uma tremenda batalha naval entre forças inglesas e alemãs acontecera a pouco mais de 20 milhas de Vila Real de Santo António! Entre 16 e 23 de Dezembro de 1941, uma alcateia de 10 *U-Boats* atacara o comboio HG-76, composto por 32 navios. Enfrentaram-se de dia e de noite, e os clarões podiam ver-se de vários pontos da costa algarvia.

– Perdemos cinco navios – contou desolado –, entre os quais o nosso primeiro porta-aviões de escolta, o *Audacity*, de 11 000 toneladas. Foi um golpe muito duro. Só afundámos quatro *U-Boats*. A este ritmo, acabam connosco até ao fim do ano.

Talvez fosse um exagero, mas na verdade, dado o estado geral da guerra, tal previsão pessimista era compreensível.

– O nosso principal problema – prosseguiu o meu amigo – é que não sabemos como eles obtêm informações sobre os comboios. As redes da Abwehr conseguem descobrir as rotas, as datas de partida, o momento e o local em que os comboios se aproximam de Portugal, e informam os aviões e os submarinos.

– Essas redes funcionam aqui, em Lisboa? – perguntei.

– Não há qualquer dúvida. Há muita gente aqui a dar-lhes informações. O problema é descobrir quem é essa gente. Estamos no princípio. Temos muito trabalho a fazer.

Respirei fundo, olhei o céu estrelado e acendi um cigarro. Tal como Mary um ano antes, Michael recrutava-me contando uma história épica de destruição e perdas. Talvez fosse um hábito da casa.

– É para isso que me querem contratar? – perguntei.

Nem olhou para mim. Puxou pelo charuto e a ponta iluminou-se, em brasa.

– Londres e Bletchley Park querem contra-atacar. É um bom momento, pois o Schroeder e o Von Kastor estão com o rei na barriga, convencidos de que finalmente controlam Lisboa.

Segundo as informações do MI6, os chefes da Gestapo e da Abwehr em Lisboa consideram que a capacidade inglesa está muito diminuída e que tanto a população portuguesa como Salazar se viraram definitivamente para o lado do Eixo.

– Não andam longe da verdade – comentei.

Michael sorriu:

– Jack, não podemos pensar assim. Para vencer estes tipos é preciso ter cabeça forte. Não devemos acreditar no que diz a propaganda deles.

Olhei para os sapatos, que continuavam sujos. Era bom que fosse apenas propaganda.

– Temos de ser mais rápidos do que eles – declarou. – Temos de saber como conseguem as informações e bloquear esses contactos.

Dei mais uma passa no cigarro.
– Qual seria o meu papel? – perguntei.
Michael levantou-se:
– Vamos andar um pouco. Estou farto de estar sentado.

A minha barriga emitia preocupantes ruídos e continuava a sentir-me tonto. Estávamos um bocado embriagados, mas a excitação que o tema provocara dava-me uma nova lucidez. Erguemo-nos do banco, e atravessámos em passo lento o Jardim da Estrela.

– A nossa prioridade – disse ele – é fazer um levantamento de todas as empresas marítimas portuguesas que negoceiam com os alemães. É aí que tu entras, usando os teus excelentes contactos no ramo.

Não parecia uma actividade épica. Michael deve ter compreendido que não me entusiasmara, pois acrescentou:

– Essa é a parte do trabalho de secretaria. Útil, embora monótono. Além disso, teremos de montar as nossas próprias redes de informação. O Ralph tem fundos: podemos pagar aos pescadores, aos rebocadores, aos pilotos da barra, para eles descobrirem quem está a trabalhar para os alemães. Vai ser demorado, mas temos de conseguir. Os tipos não podem continuar a massacrar-nos com os submarinos e com os *Condores*.

Reflecti no que me dissera.

– Pensas que têm informadores ao longo da costa?

Michael sorriu:

– Já estás a pensar bem. É por isso que gosto de ti, Jack. É provável que sim. Aqui, no Algarve, talvez no Norte. É isso que temos de descobrir. Devem também ter rádios, pois assim avisam Berlim imediatamente.

Atirou o charuto ao chão e esmagou-o com o sapato. Michael não gostava da moda de andar com o charuto apagado na boca, «à Churchill».

– No Algarve, o Portman descobriu um armador e vários pescadores que trabalham para os nazis. Mas os principais testas-de-ferro devem estar em Lisboa. Há muitos negociantes que estão a vender-lhes de tudo, desde sardinhas a volfrâmio. Apesar do nosso bloqueio e dos *navyverts*, escapa-

-nos muita areia entre as mãos. Temos de descobrir quem é essa gente e desmascará-los.

Continuámos a andar, saindo do Jardim da Estrela. À nossa frente, o vulto majestoso da Basílica estava fracamente iluminado. Havia que poupar, nestes tempos de guerra, dissera Salazar, inflectindo o discurso. Já não se dava tanta ênfase à «prosperidade e às obras públicas em Portugal», pois a guerra trouxera novas dificuldades e carências. Agora, era mais importante ser frugal, poupar na luz.

– Há um tipo que tens de conhecer – disse Michael. – Chamam-lhe «O Homem da Canoa». É um finlandês, que foi obrigado a fugir quando os russos anexaram parte do seu país. Agora trabalha para nós.

Curioso, perguntei:

– Porque lhe chamam «O Homem da Canoa»?

Michael sorriu:

– De madrugada, sai na sua canoa e navega pelo Tejo sozinho. Vigia os barcos que chegam e os *U-Boats* que se acercam de Lisboa. Ontem, deixou uma mensagem. Pediu para, na próxima sexta-feira, enviarmos uma pessoa com binóculos à praia da Cruz Quebrada, às cinco e meia da manhã. Será o teu primeiro trabalho.

26

A praia da Cruz Quebrada não deve parecer a mesma que conheci quando fui encontrar-me com o finlandês. Lisboa está muito diferente. Muitos prédios novos, linhas de metro, trânsito infernal, ruído. Não havia barulho na cidade naqueles tempos. A maior parte das pessoas não tinha carro, e a maior parte dos carros não tinha gasolina.

Cheguei à praia quando o céu começava a clarear para os lados do Mar da Palha. Havia muitos barcos parados na areia, com as redes penduradas na borda, como se os barcos as tivessem bolsado. Os pescadores andavam em grande azáfama, uns acabados de chegar da pesca à lula, outros porque iriam fazer-se ao mar em breve. Não queria que me vissem e afastei-me umas centenas de metros, no sentido de Caxias. Havia uma pequena duna que me permitia um ponto de observação mais elevado. Subi-a e sentei-me na areia, tentando evitar que esta me entrasse para os sapatos. É sempre desagradável ter areia nos sapatos. Examinei o rio: para as bandas da Trafaria e do Bugio distingui pequenos pontos de luz, barcos de pesca à lula aproveitando as últimas réstias da escuridão. Os contornos difusos de traineiras sem iluminação iam aparecendo e desaparecendo na linha de água.

Michael descrevera «O Homem da Canoa»: muito alto, um metro e noventa, e muito magro. Cabelo loiro, olhos azuis, sempre de gorro e casaco cinzentos, para se confundir com a canoa.

– É muito pálido. Como só navega de noite não apanha sol. E é tão alto que se deita na canoa para não ser visto.

Por questões de segurança, o MI6 não revelava a identidade de certos operacionais. Muitos dos espiões de Lisboa eram conhecidos pelos seus nomes de código: «Triciclo», «DragonFly», «Hamlet», «Sweetie», «Garbo». Alguns eram duplos, mas não era o caso do finlandês.

Durante mais de uma hora fiquei sentado na duna, fumando cigarros e examinando o horizonte. Com o nascer do dia surgiam os pilotos da barra, os primeiros barcos comerciais, os rebocadores e os navios de carreira que vinham da América. Apesar da minúcia com que investigava o rio, em momento nenhum descobri a canoa do finlandês.

Próximo das nove da manhã, a actividade dos pescadores na praia diminuíra consideravelmente. De repente, senti movimento à minha direita e vi o finlandês a cerca de 10 metros. Caminhava pela duna curvado, baixando a cabeça, como que evitando balas imaginárias. Não falou enquanto se aproximava. Parou a meu lado e colocou-se de cócoras, apertando-me a mão e dizendo:

– Bom dia... Ainda bem que veio.

Semicerrou os olhos e apontou na direcção da Trafaria.

– Observe aquele barco, lá ao fundo.

Levei os binóculos à cara e disse:

– É um piloto da barra.

O finlandês perguntou:

– Consegue ler o nome do barco?

Pronunciei o nome em voz alta: *Senhora da Saúde*. Nomes religiosos eram habituais em barcos portugueses. O finlandês apontou para uma zona entre o Bugio e a Trafaria.

– Há uma hora tinha a canoa ali, próxima de uma bóia de salvação. O *Senhora da Saúde* aproximou-se da bóia, encostou-se a ela e recolheu-a – disse, e depois perguntou: – Tem um cigarro?

Ofereci-lhe um e emprestei-lhe o isqueiro, reflectindo no que ouvira. Acendeu-o e devolveu-me o isqueiro.

– Vocês é que têm de descobrir aonde ele vai levar a bóia.
– De quem era a bóia?

Apontou para um barco maior que se aproximava do porto de Lisboa.

– Dele. É um navio de carreira, veio da América. Chega um todas as sextas-feiras, e todas as sextas-feiras o *Senhora da Saúde* vem recolher a bóia. Estão a passar informação a alguém. E não é a nós...

Nós. A sua lealdade aos Aliados já incorporara esta expressão. «O Homem da Canoa» acreditava tratar-se de um estratagema alemão.

– Porquê? – perguntei.

Contou-me que o piloto do *Senhora da Saúde* fizera um acordo: comprava jornais americanos aos barcos que vinham da América, para depois os vender em terra.

– Cheguei a comprar alguns – revelou. – Mas um dia, ele deixou de vender os jornais, dizendo que já não os arranjava. Não acreditei e uma manhã escondi-me atrás de uns armazéns. Apareceu um alemão e levou os jornais todos.

Seguira o táxi do alemão até à Embaixada, na Rua do Pau da Bandeira.

– Chama-se Gustav Hoeness e é adido comercial. Agora, vem duas vezes por semana a Santa Apolónia, recolher um pacote de jornais. Tem um arranjinho com o Ferraz. Deve ser a única maneira de eles lerem a imprensa americana.

Portanto, Ferraz estava feito com os nazis. E agora, além desse arranjo, iniciara um segundo, ainda não sabíamos com quem.

– Alguém, a bordo do navio de carreira, atira as bóias à água. Depois o Ferraz recolhe-as – resumiu o finlandês.

Acenei com a cabeça:

– E não são jornais o que vem na bóia...

«O Homem da Canoa» sorriu pela primeira vez:

– Exacto. Cabe-te a ti descobrires. Eu não posso lá voltar. Já lá estive uma vez e dou muito nas vistas. Tenho de ir. Se precisares de falar comigo, volta para a semana. Mesmo dia, mesma hora.

Afastou-se, sempre curvado, na direcção de Caxias e pouco depois deixei de o ver. Passado algum tempo, iniciei o meu caminho de regresso ao *Citroën*. Era óbvio que algum tipo de informação valiosa, vinda da América, estava a ser passada para os alemães.

Dirigi-me para o escritório no Cais do Sodré, a pensar numa forma de investigar o *Senhora da Saúde*. Quando cheguei, mandei chamar o meu estafeta, um rapazito de 14 anos que ganhava uns cobres a transportar-nos documentos.

– Pedro – pedi-lhe –, vai lá baixo ao porto e diz ao Aníbal para passar por cá à hora do almoço.

Aníbal apresentou-se no escritório à hora combinada. Era o encarregado da companhia no porto. Encorpado, com um enorme bigode, trabalhava para nós desde que o meu pai se instalara em Portugal e depositávamos nele total confiança. Diligente e prestável, era homem de poucas falas e, embora não soubesse escrever, tinha uma memória prodigiosa, citando de cor o nome dos barcos, o número de contentores de mercadorias, as horas de chegadas e partidas, o nome dos capitães, dos imediatos e dos marinheiros. Com pouco mais de 40 anos, tinha uma saúde de ferro. Estacou à minha frente, vestido com as suas habituais calças cinzentas e camisa branca aberta, exibindo um peito peludo, que considerava provocar respeito entre os marinheiros.

– Boas tardes, senhor Jack.

Não desejava envolvê-lo nas minhas maquinações secretas, mas o seu conhecimento da vida portuária poderia evitar-me perder tempo.

– Está tudo em ordem lá em baixo? – perguntei.

Queixou-se da diminuição de actividade nos últimos dias.

– Deve ser por causa dos «ubôtes».

– Pois é. Os nazis estão por todo o lado. Até aqui – resmunguei.

Ele confirmou com um aceno de cabeça.

– Bem – disse eu –, não era sobre isso que te queria falar. Os pilotos da barra estão cada vez mais difíceis. Querem mais dinheiro e tornam-nos a vida um inferno. Temos alguma maneira de facilitar as coisas?

Ergueu as sobrancelhas:
— Só pagando.
Era conhecida a existência de pagamentos paralelos aos pilotos, para se obter prioridades na entrada do porto.
— Sabes de algum com quem a gente se possa entender?
Enumerou dois ou três nomes. Nenhum era o Ferraz.
— É uma gente mesquinha. São poucos e só pensam em açambarcar dinheiro. Veja lá que até há uns feitos com os alemães!
Indignei-me:
— Feitos com os alemães? Mas isso é muito grave! É caso para fazer queixa às autoridades!
Aníbal encolheu os ombros.
— Sabe como é...
Desde que não perturbassem a actividade, nem causassem distúrbios, era indiferente para as autoridades com quem colaboravam.
— Dizem que o Ferraz anda a ganhar bom dinheiro — disse Aníbal. — Parece que encontrou um tesouro no jardim. Até já fala em comprar um carro.
O enriquecimento súbito do piloto do *Senhora da Saúde* não tinha passado despercebido. Os alemães deviam estar a pagar-lhe bem.
— Que vergonha — resmunguei. — Mas, caramba, se calhar os alemães têm o mesmo problema que nós! Obrigam-nos a pagar os olhos da cara!
Aníbal concordou, acenando com a cabeça.
— Se ele é assim ganancioso, achas que o podemos abordar também?
Torceu o nariz:
— O Ferraz é um tipo escorregadio. Não tem palavra. Se lhe pagar, não tem garantias de que o serviço seja feito. Se acha que vale a pena pagar, mais vale um dos outros.
Acendi um cigarro, fingindo irritação:
— Se a gente conseguisse provar que trabalha para os nazis, fazíamos uma queixa desse labrego.
Aníbal olhou para mim, duvidoso:

– Não se meta nisso, senhor Jack. Aquilo é gente complicada. Quem se mete com um mete-se com todos.

Compreendi-o. Não era do interesse da minha companhia comprar uma guerra com os pilotos da barra. Teria de encontrar outro caminho.

27

Amanhã vou a Sintra! O meu neto vai casar no Palácio de Seteais, um sítio lindo para um casamento. Sintra, Seteais, Monserrate, que belas recordações me trazem! A sede do MI6 era em Sintra, onde Michael e eu íamos reportar a Ralph. Contudo, a nossa base era em Lisboa, num pequeno escritório alugado na Rua da Emenda, próximo da sede da companhia de navegação do meu pai.

Michael tinha razão ao prever que o meu emprego oficial tornava mais fáceis as minhas funções no MI6. Ninguém estranhava as minhas perguntas e, sem levantar suspeitas, convidara para almoçar o director da Alfândega de Lisboa, cujas simpatias inglesas eram conhecidas. O Sr. Oliveira era um homem dos seus 50 anos, que eu ouvira várias vezes lamentar-se do curso da guerra. Tentei lançar-lhe o isco e fui bem-sucedido. Paguei-lhe o almoço e, no próprio dia, enviei-lhe uma caixa de vinho do Porto, com um cartãozinho, agradecendo todo o seu empenho na resolução dos problemas da minha companhia. Como isso não fora o objecto do almoço...

A nossa relação foi-se desenvolvendo com mútuos benefícios. Ele ia-me informando sobre colaboradores dos alemães e eu, além de lhe pagar sucessivos almoços em restaurantes caros, fui-lhe entregando envelopes com dinheiro, destinados a ajudar a filha adoentada, ou a financiar as reparações da sua necessitada casa. Com muitos indivíduos, o suborno era a única solução para soltar as gargantas.

Umas semanas mais tarde, numa sexta-feira, decidi esperar pelo piloto Ferraz junto ao Cais de Santa Apolónia, onde ele atracava. Se o costume se mantivesse, traria a bóia de salvação recolhida no rio, e poderia ver quem aparecia para a reclamar.

Para minha surpresa, nada aconteceu de início. Pelas 11 da manhã, Ferraz deixou o cais com um pequeno pacote debaixo do braço e caminhou na direcção do Terreiro do Paço. Segui-o no *Citroën*, cerca de 100 metros atrás. A dado momento, virou à direita, na direcção da Rua da Madalena. Aí, sensivelmente a meio, entrou na Pensão Alvorada. Parei o *Citroën* e esperei. Voltou à rua 10 minutos mais tarde, já sem o pacote, e seguiu na direcção da Sé.

Pouco depois, um homem saiu da pensão. Vestia um discreto fato cinzento. Com um chapéu enfiado na cabeça, não lhe conseguia ver a cara. Era magro, não devia ter mais de um metro e setenta e não parecia alemão. Desceu a Rua da Madalena, a caminho do Martim Moniz. Ao chegar à praça encostei o *Citroën* num passeio e continuei a pé.

Já próximo do Intendente, o homem entrou numa tipografia. Acendi um cigarro, a uma distância prudente, e esperei. Meia hora mais tarde, ainda não saíra. Preparava-me para me ir embora quando um *Mercedes* negro parou à frente do estabelecimento. Um homem forte e loiro saltou do carro, entrou na tipografia e dois minutos depois voltou a sair, regressando ao *Mercedes*, que partiu a alta velocidade, deixando-me sem qualquer hipótese de o seguir.

Nos dias seguintes, pensei numa solução para o problema, e ocorreu-me pedir a ajuda do taxista Roberto, que encontrei à porta do Aviz. Trocámos um forte aperto de mão:

– Como vai, senhor Jack? Parece mais magro! – disse ele.

Sorri e entrei no táxi. Sentei-me e perguntei:

– Roberto, queres ganhar um dinheirito?

Ele abriu muito os olhos.

– Quem é que não quer, senhor Jack?

– Continuas a não gostar dos alemães?

Virou-se para trás, e fez uma careta.
– São uns facínoras, senhor Jack.

Na sexta-feira seguinte, parámos o táxi 50 metros à frente da tipografia, já na Almirante Reis. À hora esperada, o *Mercedes* apareceu e a cena repetiu-se. Roberto deixara o táxi a trabalhar e, mal o *Mercedes* passou por nós, arrancou atrás dele.

A alta velocidade, só a perícia do taxista evitou que o perdêssemos de vista. A partir de certa altura, tornou-se evidente que os alemães se dirigiam para Cabo Ruivo, onde se situava o aeroporto. Dez minutos depois, o *Mercedes* parou em frente do edifício principal. Saí do táxi e entrei na gare. Descobri o alemão junto ao balcão da Lufthansa, conversando com dois funcionários. Vi que ele entregava o pequeno pacote a um piloto fardado, que o recebeu contrariado. Examinei o quadro das partidas: meia hora mais tarde estava previsto o voo semanal para Berlim. O pacote seguiria de imediato para a Alemanha.

Michael ficou satisfeito com as minhas descobertas, e entusiasmou-se com a ideia que tive de utilizar Roberto e o seu táxi.

– O Ralph vai adorar essa...

Sinto uma pontinha de orgulho neste meu contributo. O MI6 decidiu ampliar a minha a ideia, colocando uma rede de táxis a vigiar os nazis. Passo a passo, activámos a operação. Roberto era «o meu taxista», mas existiam muitos mais, parados à porta das legações, das embaixadas, dos hotéis e até de casas referenciadas por nós, onde viviam importantes alemães ou seus colaboradores. Nunca ninguém me agradeceu por isto, nem nunca recebi nenhuma medalha ou mesmo um louvor, mas foi uma belíssima ideia.

Michael matutava numa forma de nos apoderarmos da bóia de salvação no rio, à entrada da barra. Acendeu o inevitável charuto.

– Alguma ideia, Jack?

Sugeri que «O Homem da Canoa» aproveitasse uma manhã de mau tempo para se apoderar da bóia. O meu amigo fez um esgar de desagrado:

– O Ferraz via-o de certeza e podia denunciá-lo. Só se conseguirmos criar uma manobra de diversão... Podíamos pedir ajuda ao Harry Ruggeroni.

– Ao Harry? – perguntei, espantado.

Explicou-me que ele colaborava discretamente com os ingleses.

– Tem de ser muito cuidadoso, para não criar problemas com o hotel. Se o Salazar soubesse, tramava-o.

Como tinha um barco, Harry saía por vezes para o mar, vigiando manobras que o MI6 considerava suspeitas.

– Há uns meses, assistiu a um encontro entre um barco de pescadores e um submarino, a cerca de 12 milhas da costa. Os pescadores vendem aos alemães muitos produtos, em especial tapetes de pele de baleia. São antiderrapantes, excelentes para colocar no chão dos *U-Boats*.

Assim, nessa noite fui tomar um copo com Harry ao Aviz.

Como poderia eu saber que um novo encontro com a magnífica Alice iria acontecer, mudando a minha vida? Nada o indicava. Naquela noite, apesar de o meu estado geral ter recuperado um pouco, talvez devido ao entusiasmo com as operações secretas, continuava sombrio. Desde a partida de Mary e Rita, passara uma noite com uma corista, um episódio desencantado, frouxo e deprimente. De resto, uma penúria total. Apenas uma ida ao cinema com Luisinha, que continuava sempre entusiasmada, bem-disposta, tentando alegrar-me. Via naquele comportamento a revelação da sua natureza simpática e calorosa, herdada do pai, embora por vezes me incomodasse uma certa piedade que parecia ter por mim. Enfim, estava quase morto como homem, a verdade é essa. Mas, naquela noite em que me cruzei com Alice, a bela e bamboleante gazela bronzeada, foi como se ressuscitasse!

28

Ao balcão do bar do Aviz, planeámos a Operação Bóia, e combinámos um passeio matinal de barco. Com a ponta do sapato, Harry fazia festas no lombo da sua cadela *terrier*, deitada a seus pés.

— Podemos almoçar a bordo! — entusiasmou-se. — Às quintas, ao jantar, sobra sempre o maravilhoso arroz de tamboril do chefe Ribeiro. Podemos levar uma panela aquecida para o barco, e fazer uma almoçarada!

Nesse preciso momento, Harry desfez o sorriso, desviou os olhos para a entrada da sala e executou uma pequena vénia. Curioso, virei-me para trás e vi Alice, magnífica, num belo vestido encarnado decotado, saia rachada até meio da perna, um pequeno chapéu preto no topo da cabeça, o cabelo encaracolado a cair-lhe pelas costas. Vinha de braço dado com um homem calvo, careca como um ovo, vestido com um fato de *tweed* cinzento às riscas. Olhar examinador, bigode aparado, nem alto nem baixo, parecia verdadeiramente orgulhoso do troféu que transportava no braço, aquela bela mulher bem mais nova do que ele. Ao ver-me, Alice fez também uma pequena vénia, demonstrando que me reconhecera. Seguiram para o fundo da sala, onde se sentaram numa das mesas.

— Conhece-la? — perguntou Harry.
— Mal. Cruzámo-nos uma vez aqui no hotel.

A sua cadelinha mordiscou a sola do meu sapato, brincalhona.

— É uma mulher muito misteriosa — disse Harry.
— Misteriosa?
Sorriu:
— Jack, não me fica bem cochichar sobre os clientes. Mas, enfim, somos amigos não somos?
— Sou um túmulo — prometi.
— Bem, ela é, como posso dizer, muito dada... Aparece sempre por cá com acompanhantes ricos. Este, por exemplo, é um tal Fulgêncio Nobre, um rico industrial do Porto. Vem uma vez por mês a Lisboa e instala-se aqui. Desde há uns meses, ela começou a vir com ele.
Fez um sorriso maroto.
— Passa cá a noite com ele? — perguntei.
— Nunca me ouviu dizer tal coisa — disse Harry, sorrindo.
Beberriquei o meu *whisky* e acendi um cigarro.
— O Michael diz que ela é uma espécie de acompanhante de luxo. Na noite em que a vi, estava com o Popov, lembra-se dele? — perguntei.
— Muito bem — confirmou.
— Contam-se sobre ela coisas mirabolantes.
— Que coisas?
— Dizem que apanha nozes com a boca — disse, piscando-lhe o olho.
Harry deu uma gargalhada:
— Que grandes safados vocês me saíram! Não lhes escapa nada.
Também conhecia a bizarra lenda de Alice, pois acrescentou:
— De facto, os criados que limpam as suítes dizem que descobrem cascas de noz espalhadas pelo chão, mas...
Calou-se subitamente, pois Alice aproximava-se de nós no seu andar característico, sempre bamboleante. O meu coração acelerou. A cerca de um metro sorriu-me e perguntou:
— Como está o meu amigo Jack?
Estenteu a mão. Beijei-a e depois Harry beijou-a também. Cheirava a um perfume intenso, o mesmo que me inebriara na primeira noite. Tinha os lábios pintados de vermelho. Se

não estivesse fascinado por ela, decerto teria considerado aquilo excessivo, mesmo um pouco ordinário. Mas todos sabemos as partidas que o coração nos prega, e o raio já me atingira, provocando a célebre cegueira dos enamorados.

— Encontrou a felicidade na suíte D. Duarte? — perguntou.

Pestanejei, surpreendido com o à-vontade com que me constrangia na presença de Harry. Este não só pressentiu a minha perturbação, como intuiu a existência de um pequeno segredo de alcova.

Em segundos, recuperei a presença de espírito:

— Estou sempre pronto para salvar mulheres em perigo.

Ela atirou a cabeça para trás, num gesto teatral:

— Que cavalheiro! Estou certa de que jamais o esqueceram.

Suspirei, demonstrando infelicidade:

— Infelizmente não. Partiram para longe e deixaram-me abandonado.

Harry, talvez desconfortável por estar a presenciar tal cena, escusou-se, informando que estava na hora de passear a cadelinha *terrier*.

— Depois telefona-me, Jack, para acertarmos o passeio!

Deixei-o afastar-se e perguntei a Alice:

— Posso oferecer-lhe uma bebida, ou está acompanhada?

Ela semicerrou os olhos, irónica:

— Estou sempre acompanhada...

Usava as palavras com segundos sentidos, como se elas fossem códigos secretos, só compreensíveis para quem dispusesse da cifra correcta.

— E posso convidá-la para jantar um destes dias?

Alice pegou no meu maço de cigarros e retirou um *Gauloise*. Levou-o à boca e acendeu-o com o meu isqueiro. Soprou o fumo para o ar e depois pousou o maço e o isqueiro de novo no balcão.

— Cigarros franceses... Mas você é inglês.

— Em parte.

Sem me deixar acabar, disparou:

— A parte de cima ou a parte de baixo?

Aquela mulher era de um atrevimento invulgar. Sorri.
– O meu pai é inglês, a minha mãe era portuguesa.
Captou a diferença de tempos verbais, e disse de imediato:
– Lamento.
– Já foi há muitos anos. Eu tinha 12. Na altura vivia em Sydney. Foi noutra vida – comentei, sereno.
Alice examinou os meus olhos e vi nos seus o quê? Ternura? Piedade? Perguntou:
– Não tem namorada, nem mulher, nem mãe. Quem é que lhe passa a ferro as camisas, Jack?
Levou o dedo ao meu colarinho e apreciou:
– Está bem cuidada.
– Sei tomar conta de mim, Alice, não me perco.
Virou-se para trás, olhando para a mesa onde o industrial estava sentado, observando-nos com um ar sério.
– Por estes dias, em Lisboa, as pessoas parecem todas perdidas.
Dei um gole no *whisky*.
– É a guerra. E a Alice está perdida?
Sorriu:
– Você é que estava perdido da primeira vez. Lembra-se, Jack? Eu não me costumo perder.
– Estranho – disse eu. – Dizem que os homens têm mais sentido de orientação do que as mulheres.
Ela deu uma pequena gargalhada, atirando de novo a cabeça para trás.
– Nem pense nisso! Só sabem caminhar numa direcção. Mal vêem um rabo de saia, a bússola aponta para ele, em vez de apontar para norte.
– É perfeitamente compreensível – ripostei. – Principalmente quando somos atraídos por mulheres fascinantes, belas e misteriosas.
Alice deu mais uma passa no cigarro.
– Jack, um dia vai descobrir que está errado. A maior parte dos homens têm medo de mulheres fascinantes, belas e misteriosas. Preferem mulheres que saibam a receita de um bolo de chocolate. Ou passar a ferro o colarinho das camisas.

Semicerrei os olhos e lancei-lhe uma primeira farpa:
— Bolo de chocolate? Não gosto. Prefiro bolo de nozes...
Surpreendentemente, Alice não ficou nada perturbada com a piada. Deu uma gargalhada:
— Jack, estou a começar a gostar de si! Você é pérfido, sabia?
Deu uma passa final no cigarro, antes de o apagar no cinzeiro, e depois afirmou, piscando-me o olho:
— A reputação é o tempero de uma mulher — suspirou.
— E eu gosto de comida com muito sal e pimenta! — Levantou-se. — Tenho de ir. O meu amigo já está a arder em ciúmes.
Encolhi os ombros e declarei:
— Deixe-o arder. A combustão alimenta o amor.
Ela beijou-me na cara e disse:
— Amor? Não vale a pena exagerar, Jack. Até um dia destes...
Afastou-se, com o seu andar característico, sem ter aceite o meu convite para jantar. Quando saiu, com o industrial a tiracolo, voltou a fazer uma pequena vénia e sorriu. Deixei-me ficar sentado no bar e pedi um novo *whisky* duplo. Um quarto de hora mais tarde Harry regressou e perguntou:
— O que era aquilo das mulheres em perigo?
Inventei uma patranha. Não quis revelar-lhe que passara uma noite com Mary e Rita na suíte D. Duarte.
— Ela subiu com o amigo? — perguntei.
— Estás muito interessado. Devias ter cuidado. Aquela mulher é perigosa.

Sexualmente famosa, acompanhante de luxo, gananciosa, perigosa: Alice tinha todas as características de uma mulher a evitar. No entanto, sentia uma vontade fortíssima de falar com ela, de estar perto dela. Atraía-me o seu corpo, mas também o seu espírito, a sua conversa. Ela era certamente uma mulher inteligente, e eu sentia que só uma mulher assim, desafiadora, maior do que a vida, me poderia arrancar à neurastenia que me consumia. Alice fazia-me trepidar o sangue nas veias e os neurónios no cérebro. Decidi seguir os meus instintos, e não os conselhos dos meus amigos Michael e Harry. Cinquenta e tal anos mais tarde, sei bem que foi Alice, a magnífica, a bamboleante, a devoradora de nozes, que me fez sair da depressão. Mas também sei que os meus amigos tinham razão...

29

Umas noites atrás foi Mary, qual fantasma erótico, a destrambelhar-me o biorritmo. Hoje é Alice. Estou de pijama, deitado em cima da cama, num quarto do Hotel da Lapa. Devia tentar dormir, pois amanhã é o casamento do meu neto Paul e não me apetece adormecer à mesa, rodeado de estranhos. Uso sempre um pijama azul-escuro, de algodão fino. Custou-me os olhos da cara, mas é muito confortável. Tem um elástico à cintura, o que impede as calças de caírem, coisa que nos acontece muito aos 85 anos, infelizmente sem os divertidos propósitos do passado.

Aqui dentro não está calor, mas Lisboa está muito quente. O empregado do hotel disse-me, num bom inglês – é curioso como hoje os portugueses falam quase todos inglês, ao contrário de há 50 anos –, que era habitual fazer muito calor em finais de Junho. Será uma contrariedade para amanhã, no casamento. O fato que trouxe de Inglaterra é de Verão, mas talvez seja quente de mais para cá. Veremos...

Setembro de 1942. Foi numa sexta-feira, quase no final do mês, que nos tentámos apoderar da bóia do Ferraz. Habituadas como estão a ver filmes americanos, as pessoas de hoje acham que é muito fácil realizar operações secretas. Nada mais errado. Naquele tempo não havia GPS electrónicos, *gadgets* maravilhosos de alta tecnologia, nem se entrava nas situações aos tiros. Não existiam James Bonds românticos.

Não fomos bem-sucedidos no nosso plano, e talvez por isso estou para aqui a justificar-me. Um piloto da barra experiente, como Ferraz, era difícil de desviar do seu objectivo. Bem tentámos colocar o nosso barco entre ele e a bóia, mas «O Homem da Canoa» nunca teve tempo suficiente para deitar as mãos à bóia.

Ao fim de 20 minutos, Harry decidiu afastar-se e, com os binóculos, assistimos à operação de recolha da bóia por Ferraz. Meia hora mais tarde ultrapassou-nos, de regresso a Santa Apolónia.

– O Michael vai ficar desapontado – disse Harry.

Por volta do meio-dia almoçámos o portentoso arroz de tamboril do chefe Ribeiro, e passámos o resto do dia a velejar no Tejo, fumando charutos e bebendo rum. Harry contou-me os planos de expansão do Aviz que o pai, Robert Ruggeroni, tivera antes de morrer.

– Queria construir duas torres, um arranha-céus magnífico! Mas o Salazar não deixou! Disse que os aviões podiam chocar contra o edifício. Pobre pai, nunca teve a vida fácil com os políticos!

Nos anos 20, Robert Ruggeroni fora dono do jornal *O Século*.

– Só lhe deu trabalhos. Chegou a ser preso várias vezes. Acusaram-no de negociatas com carvão e nunca mais o largaram. Já o Salazar mandava e continuavam a persegui-lo!

Queixoso, Harry lamentou-se de que os problemas não tinham desaparecido com a morte do pai com tuberculose, em 1940.

– O Salazar está sempre a complicar-nos a vida! Então agora, com o racionamento, você não faz ideia! O hotel cheio e nós sem carne para dar aos hóspedes! Temos de pedinchar. O pobre do chefe Ribeiro anda sempre aflito. Lê o *Guide Culinaire* do Escoffier e depois não pode pôr as ideias em prática. Diz que assim é impossível fazer o molho de maionese do livro!

Uma rajada sacudiu o barco. Harry era um exímio velejador, muito melhor do que eu, e cambou sem a minha ajuda.

– E a gasolina? – indignou-se. – Na semana passada, tive de apresentar um requerimento ao director-geral do Turismo, pedindo para converter o meu *Rolls Royce* de gasolina para gasogénio. O hotel precisa de ter pelo menos um carro a funcionar!

Salazar só autorizava esta situação em casos excepcionais. O gasogénio era produzido a partir do carvão e era a única alternativa à cada vez mais rara gasolina. Harry abriu os braços:

– Não é irónico ter instalado no meu hotel um dos maiores magnatas de petróleo do mundo e não ter gasolina para o carro?

Na Primavera de 42, o pai de Nubar, o milionário arménio Calouste Gulbenkian, seguindo as insistentes sugestões do filho, mudara-se finalmente para Portugal. E escolhera o Aviz como sua morada, onde ficaria até morrer, 13 anos mais tarde.

– É uma família curiosa. Ele instala-se no Aviz, a mulher no Palácio do Estoril. Depois, almoçam juntos no meu hotel, mas fazem-no em mesas separadas, cada um com os seus convidados!

Rimo-nos. Harry gabou-se, orgulhoso:

– Se há coisa que não falta no meu hotel é gente famosa. Na semana passada, além dos Gulbenkian, na segunda jantou lá o rei Carol, da Roménia, com a sua bailarina Lupescu! Na terça, almoçou o Guggenheim! Na quarta, apareceu para jantar a baronesa Rotschild, com o Ricardo Espírito Santo e, na sexta, a grã-duquesa Carlota do Luxemburgo!

Os refugiados de luxo marchavam em romaria até ao Aviz, saboreando as delícias da cozinha do chefe Ribeiro. Como borboletas atraídas pela luz, todos rumávamos até lá para estar próximos daquele mundo glamouroso. Alice também... Nas semanas seguintes, qual rapazito enamorado, imaginava o nosso reencontro, num onanismo típico de adolescente. Comecei a amar Alice muito antes de ter a possibilidade de lhe tocar, de a beijar e de receber o seu amor de volta. E comecei a amar Alice porque ela representou uma possibilidade de me reinventar.

Michael saboreava o seu charuto no gabinete da Rua da Emenda e lia o documento que eu preparara. Era um resumo das minhas conversas com o Sr. Oliveira, da Alfândega, que incluía uma lista de empresas e pessoas que colaboravam com os alemães. Ouvi-o comentar:
– Excelente... óptimo... olha, olha...
No final, deu-me os parabéns:
– Jack, conseguiste muita coisa de valor!
O embaixador Campbell – em colaboração com a secção V do MI6, dirigida em Inglaterra por Kim Philby, e à qual nós pertencíamos – tinha exigido prioridade à descoberta de redes alemãs.
– As negociações com Salazar estão a azedar – explicou o meu amigo. – O Campbell está sempre a queixar-se dele, diz que nunca viu homem tão teimoso ou tão duro a negociar. Não cede um milímetro. Para conseguirmos algo de Salazar, precisamos de argumentos de peso.
Pousou o dedo indicador sobre o documento:
– Isto é o princípio de um argumento. O Churchill e o Roosevelt querem usar os Açores, mas Salazar não dá autorização. Se lhe atirarmos com listas destas à cara, o tipo tem de ceder!
O problema principal, revelou Michael, era a vastidão das operações alemãs no país:
– Há muito mais gente a trabalhar para eles do que parece. Nós ainda só descobrimos a ponta do icebergue...
Por esta altura, já tinha uma ideia clara sobre a forma como os alemães actuavam em Portugal. De um lado, estava o SD (Sicherheitsdienst), os serviços secretos do partido nazi, dirigidos a partir de Berlim por Heydrich, e cuja força de elite era a Gestapo. Desde o início da guerra de Espanha, em 1936, que o SD fizera da Península Ibérica uma base importante. Os alemães tinham investido em Portugal na indústria de armamento, nas indústrias extractivas, em espe-

cial no volfrâmio, e noutros sectores, como a indústria química, os filmes, a fotografia e as tipografias. Havia por isso muitos técnicos e empresários alemães a viver em Portugal. E, com o crescimento da colónia alemã, crescera também a implantação do partido nazi e do SD.

Ainda antes de 1940, a PVDE assinara um acordo de cooperação com o SD, e alguns dos seus operacionais, entre os quais o tenente Marrano, haviam recebido treino em Berlim, estando agora colocados em postos-chave na PVDE, o que lhes permitia vigiar os judeus e os comunistas, mantendo a Gestapo informada.

Por estas razões, o SD tinha enormes capacidades operacionais em Portugal. Em 1940, fora o SD que, comandado por Schellenberg, tentara raptar o duque de Windsor, antes de ele partir para as Baamas. E, em Abril de 1941, em apenas poucas horas, Schellenberg conseguira reunir mais de 1000 homens, agentes da Gestapo ou da PVDE, para procurar um homem chamado Otto Strasser, que Hitler queria desesperadamente encontrar. Aparentemente, esse perseguido do Terceiro Reich não esteve em Lisboa, mas a todos impressionou a capacidade de mobilização dos alemães.

No presente, o chefe do SD em Lisboa era Schroeder, e era ele quem fazia a ligação a Marrano e à PVDE. Michael suspeitava de que a rede descoberta por mim, que começava no piloto da barra Ferraz e acabava no aeroporto de Cabo Ruivo, podia ser do SD.

– A Abwehr não costuma dar tanto nas vistas... – pensava o meu amigo.

Dirigida em Berlim pelo famoso almirante Canaris, a Abwehr era o principal serviço militar de informações dos alemães, e estava também fortemente instalada na Península, uma vez que Canaris tinha excelentes ligações com os franquistas. O barão Huene, o embaixador alemão em Lisboa, era grande amigo e apoiante de Canaris, que tinha em Von Kastor, o chefe da Abwehr em Portugal, um fiel servidor.

A sede da KO (Kriegsorganisationen) – assim se chamavam as grandes centrais da Abwehr fora da Alemanha – era na Embaixada da Rua do Pau da Bandeira, e o seu principal objectivo era centralizar as informações relativas aos comboios navais dos aliados, para conseguirem guiar os *U-Boats* e os *Condores* na sua direcção.

– Mas, a Abwehr é o nosso principal alvo, mais do que o SD – disse Michael. – Esta lista é uma grande ajuda. Vai directa para o embaixador. Ele vai falar com Salazar na próxima semana.

Acenei com a cabeça. Sabia que Salazar estava a ser muito pressionado, não só por Campbell, mas também pelo embaixador de Portugal em Londres, Armindo Monteiro. E sabia que ele estava cansado.

– Cansado? – perguntou Michael, curioso. – Salazar está cansado?

30

Michael esquecera-se de que eu continuava a encontrar-me com Luisinha.

– Ah... pois, a mana – balbuciou.

Fora com ela ao cinema, ver a comédia do momento em Lisboa, *O Pátio das Cantigas*, com o António Silva, a Beatriz Costa e o Vasco Santana.

– Mas ela não gosta só de cinema americano? – perguntou.

– Abriu uma excepção. Diz que este filme é muito divertido. E é verdade, também gostei bastante – disse.

Michael fez um sorriso amarelo. O que o interessava eram as novidades sobre Salazar.

– E a seguir, como de costume, foram tomar um chazinho? – ironizou.

– Sim. Descemos ao Rossio e fomos à Suíça...

– À Suíça? Levaste a rapariga à Pastelaria Suíça? – indignou-se. – Que ideia!

Passava a vida a defender que não se deviam levar raparigas a locais onde existiam outras raparigas, pois teríamos de prestar atenção às que nos acompanhavam, deixando escapar as que por ali passavam.

– Foi ela que pediu – justifiquei. – Queria ver como se vestiam as refugiadas, se os penteados tinham mudado. Dá muita atenção a isso...

Fez um esgar de desagrado. O meu amigo nunca percebia por que é que as soquetes e os chapeletes estavam sempre a mudar de cor.

— Adiante — ordenou. — Como é que chegaram ao Salazar?

Nestes encontros, Luisinha resumia sempre a vida familiar: os irmãos que haviam sido destacados para manobras do exército; a mãe que continuava a gritar com as criadas; as constantes «doenças» de Carminho, sempre com o trengo do Eduardo a cirandar à cabeceira. Quanto ao general, vivia preocupado com o andar da guerra, que «não se resolve, nem para a frente nem para trás», e com o estado de carência económica do país. Afirmara igualmente que Salazar estava muito magro, com as feições «muito marcadas», a cara «encovada», o cabelo «mais grisalho», e que se queixava dos olhos. O general temia mesmo que Salazar estivesse a ficar cego.

— Cego? — espantou-se Michael.

— Sim, foi isso que o pai dela disse. Doem-lhe os olhos, tem muita dificuldade em dormir, os médicos receitam-lhe imensos remédios. Ao que parece, tem conta permanente em duas farmácias, à Calçada da Estrela.

Por causa disso, Salazar usava em segredo óculos fumados, para passear no jardim, e descansava uma hora depois do almoço. Nem com a estadia habitual em Santa Comba Dão, donde regressara há pouco tempo, melhorara muito o estado geral do presidente do Conselho de Ministros.

— Isso é interessante — murmurou Michael. — Muito interessante...Ela não referiu a possibilidade de ele resignar?

— Não. Mas o general contou que Salazar teme muita agitação social nos próximos meses, liderada pelos comunistas e pelos republicanos.

O presidente do Conselho tinha dificuldade em conciliar o anticomunismo visceral do seu regime com as fidelidades devidas à velha aliada, a Inglaterra, num momento em que esta se juntara à União Soviética, que Salazar abominava, e à América capitalista, que ele desprezava. Um agravamento súbito da situação económica, juntando-se a uma saúde frágil, colocava um cenário problemático.

— Para mais — dissera Luisinha —, o paizinho considera que a Legião anda a exagerar! Entra pela casa das pessoas, a fazer investigações por conta própria! É demais! O paizinho não gosta dos comunistas, mas não aceita cair nas mãos da Legião!

Michael escutava o meu relato com verdadeiro interesse, sorvendo cada palavra. No final, rematou:

– Isso dá razão ao Campbell.

Levantou-se, foi até à janela e espreitou lá para fora. Depois, abriu a porta, examinou a sala e, não vendo ninguém, sentou-se de novo. Debruçou-se sobre a mesa, fixando-me com os seus olhos azuis.

– Jack, o que te vou contar é confidencial – disse, num tom conspirativo.

Acenei com a cabeça. Ele insistiu:

– Não falas disto a ninguém.

Voltei a acenar com a cabeça. Afinal, ele era o meu chefe. Não falava com Ralph, nem fazia ideia de quem era Kim Philby, o topo da pirâmide, em Inglaterra. Para mim, o MI6 era o meu amigo Michael.

– O Campbell tem dúvidas de que o Salazar dure muito – disse ele. – O que tu me contaste sobre a sua saúde ainda reforça mais essa ideia. O regime parece estar a fraquejar. E a Inglaterra tem de começar a preparar o futuro...

– O futuro? – perguntei.

– Sim – disse ele –, o pós-Salazar.

Ficámos calados, pensando nas implicações do que ele dissera. A nossa função era lutar contra as redes alemãs, o SD e a Abwehr, não contra Salazar. Fora isso que precipitara a queda do SOE: perigosas ligações aos comunistas e aos anarquistas. Combater os alemães era uma coisa, influenciar a política interna portuguesa, outra, bem mais arriscada.

– O que é que o Campbell quer fazer? – perguntei.

– Nada – disse ele, forçando um sorriso.

Suspirei. Areias movediças. Terrenos duvidosos.

– Planos desses parecem-me precipitados – afirmei. – Salazar é muito forte. Os portugueses têm uma admiração tremenda por ele. Recuperou o país da crise económica, reorganizou o Estado, impediu o contágio da guerra civil espanhola, e agora está a mantê-los fora desta guerra mundial. Por mais problemas que existam – disse –, não acredito que caia.

Michael concordou. Mas acrescentou:

– Bem sei. Mas, se ele continua a bater o pé ao Churchill e ao Roosevelt, e se continua nas boas graças da Alemanha, vai chegar um dia em que o vamos obrigar a escolher. E, aí, ou vai ou racha.

Reflecti no que me dissera.

– O coronel Bowles ainda acabava a rir – comentei.

Michael ergueu as sobrancelhas:

– Jack, a guerra dá muitas voltas. O que ontem era imprudência, amanhã pode ser política oficial.

Não pude deixar de pensar que o meu amigo Michael era um fiel servidor do governo de Sua Majestade, e que compreendia bem melhor do que eu os meandros da política e da diplomacia.

– Há tempos não me contaste que o teu advogado era um tipo bem relacionado com os republicanos? – perguntou.

– Sim – confirmei. – Chama-se Afonso Caldeira. É boa gente e muito bom jurista. Sempre que preciso, vou ao escritório dele, à Vítor Cordon.

– Ele não é amigo do Mendes Cabeçadas?

– Sim, são do mesmo grupo republicano.

– Então, almoça com ele – sugeriu o meu amigo. – Sonda-o, ouve o que pensa do Salazar. Tenta saber se tem havido reuniões, se se estão a preparar. – Fez um esgar. – Mas, Jack, nada de entusiasmos.

Levantou-se, dizendo que tinha de sair. Dei-lhe um aperto de mão, e piscou-me o olho:

– Não deixes de tomar chá com a Luisinha, mas evita a Suíça...

Luisinha...

Era sempre com grande entusiasmo que ela me telefonava para a companhia de navegação, quase todas as semanas. E, uma vez por mês, com devoção quase religiosa, escolhia um filme para vermos. Mentiria se dissesse que era apenas a sua utilidade para o MI6 que me motivava. Gostava genuinamente dela e, à medida que íamos ficando mais amigos, dava por mim a pensar que era um azar ter apostado em Carminho. Eram muito diferentes uma da outra. Enquanto esta última era fria, distante, contida e frágil, Luisinha era apaixonada, expansiva, curiosa, alegre e cheia de energia. Se não tivesse sido humilhado pela irmã e rejeitado pelos irmãos e pela mãe, talvez tivesse considerado a hipótese de cortejar Luisinha. Mas, com tais antecedentes, seria absurdo da minha parte fazê-lo.

Luisinha não era também desprovida de senso e sabia perfeitamente que qualquer futuro entre nós estava, em 1942, hipotecado à partida. A sociedade lisboeta, à qual a família do general Silva pertencia, regia-se por códigos comportamentais rígidos, e nunca aceitaria que o noivo rejeitado pela irmã mais velha se transformasse, num duvidoso passe de mágica ou química do coração, no noivo da irmã mais nova. Luisinha, com apenas 21 anos, seria considerada uma «valdevina» imatura se namorasse comigo.

Julgo que a nossa relação de amizade nos satisfazia mutuamente. Digo julgo porque, se esgravatasse um pouco a superfície, talvez descobrisse que a profundidade do seu afecto era superior ao que desejava admitir. Mesmo sem ter consciência disso, Luisinha não escondia que sentia admiração por mim, e não fosse o facto de na altura já estar apaixonado por Alice talvez eu tivesse reparado que quando ela dizia, «Jack, estas tardes passadas consigo são o melhor do meu mês...», queria dizer muito.

Mas, no Outono de 1942, Luisinha nada podia contra a concorrência daquela mulher magnífica por quem eu ansiava. As semanas passavam e nada de Alice. Lembro-me de que fazia raides ao Aviz e ao Casino do Estoril, na esperança de a descobrir. Observava os refugiados desesperados, a jogarem todo o seu dinheiro na roleta, e pensava nela, nos seus longos cabelos encaracolados, no seu andar de gazela.

Mais uma noite em que as mulheres não me deixam dormir – 85 anos e continuo o mesmo, sempre a pensar nelas. Insónias. Tal como Salazar naqueles tempos, eu também não durmo.

31

Pedi ao motorista para, a caminho de Sintra, passar pelo Estoril. Desejava admirar o Hotel Palácio, esse local tão emocionante para mim. Tinha tempo disponível antes das três da tarde, hora da missa do casamento. É sabido que as missas de casamento nunca começam a horas.

O motorista levou-me por uma estrada, a que chamou Marginal, e que no meu tempo era bastante diferente. É uma estrada lindíssima, que serpenteia entre Lisboa e Cascais, passando por Paço d'Arcos, Oeiras, Carcavelos, São Pedro... Ele diz que foi uma estrada muito perigosa, mas que agora, como já existe uma auto-estrada, tem menos movimento. Não devem existir muitas estradas no mundo tão bonitas como esta, acompanhando o rio e depois o mar, iluminada por uma luz límpida, esta luz tão rara que este país recebeu como uma dádiva de Deus.

No Estoril, reconheço o Tamariz e depois, quando o carro vira para a direita, o Hotel Palácio. Maior do que o Aviz, o Palácio ficava-lhe aquém em *charme*, mas batia-o em monumentalidade. Com muito mais quartos, a sua situação próxima do Casino e da praia conferia-lhe uma aura de coração da Riviera portuguesa, ponto de encontro preferido de uma sociedade rica, cosmopolita e despreocupada, que aproveitava o sol, a tranquilidade e a diversão que o Estoril proporcionava.

Tal como no Aviz, instalavam-se no Palácio grandes nomes da monarquia e da alta finança internacionais e muitos judeus, porque o hotel era menos exposto do que os de Lisboa. Naquela tarde em que lá fui almoçar com Afonso Caldeira, estava lotado. Havia gente que pernoitava nos salões e no bar, à espera de um quarto, e o restaurante funcionava em turnos de meia hora para dar alimento a tantas bocas.

O bar do Palácio fervilhava de animação, bem como as cabinas telefónicas. Afonso Caldeira estava convencido de que alguns dos que telefonavam dali naquele momento eram espiões.

– Isto está infestado deles! – exclamou. – E aqui ao lado, no Hotel do Parque, é a mesma coisa. Parece que os submarinos os desembarcam no Guincho, durante a noite!

Rimo-nos com a ideia, imaginando homens de gabardina a serem transportados em pequenos botes, sob o céu estrelado, e depois correndo pelas dunas do Guincho. Era uma das muitas lendas de espionagem que corriam em Lisboa.

Procurei perceber se o seu grupo de amigos republicanos estava «activo», e o que pensava da «situação do país», mas ele não se abriu muito. De repente, o meu coração deu um pulo, ao ver Alice entrar no bar, acompanhada por um desconhecido. Ao verificar a minha curiosidade, Afonso Caldeira elucidou-me:

– É o banqueiro Gomes Neto, um salazarista ferrenho.

Os meus olhos seguiram Alice. Trazia um vestido azul, absurdamente decotado, e a saia era rachada na perna. Estava provocante, insinuante, transpirando sexualidade e volúpia em cada movimento das ancas.

– Conhece-la? – perguntou o advogado.
– Superficialmente.
– Que pena – afirmou, desolado. Depois o rosto iluminou-se-lhe. – Jack, seria um homem com muita sorte se a conhecesse bem. Há muito tempo que não via uma mulher tão bonita.

Cerca de 10 minutos mais tarde, os nossos olhos cruzaram-se. Sorrimos à distância, mas não fizemos menção de nos aproximar. Isso só viria a acontecer quando me levantei,

pois o meu advogado desejava partir. Íamos a sair do bar quando ouvi nas minhas costas a inconfundível voz de Alice:
– Jack, vai-se embora sem se despedir de mim?

Virei-me e beijei-lhe a mão, ligeiramente embaraçado, sentindo muitos olhares masculinos pousados nela. Atravessara o bar em passo rápido, e os seus movimentos sensuais tinham sido seguidos com deleite. Apresentei-lhe o meu advogado, dizendo que o ia acompanhar à saída.

– Volte – pediu ela. – Temos muito para conversar. Espero por si ao balcão.

Quando regressei, estava cercada por três homens, que lhe faziam a corte. Ao ver-me, Alice disse-lhes:

– Foi um prazer, meus senhores, mas os negócios estão primeiro. Preciso de falar com este cavalheiro.

Encostei-me ao balcão ao lado dela.

– Negócios?

Riu-se:

– É a única forma de afastar os conquistadores... Bebe alguma coisa?

À sua frente estava um cálice de Porto e pedi um idêntico ao *barman*.

– O que o traz por cá?

Expliquei que viera almoçar com o meu advogado, por causa dos problemas da companhia de navegação: o bloqueio, os *navycerts*.

– A guerra... – murmurou ela. – É estranho. Portugal ficou um país muito mais fascinante com a guerra. Acho que temos de agradecer ao Hitler.

Fiz um sorriso amarelo:

– Agradecer ao Hitler?

Examinou-me com os seus olhos negros e brilhantes. Tinha umas sobrancelhas finas, a cara redonda, uma boca grossa e carnuda. Era impossível não ter pensamentos imorais a olhar para ela.

– Claro. Tudo vibra em Lisboa. O país pasmado do costume já não existe. Pelo menos aqui – disse Alice.

Observámos as pessoas que nos rodeavam, escutando o barulho que faziam. Alice tinha razão. Aquela agitação, em várias línguas, era um sinal de que vivíamos numa época invulgar.

– Pelo menos aqui as pessoas sentem-se seguras – confirmei eu.

Alice suspirou:

– Os seres humanos são como os macacos. Instalam-se sempre onde se sentem seguros.

Curioso, perguntei-lhe:

– É uma estudiosa do comportamento animal?

Pareceu ligeiramente triste e baixou os olhos.

– O meu pai é que era. Estudava os macacos em África. Adormecia-me a falar deles, quando eu era criança. Tenho muitas saudades dele. Morreu quando eu tinha 15 anos, de pneumonia.

Fixou em mim os seus olhos negros:

– Temos um ponto em comum, Jack. A sua mãe. O meu pai. Órfãos.

Foi a minha vez de lhe dar os pêsames. Sorriu, como que para afastar de nós o peso do tema.

– Onde é que íamos? Ah, na segurança. Sabe Jack, não acredito muito na teoria da evolução. O homem veio do macaco, essas coisas.

– Porquê?

– O meu pai costumava dizer que havia uma coisa que o Darwin nunca conseguiu explicar...

Esperei que ela continuasse. Acendeu um dos meus *Gauloises*.

– Sabes, Alice, explicava-me ele, os macacos, os gorilas e os orangotangos têm o pénis muito pequeno. Os homens não. Os homens têm o pénis grande!

A afirmação foi de tal maneira surpreendente que dei uma gargalhada.

– Como é que você sabe? – perguntei.

Ela riu-se, divertida, e contrapôs:

– Como é que eu sei o quê? Que os macacos têm pénis pequenos ou que os homens têm pénis grandes?

– As duas coisas!

Alice retorquiu, a rir:

– Jack, você é tão perverso! Como é que eu sei? Sei porque acredito em tudo o que o meu pai me dizia!

Dei nova gargalhada. Aquela presença de espírito encantava-me. De repente, as palavras saíram-me da boca:

– Alice, acho que estou apaixonado por si.

Lisonjeada, corou um pouco e baixou os olhos. Deu uma passa no cigarro, como que a ganhar coragem.

– Isso é uma coisa em que os homens e os macacos são parecidos. Sabe que eles também se apaixonam? Encontram uma fêmea e ficam junto dela.

Deu um gole no vinho do Porto e continuou:

– Os elefantes não. Os elefantes apenas procriam. Os machos vêm, fazem o serviço e depois partem, vão viver sozinhos. As crias ficam com as mães, e juntam-se a outras, em grupo.

Estaria ela a tentar dizer-me alguma coisa com aquela breve dissertação? Com Alice, havia sempre segundos sentidos nas frases, insinuações, interpretações possíveis. Sorri-lhe:

– A Alice não acredita em mim.

Coquete, Alice encostou a cabeça ao ombro esquerdo.

– Jack, você é sempre assim tão directo com as mulheres?

Era como se, no bar do Hotel Palácio, apinhado de gente a conversar em voz alta, não existisse mais nada para além daqueles olhos, daquele espírito, daquele corpo. Suspirei e levei a mão ao peito:

– Até há umas semanas estava morto por dentro. Agora, só penso em si.

Ela sorriu e disse, sem ponta de ironia:

– Isso é bonito, Jack. Lisonjeia-me.

– Digo a verdade. Do fundo do coração.

– O coração que o guia... – relembrou Alice.

– E que nunca se engana.

Abanou a cabeça, desaprovadora:

– Jack, o coração é traiçoeiro. Ainda há pouco me disse que estava morto por dentro. Só uma mulher pode matar um homem por dentro. O seu coração enganou-se...

Baixei os olhos:

– Foi a guerra. A guerra estraga as pessoas.

Alice deu de novo um pequeno gole no seu vinho do Porto.

– Então, de certa maneira, também culpa Hitler pelo seu sofrimento?

Nem ela sabia o quão correcta era a sua opinião. A guerra, a guerra de Hitler, provocara muitos danos nos meus afectos. Mary, Rita, Carminho. Não queria ir por aí. Optei por um truque:

– O mundo é dos que o conquistam. Não dos que sonham.

Ela levantou o copo, fazendo um brinde:

– Estou impressionada.

Deu uma nova passa no cigarro e depois perguntou:

– Você é de que tipo: dos que conquistam ou dos que sonham?

Com tal deixa, não deixei passar a oportunidade de brilhar:

– Dos que não descendem dos macacos.

Surpreendida, Alice deu uma gargalhada.

– Você diverte-me, Jack. Mas – advertiu –, por favor, não se pavoneie em frente de mim. Não seja banal.

A estocada acertou-me. De repente, tirei-lhe o cigarro da mão e dei uma passa, saboreando-o. Ela observou-me, ligeiramente contrariada. Aquele gesto podia ser considerado uma falta de educação. Devolvi-lhe o cigarro com cuidado, para não a queimar.

– Obrigado.

– Porque fez isso? – perguntou, desconfiada e um pouco agreste.

Disse, com convicção, olhando-a nos olhos:

– Era a única forma de beijar os seus lábios.

Conquistada pelo meu truque, sorriu e deu uma passa no seu cigarro, saboreando-o. Depois, franziu as sobrancelhas e perguntou:

– Jack, porque é que está tão desesperado? Não sabe que as mulheres se assustam se os homens mostrarem um desejo descontrolado?

Encolhi os ombros, como se isso não me importasse.

– Os lugares-comuns são para as pessoas comuns. Não se aplicam aos seres extraordinários.

Alice deu uma curta gargalhada. Depois exclamou:

– Jack, você é, de facto, extraordinário! Vou mesmo ter de aceitar o seu convite.

32

A minha mãe tentou fazer de mim um católico. Na África do Sul e em Sydney, antes da sua morte, levava-me à igreja e à catequese, contava-me episódios do Velho e do Novo Testamento, explicava-me a importância de Moisés e do arrependimento, o mistério das hóstias consagradas, o penoso mas valoroso exemplo de Job. A sua prematura partida terminou abruptamente a minha educação católica. O meu pai era protestante, mas a religião era para ele uma mera formalidade distante, e nunca se preocupou em levar-me à igreja. Deus deixou de ser uma prática e transformou-se numa personagem literária. As histórias religiosas são para mim uma inesgotável fonte de exemplos morais, uma narrativa épica onde podia encontrar lições de vida, mas a fé e os rituais desapareceram da minha vida nessa idade, um pouco como os livros de criança se sumiram, arrumados num qualquer sótão.

Estar aqui, na missa de casamento do meu neto, não me provoca mais do que um vago sentimento de nostalgia. Recordo mal os momentos da cerimónia, as regras que comandam a participação dos fiéis. A minha imaginação vagueia, incapaz de se prender nas palavras do missal que estava pousado no meu lugar. Regresso ao passado, a Roberto e a Cabo Ruivo.

Era noite e estávamos os dois dentro do seu táxi, o carro estacionado próximo de um armazém, a cerca de 300 metros do edifício central. Roberto descobrira um guarda da PSP disponível para nos ajudar.

— O Urbano é boa gente. É da Covilhã, como eu — dissera.

Aparentemente, a origem geográfica era uma garantia de fiabilidade.

— E não suporta os alemães — acrescentara Roberto.

Convencera-me a realizar uma expedição nocturna ao aeroporto. A uma hora menos movimentada, o polícia podia encontrar-se connosco sem ser notado pelos superiores ou pelos agentes da PVDE.

— Aí vem ele — anunciou Roberto.

Um vulto surgiu, encostado à parede do armazém, caminhando lento na escuridão. Aproximou-se, parou junto ao táxi, examinando o horizonte lúgubre e silencioso, e por fim abriu a porta.

— Boa noite — saudou, entrando no carro.

— Boa noite — respondi, e estendi-lhe a mão para o cumprimentar.

Roberto perguntou:

— Então, a Ilda está melhor?

O polícia encolheu os ombros:

— Nem por isso. Queixa-se muito das costas.

Roberto contara-me que a esposa de Urbano era lavadeira em Caneças e sofria das costas, pois passava o dia a carregar trouxas de roupa no cocoruto da cabeça. Podia ser verdade, mas apresentar um queixume destes era um hábito nos portugueses, como se nos dissessem que só se deixavam subornar por um bom motivo, como pagar uma ida ao médico da mulher. Pelo menos, existia uma espécie de dignidade humanística no acto, o que também nos aliviava a consciência.

— E isto por aqui como é que tem andado? — perguntou Roberto.

— Muito movimento. Principalmente os *Clippers*, da PanAm. Muitos a partir para a América — contou o PSP.

A rota Lisboa-Açores-América estava sempre em funcionamento, apesar dos perigos colocados pela aviação nazi, especialmente nos primeiros 100 quilómetros da viagem, próximos da costa portuguesa.

– E o Marrano, anda por aí? – perguntou Roberto.

– Quase todos os dias... – confirmou o polícia. – Estão sempre a vigiar os passageiros. E estão-se nas tintas para nós.

Urbano, dois anos antes, concorrera a um lugar na PVDE, mas fora rejeitado, ficando com um ressentimento permanente contra a polícia secreta de Salazar, que Roberto julgava poder ser explorado.

– O Marrano anda doido – prosseguiu o PSP. – No outro dia perdeu a cabeça com um judeu, um pobre alemão que fugira da Hungria. O desgraçado acabara de chegar num avião, vindo de Casablanca. Mal o viu, o Marrano tirou-lhe o passaporte e levou-o para a sala de interrogatórios.

Abanou a cabeça, em desacordo com o que se passara.

– Deu-lhe um arraial de pancada. Até lhe partiu três dedos numa das mãos. Ouviam-se os gritos do homem cá fora. O Marrano é uma besta.

A ferocidade daquele tenente da PVDE incomodava-me cada vez mais.

– Levou-o para o Aljube. É para onde os levam todos – contou o polícia. – Deixam-nos umas semanas por lá, a apodrecerem, junto com os comunistas e os anarquistas. Se tiverem sorte, um ou dois meses depois são mandados para a Ericeira, com residência fixa. Mas vão cheios de nódoas negras...

– Que canalha – rosnou Roberto. – E ainda por cima, feito com os nazis!

Urbano ficou em silêncio. Era o momento de eu intervir. Perguntei-lhe se assistira aos encontros entre Marrano e o homem do *Mercedes*. Fez um esgar, mas continuou calado. Sabia o que isso significava. Abri a carteira, retirei uma nota de 20 escudos e ofereci-lha.

– Com isso vai poder comprar umas pomadas para a sua esposa.

– Obrigado, senhor, ela anda mesmo mal.

Colocou o dinheiro dentro do bolso das calças e disse:

– O senhor do *Mercedes* chama-se Manfred Kramer. Mas não é o chefe. O chefe veio cá no outro dia, é um tal Schroeder...

O chefe do SD em Lisboa! A operação em Cabo Ruivo devia ser mesmo importante para eles. Perguntei a Urbano se conhecia o esquema das sextas-feiras, a entrega do pacote.

– Mais ou menos. Acho que é correio. É o piloto da Lufthansa que o leva para Berlim, no voo ao final da manhã.

Correio? Eles davam-se a tanto trabalho apenas para enviarem correio da América para Berlim? Sabia que os serviços normais os impediam, mas mesmo assim era um pouco inverosímil que fosse apenas correio.

Urbano descreveu em seguida como funcionava a PVDE em Cabo Ruivo.

– Têm sempre quatro ou cinco agentes por cá – descreveu. – Todos homens do Marrano, excepto um, o Tonel. O Tonel é o homem do Capela.

O tenente Capela era considerado por Michael como um dos poucos chefes de departamento da PVDE em quem os ingleses podiam confiar.

O polícia prosseguiu:

– O Marrano controla tudo: quem chega, quem parte, quem vem só para se despedir ou só para receber os passageiros. Todos os dias mandam uma lista para o capitão Lourenço. Diz-se que o Salazar dá uma vista de olhos à lista sempre que pode.

Não era surpresa: Salazar mantinha um controlo obsessivo sobre a informação recolhida pela PVDE.

– Mas o Marrano também entrega a lista aos alemães. Todas as semanas o Schroeder passa por cá e fecham-se os dois num gabinete...

Acendi um cigarro. Mais um exemplo da intensa colaboração entre a Gestapo e a PVDE.

– Há alguma forma de pôr as mãos no pacote do correio? – perguntei. Urbano olhou-me nos olhos:

– O senhor quer que eu perca o posto?

Tranquilizei-o: Tentava apenas saber se em algum momento o pacote estaria num local de pouca vigilância. Urbano matutou em silêncio uns momentos.

– O piloto faz aquilo contrariado. Vê-se que não gosta do Manfred, mas não pode recusar-se. Não sei... Ele leva o pacote para a sala das tripulações e depois para o avião, uma hora antes de o voo partir. Nós não podemos entrar nos aviões da Lufthansa. Nem nós nem a PVDE.

– E na sala das tripulações? – perguntei.

Urbano fez um esgar, duvidando da possibilidade.

– Há lá sempre gente. O co-piloto, o navegador, o pessoal do aeroporto...

– Consegue-me saber o nome deles?

Informou-me que a tripulação costumava chegar às terças, ficando em Lisboa três noites, e regressando a Berlim na sexta.

– Ficam no Tivoli, quando têm vaga, ou então no Avenida Palace.

Ambos os hotéis eram pró-germânicos.

– O piloto, o que recebe o pacote, é bom tipo – revelou o PSP. – Chama-se Karl John. Nasceu em Hamburgo e não deve gostar muito do Hitler. Nunca alinha nas euforias dos outros, que abrem garrafas de champanhe para festejar as vitórias na frente leste...

De qualquer forma, Urbano considerava que seria disparate abordá-lo.

– É um risco muito grande para ele. Acho que não vai ser fácil pôr as mãos nesses pacotes...

Ao regressar do aeroporto, revi mentalmente os meus progressos. Ficara com uma ideia clara sobre a rede de Cabo Ruivo, a colaboração do tenente Marrano e as atrocidades que este cometia no aeroporto. Nas semanas seguintes, consegui também descobrir que a tipografia da Almirante Reis era propriedade de um alemão, um pequeno empresário que vivia nos Anjos, e que chegara a Lisboa em 1937. Quanto à Pensão Alvorada, foi com entusiasmo que partilhei com Roberto a sua descoberta: era de um cunhado do tenente

Marrano, e era ele o homem que entregava o pacote na tipografia.

O meu neto está a dar o seu sim ao casamento. A noiva é uma rapariga bonita. Tem uma cara redonda e parece-me um pouco gorducha, mas talvez seja o efeito do vestido, dos folhos, do véu. O meu neto diz-me que é de boas famílias, o pai é um cardiologista reputado de Lisboa. Sinto-me orgulhoso pelo Paul e pela rapariga. Acho que ela se chama Teresa. Está corada do calor que faz na igreja e da excitação.

Alice também ficava assim corada, as bochechas vermelhas, os olhos a brilhar, um sorriso iluminando o meu mundo. Mas só ficava assim corada depois do sexo...

33

Quando cheguei ao Aviz, naquela noite de Outubro de 42, esperava um jantar a dois, romântico, numa pequena mesa ao fundo do restaurante. Mas, com Alice, a vida não era previsível. Ao atravessar o tapete fofo da recepção, dei-me conta de que reinava no hotel a agitação própria das grandes noites. Viam-se muitos homens de *smoking*, com charutos acesos nas mãos, de braço dado com mulheres que abanavam leques e exibiam lantejoulas. Os criados circulavam a grande velocidade, com as bandejas repletas de canapés. A quase totalidade dos convidados eram portugueses, e identifiquei banqueiros, industriais e até políticos. Para minha surpresa, distingui as silhuetas do general Silva, da sua esposa, a terrível Guilhermina, e de António e Luís, ambos em farda de gala.

Aquela visão desagradou-me, agravando em mim o sentimento de desilusão. Procurei Alice. Como não a vi, senti-me tentado a ir-me embora. Porque teria sugerido um jantar numa noite daquelas? Dirigi-me ao bar e pedi um *whisky* duplo. Francisco, o habitual *barman*, serviu-me com cortesia, reconhecendo o meu estatuto especial de amigo de Harry.

Procurei manter-me de costas viradas para a sala, estrategicamente colocado num ponto onde a família Silva não me pudesse ver. Assim, só senti a presença de Alice quando ela me tocou no ombro.

– Olá – saudei.

O tom de voz não escondia o desapontamento e beijei a sua mão com formalidade. Rápida a captar o meu mal-estar, Alice disse:
— Jack, devo-lhe uma explicação. Mas parece pouco à-vontade?
— Não contava com uma recepção tão concorrida.
Ela examinou a sala:
— É apenas isso?
— O que mais poderia ser?
Alice respirou fundo:
— Parece que viu alguém que o incomodou.
Junto à porta, um homem observava-me, com desagrado. Era o industrial Fulgêncio Nobre, que uns meses atrás vira com Alice.
— Eu? — perguntei. — Aquele senhor é que parece muito incomodado por eu estar a falar consigo.
Alice olhou na direcção indicada, e vi o industrial fazer um pequeno movimento com a cabeça, indicando que iria sair da sala. Pousou-me a mão no ombro, com o óbvio propósito de me atenuar o desagrado:
— Volto já.
— Pensei que tínhamos combinado jantar juntos.
— E o que o faz pensar que mudei de ideias?
Senti uma ligeira irritação no seu tom de voz quando me disse:
— Respire fundo, Jack. O desespero não lhe fica bem.
Deu meia-volta e atravessou a sala ao encontro de Fulgêncio Nobre. Vi-os desaparecer e, ao regressar à minha posição estratégica, reparei com desagrado que António se aproximava. Cumprimentámo-nos.
— Então, Jack, ainda achas que vais ganhar a guerra? — provocou.
— Vão ficar atolados até ao pescoço em Estalinegrado — afirmei. — Quem tudo quer, tudo perde.
Os olhos dele brilharam e o antigo desejo de polémica só foi sustido porque estávamos em público. Disse secamente:
— Vejo que continuas o mesmo.

– Não vejo razão nenhuma para mudar de ideias.

António mordeu o lábio. Havia algo a perturbá-lo, mais profundo e mais próximo do que a guerra distante.

– De ideias podes não mudar. Mas vais ter de mudar de comportamento.

Fiquei confundido com a declaração.

– De que é que estás a falar?

Sorriu, o desdém estampado na cara:

– Não tens escrúpulos. Não conseguiste com uma, tentas com a outra.

Pisquei os olhos. Continuava sem perceber.

– Não te faças de desentendido, Jack. Sabes bem do que estou a falar. Não te aproximes da Luisinha!

Então era isso! Os Silvas estavam furiosos com as minhas idas mensais ao cinema com a mana mais nova! Apeteceu-me insultá-lo. Mas não era a melhor táctica, nem o local indicado para uma confrontação.

– Por amor de Deus – disse, fingindo-me ofendido. – Não me passa pela cabeça faltar ao respeito à Luisinha! Não ando a fazer-lhe a corte! Limito-me, de quando em quando, a ir ao cinema com ela! Não podem ficar ofendidos com isso!

Olhou-me com frieza.

– O aviso fica feito, Jack.

Virou costas, todo empertigado, e marchou pelo meio da multidão, cruzando-se com Alice, que nesse momento regressava.

– Quem era? – perguntou ela, curiosa.

– Um velho inimigo de outras guerras.

Alice trazia na mão uma taça de champanhe e deu um pequeno gole.

– Uma guerra que deixou feridas? – perguntou.

– Já cicatrizaram.

Ela riu-se com a prontidão da minha resposta.

– No entanto, está de novo morto por entrar em combate.

Acendi um cigarro, dei uma passa, examinando a sala.

– No amor, os homens e as mulheres são como os gatos. Têm sete vidas – pisquei-lhe o olho –, às vezes mais.

Deu uma pequena gargalhada:

– Que presunçoso, Jack. Já sabe que não admiro os pavões.
Revirei os olhos:
– Que tal esquecermos os animais e falarmos de nós?
Lançou nova provocação:
– Não gosta de ver o lado animal das mulheres?
Debrucei-me sobre ela e falei-lhe próximo do ouvido:
– Adoro mulheres que uivam à noite. Como lobas.
Fingiu-se ligeiramente escandalizada, levando a mão ao peito:
– A sério, Jack? E o que faz? Uiva também ou foge com medo delas?
Mantive-me debruçado sobre ela, cheirando o seu perfume:
– Conhece o lobo mau? Sou eu.
Ela abriu muito os olhos.
– Que medo... E logo hoje, que é noite de lua cheia.
Ficámos com as nossas caras muito próximas e não falámos por alguns segundos, conscientes de que havíamos recuperado a química entre nós.
– Tinha-lhe prometido um jantar... – disse Alice.
Respondi com suavidade: o ligeiro ressentimento já me abandonara.
– Parece-me óbvio que não vai poder ser no restaurante. Está tomado de assalto pelos convidados.
Fiquei à espera de um esclarecimento. Os olhos de Alice brilhavam.
– Gosta de D. Dinis? – perguntou.
– O rei?
– Sim, o dos pinhais de Leiria – esclareceu.
Já suspeitava do que ia acontecer. Deu-me o braço e disse:
– Vamos!
Saímos da sala e começámos a subir a escadaria. Explicou-me que o industrial Fulgêncio Nobre tinha uma suíte reservada, que abandonara à pressa devido a afazeres no Porto.
– Perguntou-me se eu queria ficar cá as próximas duas noites. – Sorriu e declarou: – É muito melhor jantar no quarto do que no restaurante.
Duas noites, meu Deus, duas noites. Foi o tempo que passámos juntos, sem sair do quarto. Sempre a amarmo-nos

como animais, racionais e irracionais. Rebolando no chão, no sofá, em cima da mesa, dentro da banheira, no tapete persa, nas cadeiras com motivos dourados, de pé encostados às portas, na cama. Fizemos tanto barulho que os ocupantes do quarto ao lado protestaram, dando pancadas na parede para nos fazer calar. Como não foram bem-sucedidos queixaram-se, e veio um empregado para nos avisar. Dei-lhe uma nota de 20 escudos e ignorámos o seu pedido. Na segunda noite, foi a vez de Harry me telefonar para o quarto e pedir:

– Jack, por favor, cala-me essa mulher, isto é uma vergonha!

Desatei a rir, contagiando Alice e o próprio Harry, que se rendeu:

– Nesse caso, troco os outros de quarto!

Na segunda noite deixaram-nos em paz, amantes violentos, apaixonados até à veia e ao nervo, felizes em cada órgão do corpo, cabeça, coração, pernas, braços, peito, mãos, sexo e pés. Em 85 anos de vida, nunca amei um corpo tão fantástico como o de Alice. Era um vulcão, um tornado, uma tromba-d'água, um tremor de terra, um furacão.

Tive de sair da igreja: estavam os outros a comungar e eu a pensar nestas coisas. Sentei-me num banco, observando os rapazes a rirem e a fumarem. Uns minutos depois, alguém que estava dentro da igreja mandou-os calar, e diminuíram um pouco a algazarra.

Quando as pessoas começaram a sair da missa, vi o meu filho, o pai do Paul. Nos últimos 30 anos falámos muito pouco um com o outro. É um tipo molengão, com maus fígados e nada amigo do trabalho. À medida que ia crescendo, eu ia-me desiludindo com ele, até que praticamente nos deixámos de falar. Com o meu neto Paul foi diferente. Nasceu em 1969, filho de uma aventura do meu filho, e desde cedo nos entendemos bem. É uma ironia do destino que eu tenha amado tanto em Portugal e que aqui regresse, 50 anos depois, por causa do casamento do meu neto com uma portuguesa. Ele não sabe de Mary, de Carminho, de Alice, da

Lisboa onde deixei o meu coração, mas veio encontrar o seu aqui.

Sinto-me contente por ele, e espero que não lhe fuja a felicidade, como me fugiu a mim. Alice e eu fomos imensamente felizes, naqueles dois dias e nos meses que se seguiram. Como qualquer bonita história de amor. Lembro-me do sabor da sua pele, do sabor a sabão, do sabor a hortelã, do sabor a linho dos lençóis, do sabor salgado do suor, do sabor a sexo. Lembro-me de quase não termos falado de nós, como se as biografias não importassem, como se a vida não tivesse mais nenhum propósito a não ser amarmo-nos, descobrir os contornos secretos do nosso sistema nervoso, o ponto onde a pele se arrepiava, onde o músculo se relaxava ou contraía, onde tínhamos cócegas ou tesão, onde éramos mais frágeis, onde nos doía, onde gostávamos de ser massajados ou excitados.

– Adoro que me toques na covinha do umbigo, aqui onde uma gota de água faz uma piscina, vês? – dizia Alice.

E eu sabia, e sei, que fui feliz.

34

É um lugar-comum dizer-se que a realidade se intromete no amor, interrompendo-o, quebrando momentos de felicidade que desejaríamos prolongar até ao infinito. É um lugar-comum, mas não deixa de ser verdade. Comigo e com Alice aconteceu naquela noite de 7 de Novembro de 1942. Estávamos na minha casa da Rua dos Remédios, languidamente deitados sobre a cama. Às onze e meia da noite a campainha da porta começou a berrar, histérica, com sequências de três toques curtos, repetidas até à exaustão. Levantei-me preocupado e vesti o roupão turco, dirigindo-me à janela da sala. Espreitei lá para baixo e vi Michael, muito agitado.

– Desce, pirata – gritou. – Preciso de falar contigo com urgência!

Exigi compreensão, estava de pijama.

– Então deixa-me subir! – exclamou.

Expliquei que estava acompanhado. Ficou surpreendido:
– Com quem?

Pela minha cara percebeu que não lhe iria satisfazer a curiosidade.

– Então, veste-te e vem cá a baixo. Por favor, Jack, é mesmo urgente!

Regressei ao quarto e desculpei-me junto de Alice:
– É um amigo meu. Está muito perturbado. Tenho de descer...

Enquanto me vestia, senti os olhos inquisidores de Alice pousados nas minhas costas. Quando comecei a caminhar para a porta, perguntou:

— Voltas depressa?

Estava linda, o lençol apenas a cobrir-lhe parte de uma perna e o ventre. Os seus longos cabelos negros pousavam sobre os ombros, descendo até ao peito, tapando-lhe um dos seios, enquanto o outro me olhava, redondo e cheio. Amaldiçoei Michael mentalmente.

— Volto já — disse. — Desculpa.

Desci escada abaixo em grande velocidade, saltando os degraus dois a dois, e quando saí para a rua vinha a ofegar. Michael gozou comigo:

— Isso lá em cima está bonito, para vires nesse estado.

Não estava com paciência para as suas piadas. Quando temos uma mulher daquelas à nossa espera, na cama, qualquer coisa que nos atrase se torna irritante. Mesmo um amigo.

— Preciso que venhas comigo! — afirmou.

Protestei. Não aceitava que tivesse vindo estragar-me a noite.

— Jack — olhou-me sério —, é uma ordem.

Porque estaria a puxar pelos galões? Nunca antes me falara assim.

— O que se passa?

Aproximou-se de mim e baixou o tom de voz:

— É segredo, Jack. Neste momento, tropas americanas e inglesas estão a desembarcar no Norte de África.

Estupefacto, nem queria acreditar. Ele murmurou:

— Nome de código: Operação Torch. Um desembarque maciço em vários pontos da costa, desde Marrocos às fronteiras da Tunísia.

Uma onda de euforia invadiu-me. Finalmente as tropas aliadas passavam ao ataque! A guerra ia levar uma volta! O África Korps de Rommel ia ser fechado numa tenaz: o 8.º Exército de Montgomery, vindo do Egipto, as forças da Torch pelo oeste! Estava absolutamente excitado com a notícia. No entanto, não percebia porque é que ele precisava de mim.

— Mas temos de ir a algum lado? — perguntei.

— Sim. O Campbell vai à uma da manhã a São Bento. Vai informar o Salazar do desembarque e temos de ir com ele.

Isto é ultra-secreto e não está ninguém mais na Embaixada. Nem o motorista.

Foi assim que a guerra se intrometeu entre mim e Alice, interrompendo a nossa tórrida noite de amor. O que lhe ia eu dizer?

– Tens até à meia-noite e meia. A essa hora quero-te à porta da Embaixada. Não leves o carro – ordenou Michael.

– E que justificação dou à... – murmurei.

Olhou-me curioso.

– Segredos, Jack? Adoro segredos. Quem é a felizarda? É mulher casada, para tanto cuidado?

– Não sejas parvo. Claro que não. Mas não é simpático chegar lá a cima e dizer que tenho de me ir embora.

Perguntei-lhe as horas. Eram dez para a meia-noite. Michael sorriu, começando a afastar-se:

– Ainda tens tempo para um encosto...

Deu uma gargalhada e começou a correr, gritando:

– Não te atrases, Jack!

Entrei no edifício, enervado, mas ao mesmo tempo orgulhoso de ter sido chamado a intervir numa ocasião tão solene. Subi as escadas depressa, pensando numa desculpa a dar a Alice. Quando entrei no quarto, ofegante, ela continuava deitada na cama, agora virada de barriga para baixo, a cabeça pousada na almofada, os olhos semicerrados. Admirei as suas nádegas, redondas e nuas, que o lençol descobria, e senti a pulsação acelerar. Roguei uma praga silenciosa ao meu amigo e ao espectacular desembarque. Alice rodou a cabeça e perguntou:

– O que foi?

Queria responder-lhe: não foi nada meu amor, estou aqui.

– O pai do meu amigo está doente, mas ele não tem carro para o levar ao hospital. Temos de ir no meu.

Houve uma tensão imediata nela, nos músculos do pescoço e da cara. Mas não protestou. Lentamente, vi o seu maravilhoso corpo rodar, o magnífico rabo a desaparecer-me da vista, e levantou-se da cama.

– Aonde vais? – perguntei.

Não olhou para mim.

– Aonde vou, Jack? Ora – encolheu os ombros –, para casa, claro! Sem ti, não fico aqui a fazer nada.
Tentei convencê-la do contrário e convidei-a a ficar.
– Dorme um pouco. Eu demoro uma hora, no máximo duas – abracei-a carinhosamente. – E depois volto e fazemos amor até de manhã.
Ela suspirou:
– Não me parece boa ideia. Não trouxe roupa para amanhã.
– E vais a esta hora da noite pela rua fora?
– Não te preocupes. Eu chamo um táxi – disse, decidida.
Começou a vestir as ligas, e os seus gestos eram tão sensuais que o meu coração se apertou. Não podia deixá-la partir.
– Se estás zangada prefiro que o digas... – disse –, esse silêncio é muito mais difícil de ouvir.
Parou, a liga por apertar, e virou-se para mim.
– Zangada, Jack? Porque havia de estar zangada?
Sentei-me na cama.
– Porque achas que estou a pôr a amizade à frente do amor.
Alice abanou a cabeça, negando a minha declaração. Os seus seios tremelicaram, quase me provocando uma síncope cardíaca. Ali, seminua, em pé e à minha frente, era uma criação estupenda de Deus.
– Se pensasse assim, era uma mulher sem coração – disse ela. – O que acho é que estás a mentir.
Nunca lhe falara sobre o meu trabalho para o MI6, uma omissão compreensível, mas agora, e pela primeira vez, mentia-lhe e isso colocou entre nós um abismo terrível.
– Lamento que penses isso – disse.
Mostrei-me irritado, como se me ofendesse a sua acusação, a sua manifestação de desconfiança. Saí do quarto. Já a meio do corredor gritei:
– Fecha a porta quando saíres!
Desci de novo as escadas, acreditando na irritação que fabricara, como se a sua ofensa fosse mais grave do que a minha mentira, desonesto comigo e com ela. Encolhi os

ombros quando cheguei à rua: amanhã teríamos tempo para nos reconciliarmos.

À hora combinada, estava à porta da Embaixada.

– Conduzes tu – disse Michael.

Fumámos um cigarro, à espera do embaixador.

– Desculpa o transtorno. Mas não tive alternativa – desculpou-se.

Encolhi os ombros.

– Deu para um encosto? – perguntou.

– Não.

– Pena. E ela ficou lá?

– Não.

– É melhor assim – murmurou.

– Porquê? – perguntei.

Como se tivéssemos pela frente uma operação arriscadíssima, e não um serviço de motorista, respondeu:

– Tens de estar concentrado e não a pensar nela.

Quinze minutos antes da uma da manhã, Campbell apareceu. Fomos até São Bento em silêncio. Julgo que nem reparou que era eu que conduzia. À uma da manhã, o embaixador inglês entrou no palácio.

– Hoje o Salazar não está a dormir – disse eu.

Michael sorriu. Ficámos dentro do carro, lá fora estava muito frio.

– Espero que à vinda ele esteja mais falador – murmurou.

O meu cérebro vibrou, com a semente da desconfiança.

– Michael, andamos a espiar o embaixador?

Deu uma risadinha.

– Não. Andamos a espiar o Salazar...

Uma hora depois, ao ouvir Campbell relatar o encontro na viagem de regresso, compreendi que o MI6 queria saber em primeira mão como Salazar recebera a notícia.

– Está mais aliviado – afirmou o embaixador. – Pensava que queríamos usar os Açores. Mas está preocupado com a Espanha, teme que o Franco reaja mal às notícias e decida ajudar o Hitler.

Era uma das principais preocupações de Salazar: evitar fricções entre a Espanha e os Aliados, não deixar o país vizinho ter motivos para tombar definitivamente para o lado do Eixo.

Deixámos Campbell na Embaixada e despedimo-nos.

– Obrigado – disse Michael.

Regressei a casa sozinho. Quando entrei, vi que as luzes do corredor estavam acesas.

– Alice?

Ninguém me respondeu. A casa estava vazia. Alice partira. Suspirei e encaminhei-me para o quarto. A cama ficara desfeita, o lençol amarrotado, atirado para um canto. Não havia nenhum vestígio de Alice a não ser o seu perfume. Deitei-me, irritado. Trocara-a por um serviço pífio, sem ponta de emoção. E mentira-lhe. O nosso amor nunca mais foi o mesmo depois daquela noite.

35

Os casamentos aborrecem-me. Aquele alvoroço todo, aquele frenesim da juventude, parecem-me uma excitação a despropósito. Nunca fui grande dançarino, e quando o *rock* chegou ao mundo já tinha mais de 45 anos, a minha época de danças já passara. Para mais, aqui no Palácio de Seteais, não conheço praticamente ninguém. Passei o jantar a observar as raparigas que enchiam a sala. No meu tempo, o país escondia as suas belas pérolas. Quem se exibia, como Alice, pagava um preço. A sua sofisticação, o seu andar atrevido, os seus modos sensuais, eram malvistos pela sociedade lisboeta. Alice adorava decotes, em especial aqueles que lhe libertavam os ombros, essa terra prometida das mulheres. Ora, ombros à mostra eram sinal de devassidão em Lisboa, enquanto Salazar dormia. Os homens olhavam-na com gula e as mulheres reprovavam-na, catalogando-a como um ser a evitar. Essa pressão social chegou a condicionar-me. Lembro-me que uma noite, próxima do Natal de 42, jantávamos os dois no Aviz, chamei-lhe a atenção para o facto de ter os seios quase a transbordar para cima da mesa, um reparo que, em vez de soar como um galanteio de um cavalheiro, soou como o instinto proprietário e castrador de um marido.

– Jack, vais-te transformar num sapo? – perguntou Alice.
– Num sapo?

— Às vezes, os príncipes encantados sofrem maldições e transformam-se em sapos. Espero que não seja o teu caso.

Desde a noite em que a abandonara em minha casa que sentia nela ressentimento. Não fora o abandono que a desiludira, mas sim a certeza da minha mentira. Abrira-se entre nós uma distância, uma brecha pequena, mas real, onde crescia a erva daninha da desconfiança.

— Achas que te envergonho? — perguntou.

Pousei os talheres. Não desejava discutir com ela, mas senti-me na necessidade de me justificar.

— Não. Mas tu sabes como são as pessoas. Vão logo comentar que pareces uma «valdevina».

— E pareço-te? — disparou.

Estava à procura de confronto. Sempre suspeitara de que ela tinha a raiva congelada no frigorífico, mas que um dia a poderia libertar com a mesma naturalidade com que soltava o humor.

— Estava a falar nos outros, não em mim — expliquei.

Beberricou o vinho branco, pousou o copo e disse:

— Não me interessa a opinião dos outros, só me interessa a tua.

Não a queria zangada e pensei numa frase que lhe agradasse. Contudo, nesse preciso momento aproximou-se da nossa mesa um empregado.

— Senhor Jack, está um senhor na recepção com uma mensagem urgente.

Alice desviou os olhos, irritada. Levantei-me e dirigi-me até lá. Era Roberto, e queria que eu fosse com ele a Cabo Ruivo.

— O Urbano diz que hoje à noite vai haver muita actividade. O Marrano e os seus homens vão lá estar.

— O Marrano? A esta hora? — perguntei.

Roberto considerava essencial a nossa imediata partida. Expliquei-lhe que jantava com uma pessoa, que não a podia deixar ali desamparada no hotel. Ficou espantado.

— Senhor Jack, não quer descobrir a marosca do Marrano?

Roberto não me estava a contar tudo.

— Que marosca?

O taxista segredou-me ao ouvido:

– O Marrano anda a roubar as bagagens dos passageiros. Malas, sacos, encomendas. Anda a meter a unha... Para ele, percebe?

Se conseguíssemos provas disso, ficaríamos com um poderoso argumento contra ele. Os meus instintos vingativos despertaram, numa tentação irresistível. Porém, Alice esperava-me à mesa. Um segundo abandono intempestivo poderia revelar-se quase fatal.

Regressei ao restaurante, à procura de uma patranha credível. No entanto, o sentimento de culpa que transportava dissolveu-se ao deparar-se-me um inesperado cenário: sentado no meu lugar, à mesa com Alice, estava o industrial Fulgêncio Nobre! Caminhei para a mesa como um autómato, sem saber o que dizer. Mal me viu, o homem levantou-se.

– Peço desculpa, sentei-me no seu lugar. – Estendeu-me a mão, apresentando-se. – Fulgêncio Nobre.

Fiquei de tal forma irritado que disse de imediato:

– Por favor, deixe-se ficar sentado. É melhor tomar o meu lugar. Infelizmente vou ter de sair. Surgiu um problema complicado...

A fúria passou pelos olhos de Alice, mas recompôs-se quase instantaneamente, e perguntou, com uma ironia gelada:

– É o pai do teu amigo outra vez?

Sorri:

– É. Não está nada bem.

Alice retribuiu o meu sorriso e murmurou:

– Pobre homem.

Acho que ela se referia a mim.

– Tenho a certeza de que ficas bem acompanhada – disse eu.

Beijei-lhe a mão enquanto ela me respondia:

– Ai isso fico. O engenheiro Fulgêncio faz-me companhia.

Acertou-me em cheio no coração e saí do restaurante doido de ciúmes. Era-me insuportável a ideia de Alice dormir com outro homem. No entanto, a culpa era minha: mentira-lhe e abandonara-a, desta vez em público, desertando do campo de batalha na presença do rival. Só me podia queixar de mim próprio.

Roberto sentiu a minha fúria e não falou durante 10 minutos, mas passado esse tempo não se conteve. Olhou pelo retrovisor:

– Senhor Jack, somos amigos, não somos?
– Claro, Roberto.

Coçou a cabeça:

– Não leve a mal, mas aquela mulher com quem estava a jantar...

Pôs os olhos na estrada. Os faróis cortavam a escuridão.

– É mulher de muito homem. O senhor sabe disso, não sabe?

Suspirei:

– Roberto, não vou casar com ela.
– Compreendo – sorriu. – É um passatempo. Como as palavras cruzadas?
– Mais ou menos.

Era mentira. Estava apaixonado por Alice e desejava--a como nunca desejara uma mulher. Acendi um cigarro. O mundo dizia-me que me afastasse dela. Harry, Michael, até Roberto me aconselhavam a não me afeiçoar a ela, mas estava cego e surdo. Queria Alice. No entanto, abandonara--a duas vezes. Seriam apenas as circunstâncias da guerra, ou era a minha natureza, a minha complexa forma de amar as mulheres, desejando-as, mas, ao mesmo tempo, fugindo delas?

Roberto interrompeu os meus pensamentos:

– Sabe, uma noite vi-a com o jugoslavo, o Popov. Lembra--se dele? Não foi o único com quem a vi.

Desfiou os nomes de um banqueiro, um industrial de sapataria, um embaixador do Ministério dos Negócios Estrangeiros, para além de Fulgêncio Nobre.

– Já a vi em vários hotéis. No Tivoli, no Palácio, até no Avenida Palace.

Nada disto me era estranho: a vida de Alice sempre fora animada. Mesmo depois de começarmos a dormir juntos, não colocaria as mãos no fogo pela sua fidelidade.

– Muita vida... – resmungou Roberto.

Estávamos a chegar. A cerca de um quilómetro do aeroporto de Cabo Ruivo, Roberto parou o carro na berma de um caminho secundário, atrás de umas árvores. Dali, podíamos ver os contornos dos hangares e de algumas aeronaves. Dois ou três candeeiros iluminavam o edifício principal. Para a direita, ficavam os armazéns, cujas carcaças se distinguiam no escuro.

Atravessámos um descampado, tomando um carreiro que ia dar aos armazéns. A uns 30 metros existia uma lixeira, de onde emanava um horrível cheiro a esgoto. Prosseguimos, de dedo no nariz, até chegarmos próximo dos edifícios, onde Urbano nos esperava. Calados, aproximámo-nos da pista, encostados à fachada de um dos armazéns. Devido à escuridão tropeçámos várias vezes em bocados de madeira ou de ferro, e cheguei mesmo a enrolar o pé numa mangueira abandonada.

Ao chegarmos próximo do edifício principal, uma ténue luz começou a iluminar-nos. Urbano estava nervoso, gesticulando de cada vez que colocávamos os pés no chão, como se nos fosse possível evitar o som dos nossos passos no saibro.

Ouvimos os primeiros rumores de vozes e, através de uma janela, distinguimos focos de luz difusos dentro do edifício, provavelmente originados pelo movimento de lanternas. Encostámo-nos os três à parede, e Urbano fez-me sinal para eu espreitar pela janela. Aproximei o rosto do vidro: lá dentro, três lanternas iluminavam, com intermitências, dezenas de malas, caixotes, sacos, amontoados próximos uns dos outros.

Um dos homens investigava o interior de uma mala, retirando objectos para um saco branco. Marrano estava de pé, percorrendo com a lanterna a sala, como se procurasse alguma coisa. Aproximou-se de um grupo de caixotes e com a lanterna verificou a sua proveniência. Depois, examinou os sacos de viagem e vislumbrei um sorriso na sua cara quando levou a mão a um deles e o retirou do molho. Era um pequeno saco castanho, talvez com meio metro de comprimento.

Marrano disse qualquer coisa aos outros homens. Aparentemente, estava terminado o serviço, pois eles começaram a fechar as malas, colocando uma ou outra coisa dentro dos seus sacos. Depois, aproximaram-se da porta e apagaram as lanternas. Vi-os sair, as suas caras iluminadas pela luz da sala principal do aeroporto. O assalto dessa noite estava terminado.

Regressámos silenciosos ao local onde Urbano esperara por nós.

– Há quanto tempo dura isto? – perguntei, quase num murmúrio.

O PSP fez um esgar.

– Não sei bem. Há queixas há meses... Judeus que alegam terem sido roubados, refugiados que perdem as malas que no dia anterior aqui deixaram. Devem fazer isto uma vez por semana. Como são eles que revistam as bagagens dos passageiros à chegada, conseguem topar o que tem valor. Então, arranjam maneira de as coisas ficarem retidas uns dias, com uma desculpa qualquer, que têm de fazer um inventário dos bens, por exemplo, e deitam-lhes a unha.

– São só estes três? – perguntei.

Urbano confirmou:

– Julgo que sim. Os outros não devem estar envolvidos na marosca.

Preocupado, o PSP lembrou que não podia ser testemunha.

– Esteja descansado – disse eu. – A gente trata disto.

Despedimo-nos de Urbano e atravessámos o descampado de regresso ao carro. Porém, a meio do caminho, ouvimos um grito:

– Quem anda aí?

Um feixe de luz sobrevoou as nossas cabeças. A lanterna de um dos PVDE percorria o descampado. Curvámo-nos, ouvindo um novo grito:

– Marrano, anda ali gente!

Senti a adrenalina a disparar. Deitámo-nos no chão. Os homens deviam estar cerca de 100 metros atrás de nós, mas tinham as lanternas. Roberto tocou-me num braço, e começou a rastejar, saindo do carreiro e enfiando-se na terra coberta apenas pelas ervas daninhas. Segui-o, enquanto ouvia as vozes excitadas dos PVDE a aproximarem-se. Cerca de 15 metros à nossa frente estava a lixeira, cujo cheiro nauseabundo começou a entrar-nos nas narinas. Rastejámos na sua direcção.

Um dos homens aproximava-se, a corta-mato. Estava um pouco para a nossa direita, iluminando o terreno com a lanterna e cortando-nos o caminho para o táxi. O chão começou a ficar cheio de detritos e rastejar tornou-se quase impossível. Parámos: latas, bidões, sacos de comida, madeiras, ferros, lamas, plásticos, misturavam-se à nossa frente. Não era apenas o cheiro insuportável que nos impedia, a própria natureza caótica da lixeira tornava um perigo qualquer avanço. Porém, não tínhamos alternativa. A luz da lanterna estava agora apenas a 20 metros de nós. Avançámos para a lixeira, evitando colocar as mãos no chão, pisando com cuidado a porcaria, para não nos ferirmos. Dez metros à frente, atirámo-nos para o chão, procurando mergulhar no lixo lentamente, sem provocar movimentos bruscos nos detritos. Cortei-me numa lata, e senti a minha perna molhar-se com um líquido malcheiroso, que espirrou para cima de mim. Atabalhoadamente, cobri-me com sacos e tapei a cabeça com um jornal empapado. No momento em que as lanternas começaram a percorrer a lixeira, Roberto estava a dois ou três metros de mim, mas não o conseguia ver.

Ouvi os homens praguejarem, iluminando os detritos, tentando descobrir movimento. A repugnância impedia-os de se aventurarem naquele amontoado nojento, por isso contornaram o local sempre a apontar as luzes, durante 20 minutos. Depois desistiram e voltaram ao aeroporto.

36

– Da próxima vez, tens de levar a minha faca.

Michael volteou a sua faca *Randall* no ar, como se ela fosse uma espada que esgrimia contra um inimigo imaginário. Não ficara agradado com a batida a Cabo Ruivo.

– Foi imprudente, Jack – classificou.

– Assim descobri o ponto fraco do Marrano – justifiquei.

Michael sorriu:

– Parece-me que se trata de um ódio pessoal.

Admiti que tinha razão, mas acrescentei:

– O Marrano está feito com os alemães, faz parte da rede! Além de ser um filho da puta, que persegue os judeus e rouba as bagagens dos refugiados!

A ponta da faca tocou no seu dedo indicador da mão esquerda e disse:

– Se fizer apenas um pouco de pressão, sai logo sangue...

O orgulho que o meu amigo tinha naquela faca! Usava-a como ponteiro, pesa-papéis, batuta musical. Gostava de raspá-la nos braços e na palma das mãos, passando a lâmina um milímetro acima da pele e dos músculos.

– Temos um amigo novo na PVDE – informou. – Chama-se Capela. É tenente e comanda os serviços centrais.

– Talvez devêssemos mandar-lhe um relatório com os abusos do Marrano. A PVDE devia saber que ele anda a roubar no aeroporto!

Michael levou a faca à boca e beijou a lâmina.

– Cada coisa a seu tempo. Não estamos ao ataque. O importante, por agora, é recolher informações.

Quis saber se eu fizera progressos na alfândega, com o Sr. Oliveira.

– Alguns nomes, nada de muito entusiasmante – resumi.

Pressentiu o meu desconsolo. Debruçou-se para a frente, pousando o cotovelo direito na secretária, e usou a *Randall* como se ela fosse uma extensão do seu dedo indicador, apontando-a na minha direcção:

– Jack, o Marrano e os tipos que vão buscar o correio ao piloto da barra estão feitos com o SD, do Schroeder. Neutralizar o Marrano vai fragilizar a rede do SD. Ora, fragilizar o SD dá força à Abwehr, coisa que não queremos. A Abwehr provoca-nos mais danos, pois são eles que passam informações aos submarinos. São as redes da Abwehr que temos de destruir, não as do SD. Percebes, Jack?

Não respondi.

– Por mais que isso te irrite – prosseguiu –, são essas as ordens.

Mantive-me em silêncio. Michael murmurou:

– Além disso, um dos homens que estão em Cabo Ruivo, o Tonel, é do grupo do Capela. Tenho a certeza de que eles sabem o que se passa. Quando chegar a hora, o Marrano...

Levou a faca à altura da garganta, na horizontal, e passou a lâmina da esquerda para a direita, imitando uma degolação.

– Não temos de nos meter nessas guerras dentro da PVDE – concluiu.

Michael era um profissional do MI6: compreendia os jogos políticos dentro das instituições, as maquinações, os truques e as lutas entre as diferentes facções. Pela minha parte, nada disso me interessava.

– Já ouviste falar de «DragonFly»? – perguntou ele.

Ouvira rumores: era um espião duplo que actuava em Lisboa, e teria bons contactos nas embaixadas alemã, italiana e espanhola.

– É um dos melhores. Fino como um alho – comentou Michael. – Disse-nos que há uma célula alemã muito activa no Algarve. Temos nomes de industriais, armadores e pescadores. Suspeitamos de que têm vários postos de rádio ao longo da costa, mas ainda não sabemos onde.

Levantou-se e deu uns passos pela sala.

– Jack, quero que vás até lá. Fala com o Portman, tentem saber mais coisas. O Algarve é essencial, pois é onde os nossos navios passam mais próximo da costa, e onde os alemães os podem atingir mais depressa. Temos de atacar essas redes.

Mais uma vez, o meu trabalho colocava-se entre mim e Alice, dificultando uma reconciliação.

– Queres que eu parta já? – perguntei. – O mais depressa que puderes. Amanhã ou depois – respondeu.

Colocou a *Randall* dentro do coldre e entregou-me o conjunto:

– Leva-a, podes precisar.

Regressei ao Aviz à procura de Alice. Sentia no meu coração a força irracional do ciúme, mas evitei que tomasse conta de mim. No bar, encontrei Harry a ouvir a BBC, com a cadela *terrier* a seus pés.

– Isto está melhor – informou, depois de me dar um abraço. – Estalinegrado está a ferro e fogo, as tropas dos nazis estão a levar uma coça dos russos!

Perguntei-lhe por Alice. Fez uma careta reprovadora.

– Jack, vejo que não seguiste o meu conselho.

Seria uma maldição: sempre que me apaixonava por uma mulher, os meus amigos aconselhavam-me a afastar-me dela? Com Mary e agora com Alice, as palavras eram semelhantes. E a minha resposta também: ignorara os conselhos no passado e ignorava no presente.

– Preciso de falar com ela. Vou passar uns dias ao Algarve – disse.

Harry fez uma festa com o pé na sua cadela *terrier*.

– Está lá em cima. Na suíte D. Pedro – informou e sorriu –, um rei de amor e morte. Espero que não chegues a tanto.

Toquei no bolso do casaco:

– Por acaso, trago aqui a faca do Michael.

Ergueu as sobrancelhas, preocupado.

– Ela está acompanhada? – perguntei.

– Não, graças a Deus – respondeu –, mas talvez não devesses subir.
– Porquê?
Harry abanou a cabeça. Senti-o dividido entre os deveres de proprietário, que lhe exigiam manter a reserva dos hóspedes, e a sua lealdade a um amigo, o que o predispunha a aconselhar-me. Venceu a lealdade.
– Esta manhã, quando os criados foram limpar o quarto, descobriram pedaços de nozes no chão...
Senti uma onda de raiva a subir por mim acima.
– Jack – disse Harry –, larga essa mulher.
Deixei-o a fazer festas à cadela e subi as escadas furioso, disposto a terminar o meu relacionamento com Alice. Bati à porta da suíte D. Pedro, e a sua voz convidou-me a entrar. Estava deitada no sofá, coberta apenas por um roupão turco. Deveria ter acabado de tomar um banho quente, pois tinha o cabelo húmido e as faces rosadas. Ficou surpreendida:
– Jack, o que fazes aqui?
Fechei com suavidade a porta do quarto e dei dois passos na sua direcção. Reparei nos seus olhos inquisidores, a tentarem adivinhar os meus motivos, mas também nos contornos do seu irresistível corpo realçados pelo roupão. De repente, senti a raiva acalmar.
– Alice, porque fizeste isto?
Momentaneamente envergonhada, ficou calada.
– Pensei que nós... Que ias ser diferente – disse.
Um lampejo subiu-lhe aos olhos e enfrentou-me:
– Diferente? Diferente em quê?
Respirei fundo, tentando controlar-me.
– Quem é este homem? O que é que ele significa para ti? – perguntei. – Porque dormes com ele?
Alice levantou-se bruscamente, entreabrindo o roupão, mostrando uma das pernas quase até à coxa. Engoli em seco. Mesmo irritado, sentia um absoluto desejo de a agarrar e de a possuir.
– Não tens o direito de falar assim comigo! – gritou. – Não és meu marido, não mandas em mim! Foste tu que me abandonaste, não fui eu!

Olhei para ela, furioso:
— Eu abandonei-te, mas não te troquei por outra mulher! Não fui a correr meter-me na cama com outra!
— Ah, é isso que tu pensas?
— E é possível acreditar no contrário? — Apontei para ela.
— Olha para ti, tomaste banho no quarto dele! É isto que queres da vida?
Alice deu uma gargalhada:
— O que sabes tu da minha vida?
Cerrei os dentes:
— Sei que dormes com muitos homens por dinheiro.
Podia ver a ira nos seus olhos.
— Cobrei-te algum?
Respirei com dificuldade:
— Porquê, Alice?
Ela aproximou-se um passo de mim:
— Jack, só porque estou aqui, nesta suíte, isso quer dizer que dormi com outro homem?
Abanei a cabeça, incrédulo:
— Vais-me tentar convencer que não?
Irritada, Alice deu dois passos na direcção da mesa, pegou num maço de cigarros e tirou de lá um, enquanto dizia:
— Jack, não tenho de te dar satisfações! A minha vida é a minha vida.
Respirei fundo, e penteei o cabelo. Não sabia o que fazer às minhas mãos. Tanto me apetecia abraçá-la, como...
— Tens razão. Não tenho nada a ver contigo. Como pude eu pensar o contrário?
Dei meia-volta e avancei para a porta. Alice gritou:
— Espera, Jack!
Abri a porta, virei-me para trás e disse, com desprezo:
— Devia ter-me lembrado de que só os pombos acasalam para a vida!
Saí porta fora, fechando-a nas minhas costas, e ia a meio do corredor quando ouvi a porta abrir-se e Alice a chamar por mim. Não olhei para trás. Continuei até às escadas e desci-as, dois degraus em cada passada, quase a correr.

– Avô? Avô?
Estaria eu a dormir em pleno casamento do meu neto? Ou estava apenas longe? Como regressado de um sonho, habituei-me aos sons do local, e a imagem do meu neto Paul, com a sua noiva de branco pelo braço, surgiu na minha frente.
– Avô, está a gostar da festa? – perguntou.
Estava. Estava a gostar muito desta torrente de memórias que me invadira desde que chegara a Lisboa.
– Sim, Paul, claro – respondi.

37

Durante os quatro meses seguintes não voltei a ver Alice. Mesmo que tivéssemos desejado um reencontro, não teria sido fácil ele acontecer. Estive mais de um mês no Algarve, só regressando a Lisboa a meio de Fevereiro. Umas semanas depois, soube por Harry que ela fora para o Porto, e deduzi que o teria feito na companhia de Fulgêncio, o que só solidificou a minha forte determinação em esquecê-la.

Este longo período de afastamento coincidiu com uma época determinante. Em Fevereiro de 1943, as tropas nazis foram finalmente derrotadas em Estalinegrado, numa das mais horríveis batalhas da Segunda Guerra Mundial. Von Paulus, a quem Hitler nomeara marechal, exigindo-lhe uma luta até à morte, rendeu-se. Cercados, fustigados por dois exércitos soviéticos, os alemães sofreram um rude golpe. A tentativa de conquista da União Soviética terminou, e a partir dessa data os nazis começaram a recuar, perdendo os territórios que haviam ocupado em 41 e 42. O recuo só terminaria em 1945, quando os russos entraram em Berlim, mas foi em Estalinegrado que o descalabro começou.

Quase ao mesmo tempo, em El-Alamein, no Norte de África, o Afrika Korps foi também derrotado. Rommel, adoentado, fugiu para a Alemanha, e as suas tropas entregaram-se. E no Pacífico, embora mais devagar, os americanos estavam a conseguir fazer recuar os japoneses.

No final do primeiro trimestre de 1943, o curso da guerra mudou, e o Eixo passava a estar à defesa. Era inevitável que tal alteração produzisse efeitos em Portugal. Os portugueses partidários dos alemães começaram a sentir o que nós, ingleses, havíamos sentido em 41: o chão a tremer-lhes debaixo dos pés. A maravilhosa, a extraordinária máquina de guerra alemã sofrera dois profundos rombos.

Contudo, a propaganda germânica, com habilidade, tentou ainda aproveitar a situação. Regressaram os cabeçalhos sobre os «horríveis comunistas» e o «perigo vermelho», sendo a Alemanha descrita como a defensora da civilização ocidental contra os avanços dos soviéticos!

Como seria de esperar, o regime de Salazar farejou o perigo. Numa situação de equilíbrio militar entre o Eixo e os Aliados, era mais fácil manter a neutralidade. Com as mudanças na guerra, emergiam como possíveis vencedores os russos, os americanos e os ingleses, cujos regimes eram perigosos para Salazar. Além disso, a pressão dos Aliados agudizou-se, exigindo-lhe que terminasse a exportação de volfrâmio para a Alemanha e que cedesse, nos Açores, a utilização das Lajes.

Campbell radicalizou a estratégia: era preciso denunciar o maior número possível de redes alemãs. A informação secreta era uma arma política destinada a pressionar o presidente do Conselho. Começámos a espremer tudo o que tínhamos. Contudo, uma coisa é ter informação sobre o funcionamento das redes, os seus cabecilhas ou peões. Outra, bem diferente, é ter capacidade para as denunciar sem expormos os nossos próprios informadores. Não podia revelar as minhas fontes, o Sr. Oliveira, da Alfândega, ou o polícia Urbano, em Cabo Ruivo, e muito menos Roberto e a rede de táxis. Por isso, o avanço era lento, as denúncias precisavam de ser blindadas, e o nosso trabalho incluía uma dose importante de constante frustração.

– Para mais – disse-me um dia Michael, algures no início de Março –, não podemos tramar os nossos duplos.

Tossiu, estava de novo constipado.

– O «DragonFly» está a fazer um bom trabalho, mas a coisa ainda não pode ser levada ao forno, senão ele queima-se.

Eu também queria muito denunciar Marrano, mas Michael continha-me:

– Calma, Jack, há que saber esperar.

O que ele desejava era atacar no Algarve.

– O «DragonFly» anda por lá agora, vamos ver se conseguimos juntar as informações dele às tuas – dizia-me.

Estou a olhar para o bolo dos noivos, que Paul e a rapariga vão cortar. No seu topo estão dois bonecos, talvez de plástico, imitando um casal numa boda. Ao vê-los lembrei-me de Carminho. Foi nesse dia, enquanto falávamos de «DragonFly», no escritório da Rua da Emenda, que me chegou a notícia da sua morte. Foi Luisinha quem me telefonou.

A última vez que falara com Luisinha fora na véspera do Natal de 42, mais de três meses antes. Prometi que iria ao cinema com ela em breve. Parecera-me amuada comigo, e julgo que a sua apurada sensibilidade captara uma alteração nos meus sentimentos.

– O Jack está diferente – queixou-se. – Já não me liga nenhuma. Parece que não tem saudades de mim. Que azar que eu tive de o Jack ter namorado a minha irmã...

Apaixonado como estava por Alice, o comentário entrou-me por um ouvido e saiu-me pelo outro. Faltei à promessa de ir ao cinema, e não voltei a falar com ela até ao dia em que me telefonou, chorando.

Não estava preparado para a notícia. Nunca mais pensara em Carminho. Um ano depois do fim do nosso noivado, era uma recordação distante, e a ferida no orgulho que ela representara diluíra-se com rapidez. Por vezes tinha dificuldade em acreditar que aquilo se passara comigo, que estivera disposto a casar com ela.

E agora, abruptamente, Luisinha comunicava-me a sua morte.

– Pneumonia – acrescentou. – Ela já estava mal há dois meses. Piorou muito nas últimas semanas.

Por mais que a nossa história tivesse terminado mal, nunca esperara um desfecho destes. Sabia da sua frágil saúde, mas sempre julguei existir um certo exagero familiar rodeando as suas debilidades. A sua morte era a prova inexorável de que eu e Luisinha estávamos enganados, e invadiu-nos um estranho sentimento de culpa, que castigava o meu cinismo e a impaciência fraternal de Luisinha. Ouvi-a chorar ao telefone. Sabia que era genuína a sua dor e procurei confortá-la.

Não julguei conveniente ir a casa, mas compareci no velório na manhã seguinte. Na Basílica da Estrela, o que mais me custou foi abraçar o general. Estava abatido, amputado da sua habitual boa disposição, as olheiras cavadas, os olhos encarnados. A seu lado, D. Guilhermina transmitia uma imagem de insensibilidade, não se lhe notando na face nenhum sofrimento. Um dragão não sofre, lembro-me bem de ter pensado.

Cumprimentei os irmãos, António e Luís, que me receberam com frieza. Para minha surpresa, Eduardo deu-me um abraço, soltando um gemido e um soluço. Dei-lhe umas palmadas nas costas, como fazem os homens aos amigos, e não deixei de notar a ironia do destino que era ter em comum com aquele homem o facto de ambos nunca termos chegado a casar com Carminho.

Afastei-me para o fundo da capela e por ali fiquei. Quando se aproximaram as onze horas, notei um alvoroço no longo corredor que conduzia às casas mortuárias da Basílica, e vi aparecer um grupo de homens, acompanhados de alguns polícias.

Foi a única vez que vi Salazar. Passou a dois metros de mim, de casaco cinzento, costas direitas, olhar penetrante e semblante naturalmente carregado. Ao entrar na capela, em frente ao caixão, ajoelhou por momentos e benzeu-se. Depois cumprimentou a família. Primeiro o dragão, depois Luisinha. Em seguida abraçou com força o general, seu amigo. Cumprimentou por fim os dois irmãos e Eduardo, antes de recuar, até ficar a cerca de cinco metros de mim, do lado oposto da capela, onde permaneceu em silenciosa meditação durante alguns minutos. Ao fim desse tempo, o general saiu do seu lugar junto ao caixão, aproximou-se dele, e saíram ambos para o corredor, onde os vi a conversar, até que Salazar o abraçou mais uma vez, antes de abandonar a igreja. Nunca mais voltei a vê-lo tão próximo de mim.

38

Em meados de Abril de 43, o actor americano Leslie Howard, depois de passar uns dias em Portugal, dirigiu-se ao aeroporto de Cabo Ruivo, para apanhar o avião com destino a Londres. Um dos passageiros que embarcaram no mesmo voo chamou a atenção da PVDE, pois era careca, de estatura forte e cara abolachada, parecido com Churchill, o primeiro-ministro inglês. Não se tratava de uma impossibilidade absoluta. No início do ano, Churchill viajara até Casablanca para a célebre cimeira com Roosevelt, e os serviços secretos alemães viviam obcecados com a ideia de que ele podia sobrevoar a Europa a qualquer hora.

O PVDE de serviço em Cabo Ruivo telefonou ao seu chefe, o tenente Marrano, e recebeu ordens para passar a informação aos alemães. De uma forma assaz incompetente, o segundo telefonema do PVDE foi realizado à frente de Urbano e de um outro PSP, e teve como destinatário um elemento dos SD de Schroeder. Convencidos pela insistência do homem de Marrano, os nazis decidiram actuar, já o avião partira de Lisboa. Uma mensagem foi enviada para Berlim, de onde partiu uma ordem para uma base aérea alemã no Sul de França. As duas mensagens foram interceptadas pelo MI6, mas não foi possível reagir a tempo.

O avião que transportava o actor Leslie Howard e um passageiro parecido com Churchill foi abatido pelos *Messerschmit* nazis junto ao golfo da Biscaia, e todos os seus ocupantes morreram. O caso chocou a opinião mundial, pois não se tratava de um avião militar.

No dia seguinte, Michael entrou no gabinete entusiasmado:

– Chegou a tua hora, Jack!

Contou-me o sucedido e acrescentou:

– Isto foi obra dos teus «amigos» em Cabo Ruivo!

Duas horas mais tarde, Roberto e eu estávamos junto ao armazém do aeroporto, ao lado de Urbano.

– Eu e o meu colega ouvimos tudo... – relatou.

A existência de uma segunda testemunha dos telefonemas era um bónus com que não contávamos. Assim, já os podíamos denunciar sem expor Urbano. Escrevi um relatório sobre o caso, explicando a cadeia de acontecimentos que levara ao abate do avião. Descrevi também o funcionamento da rede do SD, desde o Ferraz até ao aeroporto, passando pela Pensão Alvorada e pela tipografia, e realcei a colaboração prestada pela PVDE. Para minha surpresa, Michael pediu-me para não identificar o piloto da Lufthansa, Karl John.

– O tipo não é do SD, é da Abwehr.

Deu-me carta branca para denunciar o tenente Marrano, e escrevi um segundo relatório sobre as ligações dele a Schroeder, incluindo as constantes queixas de maus tratos dos judeus que chegavam a Portugal. Como cereja em cima do bolo, denunciei as graves suspeitas de ser ele o autor dos constantes assaltos aos depósitos de bagagens do aeroporto de Cabo Ruivo. Michael comentou a minha prosa:

– A vingança dá sempre muito gozo.

Os relatórios foram entregues ao embaixador Campbell, que pediu para executar ligeiras correcções na linguagem, pois considerava-a um pouco excessiva. Aguardámos o seu encontro seguinte com Salazar. Confrontado com as evidências, Salazar prometeu agir, e umas semanas mais tarde abrimos uma garrafa de champanhe na Rua da Emenda, festejando o afastamento de Marrano da PVDE.

– O homem pediu a demissão em vez de enfrentar as acusações! O Capela diz que ele não tinha alternativa – contou Michael.

O meu ódio de estimação fora finalmente eliminado. Contudo, não me sentia ainda satisfeito:

– Mas não o prendem? Torturou, espiou, roubou! Devia ser metido no Aljube, para ver como sofreram os que mandou para lá!

Michael riu-se da minha indignação:

– Estás pior do que uma barata, Jack Gil!

– O tipo é um crápula e nem sequer vai a tribunal? – indignei-me.

Relembrou-me as complexidades da situação em Portugal:

– Não temos de nos meter. O que a PVDE faz aos seus é com eles. O que interessa é que ele foi removido, e o SD levou uma amolgadela valente.

Era verdade. Até à data ainda não conseguíramos uma vitória tão relevante. Finalmente provocávamos estragos nas redes nazis, ao ponto de o barão Huene, o embaixador da Alemanha, ter protestado com veemência junto de Salazar.

– Porque poupámos o piloto da Lufthansa? – perguntei.
– Há uns tempos querias atacar a Abwehr, agora queres poupá-los?

– A seu tempo trataremos dele. Já falta pouco, mas ainda não estamos preparados para atacar os manhosos da Abwehr.

Abriu os braços e disse, bem-disposto:

– Hoje é dia de celebrar! Jantamos no Hotel Palácio, bebemos um belo vinho e depois vamos ao Casino!

Apesar das restrições, ainda era possível conseguir gasogénio para o *Citroën*, e não me faltava dinheiro para uma boa patuscada. A situação da minha companhia de navegação não era famosa, por causa do bloqueio inglês, mas o meu pai enviava-me regularmente fundos da América. Dizia que a economia estava florescente daquele lado do Atlântico e eu não duvidava. O meu pai tinha um talento natural para o negócio e uma ausência total de escrúpulos. Uma vez, um pouco antes de a guerra começar, exclamara:

– Jack, Deus queira que haja guerra! A guerra é óptima para os negócios.

Não herdei nem os seus dons de negociante, nem a sua ausência de preocupações morais. Como era inteligente e organizado, conseguia manter as coisas em funcionamento em Lisboa. No entanto, sei bem que foi a fortuna dele que me proporcionou uma boa vida.

O meu filho consegue ser bem pior do que eu. Foi um apagado empregado, entre o medíocre e o sofrível, e reformou-se cedo. Já o meu neto Paul promete. Os genes do meu pai degradaram-se durante duas gerações, mas ressuscitaram nele. Trabalha num banco, em opções e futuros, coisas de que não percebo patavina, mas em quatro anos já foi promovido duas vezes e ganha uma fortuna obscena para um rapaz da sua idade. Vai longe, tenho a certeza.

O seu casamento é que nunca mais acaba. Os jovens continuam a dançar em desvario e já passa das três da manhã. Sento-me num sofá, numa sala vazia do Hotel de Seteais. Podia ir-me embora, tenho lá fora o motorista à espera, mas não quero desiludir o Paul.

Naquela noite, no Casino do Estoril, voltei a ver Alice. Estava deslumbrante, num vestido *bordeaux*, o que levou Michael a comentar:

– Olha quem é ela, o monumento!

Vinha de braço dado com um homem alto e magro, de nariz adunco e óculos, que não correspondia ao perfil habitual dos seus acompanhantes. Parecia um funcionário de uma repartição de Finanças, um manga-de-alpaca qualquer, sem talento ou fortuna. Inseguro no ambiente festivo do Casino, era um corpo estranho e submisso ao lado de Alice.

Michael quis jogar na roleta, sentia-se com sorte naquela noite, e desapareceu. Não consegui conter a vontade de me aproximar dela. Atravessei a sala e passei distraidamente próximo da mesa onde se sentara, como se não a tivesse visto.

O peixe mordeu o isco. Momentos mais tarde, Alice veio ter comigo ao bar.

— É bom ver-te, Jack — disse, dando-me um beijo na cara.

Sorri, contente por o meu estratagema ter funcionado. Se Michael estava com sorte à roleta, talvez eu estivesse com sorte ao amor.

— Estás linda.

— Senti saudades tuas — disse ela, corando um pouco.

— Eu também.

— Estás sozinho? — perguntou.

— Estou. E tu?

Sorriu:

— Até há pouco estava acompanhada.

Abanei a cabeça, fingindo não entender:

— Não percebo que tipo de homem te deixa sozinha.

Alice ficou subitamente séria.

— Então porque é que me deixaste?

Baixei os olhos, culpado. Estava na altura de admitir que falhara.

— Foi um erro. Duplo.

— Duplo? — disse ela, franzindo a testa com uma leve preocupação.

— Fui um traste das duas vezes. Abandonei-te. Não tenho perdão...

Alice olhou-me longamente e senti um ligeiro alívio nela. Depois penteou o meu cabelo, arranjando-me a franja com a mão e disse:

— Eu sei perdoar. E tu, sabes?

Enchi o peito de ar, como que a ganhar lastro.

— O ciúme é uma coisa irracional.

— Eu sei — assentiu ela. — Mas talvez não existam razões para teres ciúmes. Naquela noite, não dormi com o Fulgêncio. Não digo que no passado não o tenha feito, mas desde que estou contigo nunca mais dormi com ele.

Percorri a sala com os olhos. Tinha-a visto de roupão, na suíte dele.

— Compreendo que te seja difícil acreditar. A minha fama não ajuda — declarou Alice. Lembrei-me das nozes espalhadas pelo chão.

– Mas, Jack, é mais fama do que proveito.
– Sabes o que se diz de ti? – perguntei.
– O quê?
– Que apanhas nozes com a boca, de joelhos, nua...
Alice deu uma gargalhada. Não ficou surpreendida nem chocada.
– O que te incomoda? – perguntou. – Saberes das histórias ou nunca me teres visto a comer as nozes nua?
Era o diabo em pessoa.
– Farias isso para mim? – perguntei.
Deu nova gargalhada. Depois, bruscamente, aproximou a sua cara da minha e deu-me um beijo profundo. Senti os seus lábios quentes, a sua boca molhada, a sua língua à procura da minha. Soube-me muito bem. Quando acabámos, Alice deu-me um pequeno murro no peito e disse:
– Faço tudo o que tu me peças, parvo.
– Hoje? – perguntei. Encostou a sua boca à minha orelha:
– Hoje e sempre.
– Tudo?
– Absolutamente tudo. Sou tua.
Saímos do Casino de mãos dadas e aos beijos. Lembrei-me de que trazia sempre comigo a chave de casa do meu pai, no Estoril, e fomos para lá. Mal entrámos, Alice perguntou onde ficava a despensa. Era uma pequena divisão ao lado da cozinha. Abri a porta e verifiquei que estava praticamente vazia.
– Nada. Nem nozes, nem uvas, nada – disse, desolado.
– Pêssegos em calda? – perguntou Alice.
Procurei, virando as latas que estavam numa das prateleiras.
– Não. Atum?
– Não!! Com atum não!!! – riu-se ela.
– Sardinhas?
– Que horror, Jack, nem pensar!!!
Continuei a virar latas:
– Nada de jeito...
De repente, Alice deu um gritinho:
– Jack, olha!

Virei-me. Na prateleira oposta à que eu investigara, junto com caixas de garrafas de vinho, estava uma pequena lata, que Alice agarrou.
– Amêndoas de Páscoa! – gritou.
Beijou-me na boca com sofreguidão e disse:
– Ainda é melhor do que nozes!

Nessa noite, vi uma actuação ao vivo da devoradora de amêndoas. Foi inesquecível, mas infelizmente não é a única coisa de que me lembro dessa noite. Depois do amor falámos de guerra e, à medida que conversávamos ia-me dando conta de que os seus sentimentos políticos não eram bem idênticos aos meus. Nunca tínhamos falado de guerra antes, pouco nos interessava, tal era a festa dos corpos. Mas nessa noite aconteceu e foi desastroso...
Alice queixou-se da situação económica em Portugal.
– As coisas estão a ficar más. Há cada vez mais racionamentos e menos artigos nas lojas.
Olhou para mim:
– Acho que o teu país tem alguma culpa, por causa do bloqueio. Assim não chega cá nada.
– Não fomos nós que começámos a guerra – relembrei.
– Eu sei. Mas agora as coisas são diferentes. Os russos estão a ganhar.
Depois, proferiu uma frase que me estragou a noite:
– Espero que os alemães consigam parar os comunistas.
Aquilo indignou-me:
– Alice, eles são nazis! Já destruíram metade da Europa. Não posso acreditar que queiras que eles ganhem a guerra!
Ficou em silêncio, a olhar para mim. Depois franziu a testa:
– Mas, Jack, prefiro os fascistas aos comunistas!
Os comunistas eram sempre o pavor de muitos portugueses, mas nunca pensei ficar tão desiludido ao ouvi-la dizer aquilo.
– Alice, Hitler é um monstro! – gritei.
Ela deitou-se para trás na cama, amuada.
– Não precisas de gritar comigo.

Olhei para ela.
– Não acredito que gostes dele!! – exclamei.
Ela esperou um pouco antes de voltar a falar.
– Jack, eu percebo: tu és inglês, são os teus compatriotas que estão a morrer. Mas nem toda a gente pensa como tu. Em Portugal, há quem goste do Hitler e principalmente do Mussolini. Até se diz que Salazar tem a fotografia dele à secretária! O Fulgêncio, por exemplo, acha que...

Aquela referência foi demais para mim. O ciúme voltou a atacar-me com violência. Levantei-me da cama furioso:
– Não te quero ouvir falar nesse nome! Nunca mais, ouviste? – gritei.

Ela ficou boquiaberta, a olhar para mim.
– A partir de hoje, ou ele ou eu! Não há mais industriais e estadias no Aviz! Ouviste? Ou acabas com isso, ou nunca mais te quero ver!

Alice não era mulher a quem se fizessem este tipo de ultimatos. Levantou-se de imediato da cama, aproximou-se da cadeira e começou a vestir-se, furiosa mas em silêncio.
– Onde pensas que vais? – gritei-lhe.

Virou-se de repente e explodiu:
– Vou-me embora! Não admito que me fales assim! Ninguém fala assim comigo!

Avancei para ela e agarrei-lhe o braço. Ela afastou-me. As coisas descontrolaram-se um pouco e dei-lhe uma estalada. Ela atirou-me com um sapato, que me acertou na cabeça. Ficámos os dois a arfar, ambos magoados, furiosos um com o outro. A guerra estragara-me mais uma noite.

39

– Avô, não quer vir dançar um bocado?
O meu neto está a suar e deve ter ido refrescar-se à casa de banho, pois tem o cabelo molhado. Os seus olhos brilham de contentamento.
– Não, Paul. Já não tenho idade para isso.
Ele tenta falar mais calmamente. Parece um carro a reduzir, como se travasse o seu entusiasmo, ou metesse uma mudança abaixo.
– Se quiser pode ir andando, avô. Não vou levar a mal. O seu motorista está lá fora, não está?
– Sim, Paul. Mas não tenho pressa. – Sorri bem-disposto, debruça-se e dá-me um abraço.
– Ainda bem que pôde vir.
Reconheço que foi uma boa ideia, e pouco depois ele afasta-se, contagiado pela música, com pressa de voltar para junto da sua mulher. Ela continua a dançar sem parar na pista, rodeada de amigos.

– Apanhámo-lo, Jack! – anunciou Michael.
– A quem? – perguntei.
– «DragonFly»... – murmurou.
– «DragonFly?» – repeti, sem compreender.
Deu uma gargalhada:
– O gajo do Algarve, Jack! Apanhámos o gajo do Algarve!

Impulsionados pela vitória em Cabo Ruivo, estávamos ao ataque em todas as frentes, tentando destruir ou denunciar o maior número possível de redes alemãs, e com isso pressionar Salazar. Na minha anterior visita ao Algarve, acompanhado por Portman, ficara surpreendido com a extensão das redes da Abwehr. Iam desde Vila Real de Santo António a Sagres, passando por Faro, Portimão e Lagos. Firmas de conservas de sardinhas, gerentes bancários, pilotos da barra, pescadores, comerciantes de amêndoas ou alfarrobas, conseguira referenciar a maioria deles.

No entanto, faltava o mais importante: descobrir o agente que lhes enviava as mensagens mais correctas sobre as rotas e as horas de passagem, perto do Algarve, dos comboios de navios ingleses que iam e vinham de Gibraltar. Sabíamos que existia e que dispunha de informações extremamente precisas, pois os aviões alemães apareciam com a regularidade de um relógio suíço.

Através do Ultra, o sistema inglês que decifrava as mensagens secretas dos alemães, conseguíamos captar as ordens que eram dadas à base francesa de Bordéus-Marignac, de onde saíam os *Condores* nazis, para executarem os seus raides aéreos. Essas informações só podiam vir do seu homem no terreno, por isso era imperioso descobri-lo. Contudo, até àquele dia de Junho não o conseguíramos.

– O «DragonFly» descobriu-o.

O nosso espião duplo, contou Michael, descobrira que o informador alemão era o chefe do farol do cabo de São Vicente!

– Faz sentido – disse eu, entusiasmado.

– Claro, Jack! O tipo, lá no alto do farol, tem uma visibilidade de dezenas de quilómetros! Vê os comboios aparecerem ao longe, seja os que vão para Lisboa, seja os que vão para Gibraltar, e comunica para a Embaixada!

Excitados, decidimos partir para o Algarve imediatamente.

– Vamos para Sagres! – gritou Michael. – Quem é que temos lá perto?

Consultei a minha lista:

– Temos um casal em Aljezur, os Rice. Têm uma propriedade perto da costa. Mas acho que é um pouco longe.
– Em Sagres não temos ninguém?
– Sim. Temos um armador, o Leopoldo. É boa gente.

Dois dias mais tarde, chegámos a Sagres, e apresentámo-nos na quintinha de Leopoldo. Era um homem afável, de pele queimada pelo sol e pelo iodo do mar. Gostava dos ingleses e dizia que não se importava se a filha Rosa casasse com um deles. Instalou-nos de imediato em sua casa, e para o jantar preparou-nos um fabuloso robalo assado.

– Foi pescado há bocado – anunciou Leopoldo, orgulhoso.

A sua mulher, D. Luísa, uma senhora gordita e muito faladora, serviu-nos vinho branco gelado e assou também umas batatas e uns pimentos. Gastronomicamente, aqueles dias que passámos em Sagres foram dos melhores da minha vida. Os almoços e jantares eram opíparos. Num dia mexilhões, no outro perceves, à tarde amêijoas, à noite lamejinhas, pargo assado, dourada cozida, robalos e robalinhos. Fomos tratados como uns verdadeiros príncipes.

– Vou-me casar com a Rosa e ficar aqui para o resto da vida – dizia um satisfeito Michael, à noite, antes de se ir deitar.

Infelizmente para ele, a Rosa só tinha olhos para mim. Roliça, sorridente, corava de cada vez que falava com o velho Jack Gil, o que muito enervava o meu amigo Michael, que rosnava entre dentes:

– Pirata, estás a dar cabo do meu futuro casamento.

Rosa estragava-me com mimos: perguntava se desejava o leite frio ou quente para o pequeno-almoço, se gostava das batatas cozidas com pele ou descascadas, se precisava de mais um cobertor para a cama, à noite, coisas desse tipo. Ainda combalido da minha zanga com Alice, não lhe fazia a corte e limitava-me a ser bem-educado com ela.

Passados uns dias, Michael rendeu-se:

– Decidi que já não vou viver aqui. A Rosa não me quer para marido!

Fez esta declaração à mesa, em frente dos pais e da própria, que a tomaram por brincadeira. Mas, no fundo da sua alma endurecida, havia nele uma fantasia que Sagres alimentava. Como se uma parte dele desejasse viver num local idílico semelhante, casado com uma rapariga coradinha e saudável, num pequeno mundo tranquilo e feliz.

Contudo, não estávamos em Sagres para comer, beber e ser felizes. Quando os repastos terminavam, dirigíamo-nos para um casão agrícola, nas traseiras da casa, e planeávamos a forma de anular o faroleiro.

O homem vivia no farol com a mulher e dois filhos pequenitos. Depois de rejeitar várias hipóteses, aprovámos a sugestão de Leopoldo: subornar o ajudante do faroleiro.

– É um rapaz dos seus 25 anos, aqui de Sagres. Vive com muitas dificuldades. O pai era pescador, mas morreu há dois anos. A mãe está acamada, e o rapaz tem de a alimentar a ela e aos três irmãos.

Leopoldo «trabalhou» então o ajudante do faroleiro, e ao fim de dois dias conseguiu seduzi-lo com uma oferta monetária tentadora. Nessa noite, no barracão, descreveu-nos a situação:

– O faroleiro tem o rádio instalado num pequeno armazém. Normalmente só comunica com os alemães nos dias em que passam comboios. Cada comunicação costuma demorar meia hora.

Do alto da torre do farol, o homem via os navios de dia ou de noite, pois observava uma enorme área marítima. A solidão do seu trabalho dava-lhe tempo para registar o número de barcos e as suas características.

– O rapaz diz que ele tem um caderno onde aponta tudo – continuou Leopoldo. – Desenha os barcos de mercadorias e os de guerra, e estima as tonelagens. Pode passar o dia inteiro lá em cima a vigiá-los e só desce para almoçar ou jantar.

Michael recordou que não tínhamos muito tempo:

– Hoje é dia seis. No dia nove, logo pela manhã, ele vai ver o comboio que vem de Gibraltar. É provável que esteja bom tempo e pode contar os barcos.

Deu uma passa no seu cigarro:

– É a comunicação dessa noite que temos de impedir.

Levantei-me, entusiasmado pelo *whisky* que já bebera:

– Temos de o eliminar!
– Queres matá-lo? – perguntou Michael, muito sério.

Cerrei os dentes e olhei para o coldre da *Randall*, que estava pousado em cima da mesa, ao lado da garrafa de *whisky* vazia.

– Michael, este tipo é responsável por centenas de mortos e de navios afundados! Com a ajuda dele, os nazis massacram-nos!

Perante a minha raiva, o meu amigo sentiu-se na obrigação de a moderar:

– Jack, ele é um funcionário público português. Não podemos chegar lá e cortar-lhe a garganta! Se fizermos isso, a polícia vai investigar o crime e mais tarde ou mais cedo vem ter aqui.

Leopoldo concordou:

– Tem razão. Mais importante do que matar o gajo é calar o rádio.

Sentei-me, vencido. A guerra secreta não era ganha com assassínios impetuosos. Era preciso ser mais sofisticado.

– Como é que conseguimos lá entrar? – perguntei.

Leopoldo retirou uma caneta do casaco e abriu um pequeno bloco.

– Conheço bem o farol. Desenhou a planta do edifício, as suas várias áreas.

Aqui é a torre – indicou. – Por baixo fica a casa, e o rapaz diz que é aqui – apontou – que está o rádio, numa espécie de armazém.

– Se ele faz a sua transmissão depois do jantar, por volta das dez, temos de inutilizar o rádio antes dessa hora – lembrou Michael.

Leopoldo franziu a boca:

– Não temos muito tempo. Só é noite às nove e meia. É mais ou menos a essa hora que ele desce para jantar – acrescentou –, o que nos deixa muito pouco tempo para entrarmos no armazém sem sermos vistos.

Examinámos o tosco desenho. O farol era uma espécie de pequeno fortim, apenas com um portão, um pátio no centro, com a casa, o armazém e a torre a darem para esse pátio.

— Não há nenhuma janela do armazém para o exterior? – perguntei.

Havia um pequeno óculo, explicou Leopoldo, impossível de aceder, pois era demasiado alto e demasiado pequeno para ser atravessado por um corpo. Ficámos algum tempo a reflectir. Depois, suspirei e disse:

— Para grandes males, grandes remédios. Vamos mesmo ter de entrar pelo portão, arrombar a porta do armazém e inutilizar o rádio.

Leopoldo e Michael acenaram com a cabeça, concordando. Nesse momento, ouvimos bater à porta. Levantei-me e fui abrir. Era Rosa, que corou ao ver-me. Perguntou se desejávamos mais alguma coisa. Olhei para Leopoldo e para Michael. O meu amigo tocou na garrafa de *whisky*.

— Vamos querer mais uma – informou o pai da rapariga.

Atencioso com ela, Michael disse:

— Rosa, escusas de cá voltar. Jack, vai com ela e traz tu a garrafa.

40

Rosa e eu atravessámos o pátio em silêncio, a caminho da cozinha. Quando estávamos a chegar, antes de abrir a porta, ela perguntou:

– O senhor Jack tem a certeza de que não precisa de mais nada?

Protestei:

– Rosa, por favor, não me chames senhor Jack! Não sou um homem casado!

Deu uma curta risada e parou à porta. A luz proveniente da janela da cozinha iluminava-lhe suavemente o rosto. Tinha de admitir que era uma moça gira.

– Por acaso pensei que fosse casado – disse. – Ou que tivesse noiva.

Sorri:

– Não, Rosa. Nem uma coisa nem outra. E tu?

Baixou os olhos, envergonhada:

– Estou como o senhor...

– Não há por cá nenhum rapaz que te agrade?

Piscou os olhos e voltou a corar.

– Por acaso até há. Mas não me liga muito...

Fingindo-me zangado, indignei-me:

– Que grande palerma que esse tipo me saiu! Uma rapariga tão bonita como tu e ele não se interessa! Pode lá ser!

Rosa tinha as faces cada vez mais rosadas. Tenho a certeza de que, se colocasse a minha mão no seu rosto, ficaria imediatamente quente.

– O Jack está a falar a sério, acha-me mesmo bonita?
De repente percebi que, quando há pouco dissera que lhe agradava alguém, se referia a mim. Encantou-me a sua inocência e não resisti a prolongar o galanteio.
– Rosa, claro que te acho bonita.
Toquei com os dedos na sua cara, com ternura, e confirmei que fervia. Estremeceu e as narinas revelaram o descontrolo que se apoderou da sua respiração. O peito subiu e desceu várias vezes, arfando, e ela piscou os olhos, engolindo em seco. Depois disse, muito depressa:
– Tenho de ir lá dentro buscar a garrafa de *whisky*.
Fiquei à espera e lembrei-me de Alice. Estava de novo muito zangado com ela. As agressões entre nós representavam uma enorme degradação e um descontrolo dos sentidos. Não tínhamos futuro, estava convencido disso. Tal como sempre me haviam avisado os meus amigos, ela não era mulher em quem pudesse confiar, sempre com os seus estranhos amigos. E ainda por cima tinha simpatia pelos nazis. Isso revoltava-me e fortalecia a minha certeza de que não a desejava ver de novo.
Dois minutos depois, Rosa voltou, com a garrafa de *whisky* na mão.
– Aqui está.
– Obrigado, Rosa. Boa noite. Dorme bem e bons sonhos.
Ao longo da vida cheguei à conclusão de que são as mulheres que escolhem os homens. Ao mostrarem a sua disponibilidade, convidam-nos a entrar nas suas vidas. Se um homem desejar uma mulher, mas ela não o desejar de volta, ele tem poucas hipóteses. Mas, quando é a mulher a desejar, é raro o homem que resiste. Se Rosa se tivesse despedido sem dizer mais nada, eu não teria insistido com ela e ter-me-ia comportado como um cavalheiro. Mas não foi isso que aconteceu.

– É melhor sonhar ou realizar os sonhos? – perguntou Rosa.
Fiquei à espera de que continuasse, incentivando-a com o olhar.

– Sozinha, vou sonhar, mas não vou conseguir dormir – acrescentou.

Fiz-lhe uma pequena festa na bochecha corada e quente. Desta vez, Rosa encostou a cabeça à minha mão.

– Não quero só sonhar – disse ela. Pegou na minha mão, levou-a à boca e beijou-a.

– O Jack tem as mãos muito quentes.

Aproximei-me e beijei-a na boca. A princípio não resistiu, mas uns segundos depois deu um passinho para trás.

– Aqui não! Podemos ser vistos. É melhor ir, senão eles vão estranhar.

Com os olhos a brilhar, disse-me:

– Quando se for deitar, toque na minha janela. É aquela.

Apontou o local e depois deu-me um novo beijo. Fiquei com o seu sabor na boca.

– Promete? – perguntou.

– Prometo.

Sem olhar para trás, Rosa entrou na cozinha e fechou a porta. Regressei para junto dos outros levando a garrafa. Ficámos mais de uma hora a rever os nossos planos, a determinar quem fazia o quê. Leopoldo não podia ser visto, e, portanto, teria de ficar no carro, a uma distância considerável do farol. Michael e eu entraríamos no pequeno fortim, cabendo ao meu amigo a função de vigiar as saídas da casa, e de ajudar-me a arrombar a porta do armazém. Quanto a mim, teria de entrar lá dentro e inutilizar o rádio.

– Achas que consegues? – perguntou Michael.

– Claro – respondi com convicção. – O mais difícil não é inutilizar o rádio. O mais difícil é entrar e sair sem sermos vistos.

Abanaram os dois a cabeça, de acordo comigo. Ficámos uns segundos calados, aborrecidos por não podermos ir lá naquela noite.

– Não penses muito no que tens de fazer – sugeriu Michael. – Quanto mais pensares mais nervoso ficas.

Prometi que assim faria, mas quando voltámos para a casa declarei que precisava de desentorpecer as pernas, pois há muito tempo que estávamos sentados. Michael ergueu as sobrancelhas, como que a recordar-me do que me dissera, mas não insistiu. Ele e Leopoldo entraram. Acendi um cigarro e passeei durante quinze minutos, às voltas à casa, até que as luzes do quarto de Michael se apagaram.

Aproximei-me então da janela de Rosa. Não havia nenhuma luz acesa e bati levemente no vidro. Quase de imediato uma mão desviou a cortina e a rapariga confirmou que era eu. Abriu a janela e vi que estava vestida. Colocou o rabo em cima do parapeito e passou as pernas por cima dele, dando depois um pequeno salto para o chão. O seu movimento demonstrou tal destreza que por momentos fiquei convencido de que não era a primeira vez que o executava.

Abraçou-me e deu-me um beijo na boca, procurando a minha língua com desejo. Depois declarou:

– Estive o tempo todo a sonhar com o Jack.

Deu-me a mão e conduziu-me de regresso ao casão agrícola. Já lá dentro, acendeu uma vela, que colocou numa redoma de vidro. A seguir, pegou na garrafa de *whisky*, despejou um pouco para um copo e bebeu. Não tossiu, nem se engasgou. Pareceu-me habituada ao sabor e aos efeitos.

– Sabe bem – disse, a rir – e dá boas ideias!

Ri-me e abracei-a. Passei-lhe as mãos pelas costas e depois desci para as suas pernas. Puxou as saias para cima, de imediato, e afaguei-lhe as coxas musculadas de campónia, as ancas e o rabo. Senti-a estremecer e a sua língua entrou mais fundo na minha boca. Desabotoei-lhe a camisa e soltei o seu peito, beijando-o enquanto ela gemia baixinho.

Despimo-nos e deitámo-nos numa esteira estendida no chão. Rosa revelou-se atrevida e enérgica nas artes do amor. Quando o prazer a invadiu, começou a querer gritar, e senti que se descontrolava quando entrei dentro dela. Não desejava ver o pai ou mesmo Michael entrarem pelo casão, descobrindo-nos naqueles exercícios, e ao dar-me conta de que ela não retinha os gritos enrolei a manga da minha camisa e coloquei-a na sua boca.

– Schiuu – sussurrei-lhe –, acalma-te, cabrita, senão o teu pai ouve-nos.

Estava muito agitada. Cuspiu a camisa e gritou:
– Não, não, deixa-me gritar, ó meu Deus...
Voltei a pegar na manga da camisa, enrodilhando-a como um trapo, e procurei metê-la de novo na sua boca, abafando os seus gritos. Mas Rosa resistia, abanando a cabeça de um lado para o outro muito depressa, como se estivesse possuída pelo demónio. Cravou as unhas nas minhas costas:
– Ó meu Deus, deixa-me gritar, não posso mais!!!
Porque será que as mulheres gritam por Deus nestas alturas? Não podia deixá-la gritar, mas ela parecia incapaz de se conter, por isso decidi sair de dentro dela.
– Ó Jack não, isso não! – protestou.
Pousei as mãos no chão, elevei o meu corpo um pouco e ordenei:
– Vira-te!
– O quê? – perguntou.
– Cala-te e vira-te! Repeti a ordem, cerrando os dentes:
– Vira-te, cabrita.
Percebeu o que eu desejava, e virou-se rapidamente, ficando de barriga para baixo sobre a esteira. Deitei-me em cima dela, o meu peso impedindo que ela se movesse, e voltei a meter-lhe na boca a manga enrolada da camisa, obrigando-a a ferrar o pano com os dentes.
– Assim já não gritas – disse.
Possuí-a por trás, a minha mão direita obrigando o seu pescoço a permanecer em baixo, a cara contra a esteira, para que não pudesse cuspir o trapo. Rosa deixou de gritar e apenas conseguiu libertar roncos e gemidos. À medida que ia crescendo dentro dela, vendo-a assim dominada, tive a sensação estranha de me estar a vingar de Alice, de estar a dominar outra mulher porque não a conseguira dominar a ela.

– Avô, avô!
O grito de Paul devolveu-me à realidade de Seteais e de imediato percebi que havia algo de errado. O meu neto estava pálido e agitado.
– O que se passa, rapaz?

Esperava tudo menos aquilo. É uma situação tão improvável na noite do próprio casamento que ninguém a imagina. Paul descreveu-me o acidente: a sua noiva subira para uma das colunas sonoras – uma espécie de cubo preto com cerca de um metro de altura – e ao saltar caíra mal.

– Ó diabo – disse eu –, que grande azar!

– Está com o tornozelo que parece uma melancia! – descreveu, desconsolado. – Lembrei-me de pedir ao seu motorista que nos levasse ao hospital, mas o avô tem de vir também!

– Claro, meu rapaz, vamos. O importante é que ela vá depressa!

Pobre Paul: quase no fim, a sua festa estragara-se.

41

Na viagem entre Seteais e o Amadora-Sintra (acho que é assim que se chama o hospital), fomos acompanhados por um cortejo de carros, atafulhados de amigas, tias e primas da noiva. É uma das coisas encantadoras nos portugueses, levam a família com eles para todo o lado, até para o hospital. Não gosto de hospitais, fazem-me pensar na minha própria morte, o que é deprimente para quem tem 85 anos. Por isso, o motorista levou-me ao Hotel da Lapa, onde adormeci mal caí na cama.

Por volta da uma da tarde de domingo, recebi um telefonema do Paul. A noiva tinha o tornozelo partido, iria ficar pelo menos dois dias de perna levantada, numa enfermaria colectiva, com horários restritos de visita.

– Posso ir almoçar consigo, avô. Vai-se embora amanhã, não é?

Informei-o da minha mudança de planos. Iria prolongar a minha estadia em Portugal até ao final da semana.

– Sabes, Paul, tem sido bom recordar os tempos que cá passei...

O meu neto é muito curioso, e sempre gostou de ouvir as histórias que eu lhe contara sobre a minha vida no Portugal da Segunda Guerra Mundial.

– E porque é que não me conta mais umas aventuras? – perguntou, acrescentando: – Sempre me distraio e não fico deprimido, a pensar que perdi uma viagem bestial às Maldivas.

O tornozelo partido da mulher arruinara-lhe a lua-de-
-mel. Combinámos que viria jantar comigo ao hotel. Decidi
iniciar as narrativas com a história do faroleiro do cabo de
São Vicente, mas sem referências às duas noites passadas a
fornicar com Rosa no casão agrícola. Não era capaz de des-
crevê-las ao meu neto. Tenho um certo pudor nestas coisas.
Por outro lado, Rosa foi um episódio curto: nunca mais a
voltei a ver e ela também não sofreu com isso. Era mais
vivida do que a princípio pensara e, ao contrário de Michael,
não alimentei expectativas. Os rebolanços em cima da
esteira não eram mais do que a satisfação de um desejo car-
nal daquela mulher simples e de pés bem assentes na terra.
Quando, ao fim da tarde do dia 9 de Julho nos despedimos,
fez-me prometer que, caso voltasse a Sagres, a visitaria.

Quando o meu neto chegou, não lhe revelei a nostalgia
que nos invadiu, a mim e a Michael, quando nos despedimos dela e da mãe, deixando para sempre aquela casa onde
nos tínhamos sentido tão bem.

Sentámo-nos à mesa e expliquei a Paul o contexto: as
redes da Abwehr, a importância do faroleiro, a nossa determinação em silenciar aquele perigoso aparelho de transmissão.

A cerca de um quilómetro do farol, junto às últimas casas,
estacionei o *Citroën* numa pequena ruela secundária, e Leopoldo fez o mesmo ao seu carro. Permanecemos dentro
deles, esperando que a noite chegasse, e só nos metemos a
caminho do farol por volta das nove e um quarto.

Não havia luar e o lusco-fusco protegia-nos. Contornámos o pequeno fortim em silêncio. A cerca de 30 metros
do portão, Leopoldo escondeu-se atrás de uns rochedos,
enquan-to nós avançámos, verificando que o portão estava
entreaberto. Sabíamos que o homem só o fechava antes de
se deitar e, encostados à fachada do edifício, percorremos
os metros que faltavam. Quando Michael espreitou para o
pátio, ouvimos um cão ladrar. Ficámos os dois petrifica-
dos. O ajudante do faroleiro não nos falara na existência
de um cão!

– Merda – disse Michael –, o cão vai alertar o homem.

No nosso campo de visão, não conseguíamos descobrir o bicho. Não estava no pátio, deveria estar ou dentro de casa, ou atrás de uma das fachadas da torre. Continuava a ladrar. Não devia ser um cão muito grande, mas era aguerrido, protestando contra a nossa presença.

– Se não apareceu, é porque está preso – disse eu.

Michael concordou. Nesse momento, ouvimos a voz de um homem.

– *Mondego,* cala-te! Raça de cão, sempre a ladrar aos morcegos!

Olhámos de imediato para o céu. Estávamos tão concentrados que nem sentíramos os morcegos. Atraídos pelas luzes do pátio, esvoaçavam no ar, sobre as nossas cabeças. Michael sorriu, contente. Olhei para o relógio: faltavam 15 minutos para as 10.

– Não tínhamos muito tempo. O homem costumava iniciar a transmissão a essa hora.

– E então, arriscaram? – perguntou Paul.

Sorri:

– Era o que íamos fazer. Mas não tivemos sorte. Por alguma razão, o homem decidiu antecipar a transmissão e, no preciso momento em que íamos a entrar no portão, ouvimos a porta do edifício principal abrir-se e o faroleiro saiu para o pátio!

Tivemos de recuar para ele não nos ver. Já no pátio, deu uns passos para a esquerda e gritou:

– Calado, *Mondego*!

O cão reduziu o tom do seu protesto. Satisfeito por ter sido obedecido pelo animal, o homem dirigiu-se ao armazém. Quando chegou à porta, tirou do bolso uma chave e abriu-a. Entrou e, para nossa sorte, deixou a porta entreaberta. Não tinha motivos para suspeitar de nada.

Uns segundos depois, acendeu-se uma luz no interior do armazém e o silêncio foi quebrado pelos primeiros ruídos de estática do radiotransmissor.

– Merda – murmurou Michael.
A irritação começou a tomar conta de mim:
– Não podemos deixá-lo falar com os nazis.
O meu amigo estava renitente em avançar.
– E fazemos o quê? Há luz lá dentro, Jack. Ele vai ver--nos, ainda nos dá um tiro. Não nos podemos expor dessa maneira!
Cerrei os dentes:
– Porra, Michael, estamos tão perto de dar cabo do rádio!
– É muito perigoso, Jack – avisou.
Sabia que a violência não era a forma de actuar do MI6. Mas eu podia arriscar mais do que ele, nem sequer era funcionário da Embaixada. Para mais, aquele seria o meu baptismo bélico, o meu primeiro combate.
– Dá-me a faca – disse.
Michael olhou para mim, espantado:
– Nem penses, Jack. Não vais matar o homem!
– Não o vou matar, vou dar-lhe uma pancada na cabeça.
– Achas que consegues?
Dentro do armazém, os ruídos da estática eram agora acompanhados por uma voz que falava.
– Dá-me a faca – repeti, com urgência na voz.
Michael passou-me o coldre da *Randall*, e eu retirei a faca. Pedi-lhe que ficasse uns metros atrás de mim. Entrei pelo portão. O cão sentiu imediatamente a minha presença, pois recomeçou a ladrar de uma forma desesperada. Avancei encostado à parede, os meus olhos vigiando o pátio. Ao aproximar-me do armazém, ouvi a voz do faroleiro:
– São 15 navios de carga, repito, 15 navios de carga, sentido Gibraltar-Lisboa, repito, sentido Gibraltar-Lisboa...
Espreitei pela porta entreaberta. O homem estava de costas para mim, sentado numa cadeira, debruçado sobre a mesa onde estava pousado o rádio. Tinha auscultadores na cabeça. Não me podia ver nem ouvir. Era uma grande vantagem. Entrei no armazém e olhei em volta. Estava atulhado de mobílias, remos, bóias, bidões. Encontrava-me a cinco metros do faroleiro. Empunhei a *Randall* e decidi que o ia atingir com o cabo da faca na nuca.

– Cinco navios de escolta, repito, cinco navios de escolta... – continuou o faroleiro, alheio à minha presença.

Avancei, passo a passo, e cerrei os dentes, enquanto ele dizia:

– Estão a dobrar o cabo, repito, estão agora a dobrar o cabo...

Estava um metro atrás dele quando levantei a mão direita, o punho fechado, o cabo da faca saliente. Baixei-o com força, acertando-lhe em cheio na nuca. Caiu para a frente como um saco pesado. A cara bateu no tampo da mesa e ele ficou com a cabeça virada para a esquerda, inanimado. Toquei-lhe com o dedo na carótida e senti a pulsação. Felizmente, não o matara. Um fio de sangue começou a escorrer-lhe pelo pescoço abaixo. O rádio crepitou:

– Informe posição correcta, repito, informe posição correcta, escuto.

Assobiei e Michael entrou no armazém.

– Está morto? – perguntou, abrindo os olhos de espanto.

– Não.

Correu na minha direcção:

– Estás bem?

Estava branco como a cal, o braço a tremer e a ofegar. O rádio repetiu:

– Informe posição correcta, repito, informe posição correcta comboio...

O meu amigo correu para a minha direita e voltou com um pé-de-cabra. Levantou-o e desferiu vários golpes violentos no rádio, até ele se estilhaçar por completo no chão. Parou, a arfar.

– Está feito. Vamos embora daqui.

Saímos a correr do armazém e atravessámos o pátio, ouvindo os latidos furiosos do *Mondego*. Passámos pelo portão em grande velocidade e só parámos junto de Leopoldo. Ficámos a recuperar o fôlego uns minutos, de cócoras, tentando perceber se havia alguma reacção no farol. O cão continuava a ladrar com fúria, mas ninguém apareceu.

Paul estava estarrecido.
— Caramba, avô, que história!
Respirei fundo:
— Soubemos uns tempos mais tarde que só lhe parti a cabeça. Foi preso, quando denunciámos a rede.
Bebi um gole de vinho.
— De qualquer forma, só em parte fomos bem sucedidos. Infelizmente o faroleiro conseguira transmitir informações suficientes aos alemães.

— Eles vão mandar os aviões. Merda, mil vezes merda. Não chegámos a tempo — lamentou-se Michael.
Virei-me para Leopoldo e perguntei:
— Quantas horas demoram os aviões a chegar?
Olhou para o céu, como se as estrelas soubessem calcular as distâncias.
— Por esta altura, a informação deve estar a ser transmitida para Berlim, ou então directamente para Bordéus, onde eles têm as bases. Não sei. Aí umas três a quatro horas — previu Leopoldo.
O comboio de navios deslocava-se lentamente.
— Aljezur — murmurou o pai de Rosa. — É por aí que os aviões os vão apanhar.
Michael olhou para mim:
— Não conheces uns ingleses por lá?
Sim, conhecia o casal Rice. Da sua propriedade, que ficava junto à costa, um pouco ao sul de Aljezur, conseguíamos ver quilómetros de mar.
— Então vamos! Daqui a uma hora estamos lá! — exclamou Michael.
Despedimo-nos do bom Leopoldo e partimos.

42

– Foi uma das batalhas aéreas que se deram em Portugal durante a guerra. Talvez a mais violenta – afirmei.

O meu neto nem queria acreditar que eu assistira ao combate.

– Mas havia aviões a lutar no ar, como nos filmes?
– Sim, ingleses e alemães.
– Então o faroleiro sempre conseguiu... – comentou Paul, desconsolado.

Quando Michael e eu chegámos à quinta dos Rice, o casal já sabia do comboio que passava no mar. Era comum, naquela região, as pessoas irem ver os navios. Levavam binóculos e sentavam-se nas rochas, à espera dos aviões. Às vezes até levavam farnel.

O Sr. Rice acompanhou-nos até à falésia. Mesmo a olho nu, na escuridão da noite, conseguimos ver as luzes dos navios, pequenos pontos iluminados no meio do mar, talvez a três milhas da costa.

Por volta das duas da manhã ouvimos os primeiros aviões. O seu longínquo ronronar provinha de nordeste, deviam ser alemães. Embora as suas silhuetas não fossem visíveis, sobrevoavam o mar uns quilómetros a norte do ponto onde nos encontrávamos, avançando na direcção do comboio.

Os navios, que os devem ter ouvido ao mesmo tempo que nós, apagaram as luzes. Como não havia luar, tinham uma vantagem importante. Não é tão fácil como parece acertar com uma bomba num navio. Lá no alto, há que contar com a velocidade do avião, a velocidade do barco, o vento, a lei da gravidade, a escuridão, o fogo das antiaéreas dos navios-escolta. A maior parte das bombas falham o alvo. As primeiras que caíram perderam-se no mar. Vimos os seus clarões, só ouvindo as explosões uns segundos mais tarde.

– São *Condores*, de certeza – afirmou o Sr. Rice. – Quatro ou cinco.

Virou-se para os lados de Sagres, examinando o céu, enquanto nós assistíamos ao bombardeamento.

– Sacanas – murmurou Michael.

Os céus iluminaram-se com as rajadas das antiaéreas dos navios-escolta, mas nenhum dos *Condores Focke-Wulf* nazis foi atingido. Uns minutos mais tarde vimos um clarão alaranjado, seguido por uma explosão mais forte do que as anteriores. Deflagrou um incêndio no convés de um dos barcos, que iluminou o mar à sua volta.

O Sr. Rice tocou-me no ombro. Apontou para o céu, na direcção do cabo de São Vicente. Semicerrei as pálpebras e descobri três pontos luminosos na escuridão.

– Mais *Condores*? – perguntei.

O Sr. Rice sorriu:

– Acho que são nossos.

O meu coração começou a palpitar com mais força. Talvez fossem os aviões da RAF, saídos do Norte de África. Voltei a procurar as luzes, mas já não as consegui encontrar. Michael disse, orgulhoso:

– Os nossos rapazes são bons. Vão dar a volta.

Assim aconteceu. Passados dez minutos, ouvimos um zumbido diferente nas nossas costas, um roncar que se aproximava.

– Aí vêm eles! – gritou Michael.

Oito caças ingleses sobrevoaram-nos, rasando a falésia a pouco mais de 50 metros de altura, produzindo um barulho ensurdecedor, enquanto nós gritávamos, dando hurras entusiásticos!

– *Hudsons e Beaufighters* – identificou o Sr. Rice, que pelos vistos era bem versado em marcas de aviões –, caças.

Subiram de altitude à nossa frente, e momentos depois o céu explodiu em clarões, rajadas luminosas, explosões, um verdadeiro espectáculo de luzes e sons. Os caças ingleses, mais rápidos, começaram a perseguir os *Condores*, tentando afastá-los dos navios. As rajadas antiaéreas provenientes dos navios-escolta pararam, com receio de atingir os caças.

Com o decorrer da batalha, os *Condores* foram empurrados na direcção da costa, um pouco a norte do local onde estávamos.

O Sr. Rice avisou:

– É melhor protegermo-nos.

Mal nos deitámos no meio das rochas, dois silvos agudos passaram por cima das nossas cabeças.

– Que foi isto? – perguntei.

Ouvi duas explosões, talvez 800 metros para dentro da costa.

– São projécteis perdidos – explicou o Sr. Rice. – É muito perigoso.

Ouviram-se mais dois ou três silvos e mais explosões. O Sr. Rice olhou na direcção dos rebentamentos, preocupado:

– Estão a cair perto de casa do Fonseca.

Era um agricultor local e soubemos mais tarde que a sua quinta fora atingida, e três vacas tinham sido feridas com gravidade pelas granadas inglesas. Mas, de momento, estávamos fascinados pelo combate aéreo. Um dos *Condores* nazis era perseguido por três caças ingleses, e uma das suas asas fora atingida, pois fumegava.

– Aquele está frito – comentou o Sr. Rice.

O *Condor* passou muito próximo de nós, ainda sobre o mar, a caminho de Aljezur. Depois fez uma manobra rápida e deu meia-volta, na tentativa de evitar o fogo dos caças. Não estava a conseguir. Foi atingido de novo e vimos duas explosões na sua fuselagem. Agora, vinha na nossa direcção e estava a perder altitude.

– Não vai conseguir, não vai conseguir – repetiu o Sr. Rice.

Assobiando, o *Condor* passou à nossa frente, a pouco mais de 50 metros da falésia, cada vez mais perto das rochas. Atrás dele, como um triunvirato fatal, os três caças ingleses metralhavam-no sem misericórdia. Vimos o *Condor* a abanar as asas, ferido de morte, e segundos depois embateu violentamente na falésia, provocando sucessivas explosões. Pedaços de metal voaram em todas as direcções e parte da carlinga continuou a cair, até embater na areia da praia.

– Yuppiiii! Vitória, vitória! – berrou Michael, eufórico.

Abraçámo-nos, contentes pela derrota nazi a que assistíramos. Nos céus, os combates quase tinham terminado. Os outros *Condores* desapareceram para norte, escapando a um destino semelhante.

– O avô foi à praia ver os destroços?

Expliquei ao meu neto que pouco tempo depois se juntou uma multidão, vinda de Aljezur para ver o que restava do *Condor*.

– Morreram todos. Eram sete tripulantes – contei. – A população recuperou os cadáveres e enterrou-os no cemitério de Aljezur. Ainda lá estão hoje.

Recordei a Paul que aquele não fora caso único. Tinha existido a batalha de Moura, em 1941, onde Mary fora. E, em 43, um bombardeiro americano *B-24* despenhou-se na ria Formosa e um outro em Quarteira.

– Caíam muitos aviões em Portugal. O Salazar ficava sempre muito incomodado com essas notícias.

– O avô conheceu o Salazar? – perguntou o meu neto.

Sorri.

– Pessoalmente não. Só o vi uma vez.

– Era um ditador muito duro – afirmou Paul.

– Sim – confirmei. – Nos anos 50 e 60, tornou-se ainda mais repressivo. Mas, nos anos da guerra, mostrou uma habilidade notável para manter Portugal fora do conflito.

– Dá ideia que o avô o admirava – comentou Paul, com um sorriso, como se me tivesse apanhado em falso.

Olhei para ele e disse:

– Por um lado, repugnavam-me a sua polícia secreta, os métodos repressivos e a sua oposição a uma democracia. Mas reconheço que era um homem extremamente inteligente, e que defendia com intransigência os interesses do seu país. Não soube evoluir. O Salazar dos anos 50 e 60 era um anacronismo, um homem teimoso, ultrapassado pelas circunstâncias... O mundo seguiu em frente e ele tentou manter uma ilusão de país: controlado, fechado e brando.

– Agora que cá voltou, acha Portugal muito diferente? – perguntou Paul.

Sorri. Mais do que ouvir a verdade, o meu neto desejava a minha bênção para viver em Portugal. Não a iria negar.

– Sim. Está muito diferente. Mas parece-me que é mais à superfície. O embaixador Campbell costumava dizer que os portugueses são um povo estranho, para quem um permanente estado de frustração é uma espécie de segunda natureza. E são demasiado vulneráveis ao elogio, talvez fruto de um certo complexo de inferioridade que nunca venceram.

Fiz um brinde ao meu neto:
– Uma terra boa para tu triunfares!

43

Muitas pessoas ainda acreditam que foi o desembarque da Normandia, o célebre Dia D, que alterou o curso da guerra. Na verdade, não foi. Quem ganhou a guerra foram os soviéticos, coisa que me levou muito tempo a aceitar. O destino da Alemanha nazi ficou selado nos dias 12 e 13 de Julho de 1943, em Kursk, na maior batalha terrestre da história da humanidade: 4000 tanques russos defrontaram 2700 tanques alemães, apoiados por 1800 aviões. Os alemães foram humilhados e só a cegueira de Hitler, a sua megalomania e alucinação permitiram manter o povo alemão na ilusão de uma viragem no destino, ilusão que durou mais dois anos e que provocou à Europa muitos milhões de mortos.

A partir de Julho de 43, o cerco sobre os nazis apertou-se. A 10 de Julho, uns dias antes de Kursk, tropas inglesas e americanas desembarcaram na Sicília, uma estratégia que Churchill há muito defendia, por considerar a Itália «o baixo-ventre vulnerável dos nazis». Depois, a 3 de Agosto, a cidade de Hamburgo foi bombardeada pelos Aliados com uma violência impressionante, o que levou um general alemão a comentar: «Mais três noites como esta, e temos de nos render, pois o povo não aguenta.»

A 3 de Setembro, as primeiras tropas aliadas puseram o pé na Itália continental, e seis dias mais tarde, a nove, teve início a Operação Avalanche, o desembarque em Salerno. Contudo, as coisas não correram bem. Quando os Aliados tomaram Roma, em Junho de 1944, a vitória nunca teve o brilho que merecia, e foi ofuscada pelos feitos na Normandia. A guerra em Itália foi estranha, dura, mal preparada, e talvez por isso, intencionalmente esquecida. As pessoas recordam Monte Cassino, mas nunca deram o devido mérito a essa frente de guerra contra os nazis. Demasiados erros foram cometidos, demasiados homens morreram, talvez desnecessariamente, sem nunca ascenderem à glória dos heróis que desembarcaram, em 44, nas praias de Omaha ou Utah.

Durante anos, a propaganda americana eclipsou a soviética, e o Dia D ascendeu à condição romântica de Dia da Liberdade, ofuscando uma outra operação, quase tão importante, lançada pelos soviéticos na mesma altura, e que empurrou os nazis de volta para os territórios de onde tinham saído em 41. Chamou-se Operação Bragation, mas ninguém fala dela. A Guerra Fria deixou isso de lado: não era conveniente relembrar a importância dos soviéticos na vitória final sobre Hitler.

– Jack, o Mussolini foi deposto. Acha que vão fazer o mesmo a Salazar?

Luisinha estava muito excitada e tentei acalmá-la, lembrando que a guerra estava longe.

– O paizinho não acha – interrompeu-me ela. – O paizinho está muito preocupado, pois diz que o nosso regime e o de Franco podem cair!

O regime de Salazar sentia o perigo: Mussolini era muito admirado em Portugal, até pelo próprio presidente do Conselho.

– Se calhar até era bom para nós – comentou. – Assim podíamos ver mais cinema de Hollywood e não filmes a conta-gotas, controlados pela censura.

– Os seus irmãos não devem gostar de a ouvir falar assim – disse eu.

Ela fez um ar de desdém.

– Ora, andam macambúzios. Já perceberam que o Hitler vai perder e dizem que vamos ser subjugados pelos soviéticos!

Apesar de desmoralizados, os dois irmãos de Luisinha persistiam em repetir os argumentos da propaganda nazi.
– Ainda vão ao cinema à Rua do Passadiço? – perguntei.
– Já não.
Estávamos a tomar chá numa pastelaria, depois de mais uma ida ao cinema. Servi-me e deitei um pouco de açúcar na chávena. Depois perguntei-lhe:
– E o Eduardo continua a aparecer por lá?
Luisinha benzeu-se:
– Cruzes, nem pensar! Era só o que me faltava, ter de o aturar vestido de negro, a choramingar pelos cantos!
As visitas de Eduardo tinham aos poucos diminuído de regularidade. Com a chegada do Verão, partira para Coimbra e não regressara.
– Nunca percebi o que a minha irmã viu nele – confessou a rapariga. – E nunca percebi porque trocou o Jack por ele.
Encolhi os ombros:
– Isso já não interessa. Parece que foi noutra vida.
Ficou surpreendida, a olhar para mim, e depois disse:
– É estranho, o Jack não se incomoda nada quando falo no Eduardo. Não teve ciúmes dele?
– Só se tem ciúmes quando se ama – respondi com um sorriso. – Hoje sei que não amava a Carminho. Teria sido um erro enorme casar-me com ela.
A rapariga deu um gole no seu chá e pareceu mais animada.
– É verdade. Só se tem ciúmes quando se ama. O Jack sente amor por alguém? – perguntou.
– Amor? – repeti. – Amor acho que não.
– E paixão? – perguntou.
Sorri para ela, pensando o quanto ela gostava destas cenas cinematográficas. Acendi um cigarro e coloquei uma voz grave, tipo Humphrey Bogart.
– Não sou homem dado a grandes paixões.
Ela beberricou o chá e ripostou:
– Se calhar nunca encontrou a mulher certa.
Dei mais uma passa no cigarro, deixando o fumo sair pelo nariz devagar.
– Se calhar...

Luisinha respirou fundo, enchendo os pulmões. Estava mais mulher, a cintura mais fina, o peito mais cheio.

– O Jack acredita que existem almas gémeas? Pessoas que nasceram uma para a outra, mesmo que a milhares de quilómetros de distância?

Numa época de guerra, esta ideia romântica era muito explorada pelo cinema americano, que Luisinha consumia com a voracidade que a censura lhe permitia. Não quis desapontá-la. Era uma rapariga com bom coração, e o homem que a amasse teria sorte.

– Acredito.

– Acha que uma pessoa que tenha nascido, por exemplo, em Los Angeles se pode apaixonar por uma pessoa que nasceu em Lisboa?

Brinquei com ela:

– Não me diga que está apaixonada por um actor.

Baixou os olhos e começou a fazer desenhos com o dedo, pequenos círculos na toalha de mesa.

– Não é por um actor.

Não peguei na deixa. Gostava dela, respeitava-a e não desejava magoar os seus sentimentos. Bebi um pouco do meu chá e fiquei calado.

– O Jack acha que vai casar alguma vez?

Sorri de novo, à Humphrey Bogart.

– Não faço ideia.

– Mas – insistiu ela – acha que se podia voltar a apaixonar por uma portuguesa?

Fiquei por momentos sério. Depois disse:

– Nunca estive apaixonado por uma portuguesa.

Foi a vez de ela ficar séria. Baixou de novo os olhos e desta vez os seus dedos ficaram quietos, pousados sobre a toalha.

– Não é isso que me contam – disse.

Fiquei momentaneamente surpreendido. De que estava ela a falar?

– O que é que lhe contam?

Luisinha fez um sorriso triste, como se estivesse decepcionada comigo, ou mesmo com ela própria, por falar sobre tal tema.

– Dizem que o Jack anda sempre acompanhado por uma mulher muito bonita, de cabelos pretos.

Alice. A minha presença a seu lado já era comentada em Lisboa, ao ponto de chegar aos ouvidos de Luisinha.

– E o que dizem mais? – perguntei.

Olhou-me nos olhos e senti a sua desilusão, como se lhe estivesse a custar falar na outra mulher.

– Dizem que dorme com ela nos hotéis de Lisboa.

Sorri, abanando a cabeça.

– Luisinha, as pessoas adoram mexericos, comentar a vida dos outros, quem dormiu com quem, quem anda a sair com quem.

Dei mais uma passa no cigarro e decidi contar-lhe uma história:

– Um dia, o seu irmão António encontrou-me no Aviz num *cocktail*. Veio ter comigo, muito sério e nada simpático. Sabe o que ele me disse?

Ela não respondeu.

– Exigiu que me afastasse de si – continuei –, que nem pensasse em sair consigo, que ninguém lá em sua casa gostava de mim e que já chegava ter andado de volta da Carminho. Assim, sem tirar nem pôr!

A rapariga bateu as pestanas, alarmada. Continuei:

– Pelos vistos, os mexericos também nos envolviam. Ora, sabe tão bem como eu que nunca se passou nada entre nós.

Ela continuava em silêncio, atarantada com o que eu lhe dissera. Dei uma última passa no cigarro e esborrachei a beata com força no cinzeiro, emitindo um sinal de irritação.

– Não sou nenhum padre, Luisinha. De vez em quando saio com mulheres e durmo com elas. Isso não é anormal, pois não?

Ela continuava calada, e vi que mordia o lábio.

– Em Portugal, as pessoas são muito duras com as mulheres – prossegui. – Querem mantê-las em casa, controladas. Como os seus irmãos a querem controlar a si, percebe?

Permaneceu silenciosa, a boca na mesma posição. Uns momentos depois sorri-lhe e avisei:
– Vai magoar-se se continuar a morder o lábio com tanta força.

Não contei esta conversa ao meu neto Paul.

44

Vibrara com a vingança sobre o Marrano; batera com violência na cabeça de um homem, arriscando matá-lo; fora excessivo com Rosa, num ataque de raiva; batera em Alice e expulsara-a de casa do meu pai. Os meus sentimentos e as minhas acções degradavam-se, e sentia-me a resvalar para um lugar onde a moral e a ética iam desaparecendo, substituídas por instintos primários, maus e desumanos. Seria a guerra a transformar-me, ou seria a minha natureza a vir ao de cima? Não sei, ainda hoje não sei. Mas mudara para pior, endurecera, desumanizara-me.

Além disso, sentia-me cada vez mais sozinho. Afastara Luisinha com a última conversa, praticamente não tinha amigos para além de Michael e Harry, quase não tinha vida social. Julgo que foi essa solidão que me fez reconciliar de novo com Alice. Algures, no início de Outubro, encontrámo-nos no Aviz e, como duas almas perdidas, engolimos os ressentimentos em nome da necessidade desesperada de companhia.

Porém, a nossa relação não era, nunca mais foi, a mesma. Há quem diga ser impossível que homens e mulheres confiem uns nos outros quando se amam. A paixão, o desejo, a vontade de possuir, quando são intensos, transportam sempre consigo o terror da perda, o susto da rejeição, a fantasia mórbida do abandono. Um coração tem dificuldade em abandonar-se, em confiar cegamente e em acreditar que nunca será traído, e isso é ainda mais verdade quando existem razões reais para a suspeita.

Era o caso. Por isso, quase não conversávamos. Quando nos víamos, uma vez por semana, preferíamos o frenesim dos corpos à comunhão dos espíritos, como se soubéssemos que, se examinássemos a superfície da nossa relação, tentando compreender-nos um ao outro, iríamos acabar por descobrir que nos desprezávamos. Nunca mais falámos da guerra, dos nossos sentimentos perante os protagonistas do confronto, com medo do regresso da conflitualidade. Chegámos a um ponto em que éramos apenas sexo, e nada mais do que sexo. Um sexo intenso, mas que era acima de tudo um expediente de fuga, um doce engano. Costumava pensar nisso enquanto lhe afagava as mamas, enquanto lhe dava fortes palmadas nas nádegas – Alice sempre gostara disso – e a possuía de todas as formas que o diabo nos ensinou.

Mas, fora da cama, não nos entendíamos. O germe do ciúme, a certeza da traição, a minha revolta contra a sua admiração pelos fascistas, sempre estiveram presentes. Tenho a certeza de que Alice nunca se dedicou apenas a mim, que dormia com outros homens, os seus benfeitores, os seus amigos industriais. Roberto, o taxista, alertava-me por vezes para as actividades nocturnas de Alice, dizendo-me que a tinha visto no Casino ou a sair do Tivoli.

Só que, embora perfeitamente consciente de que não podia mudar a natureza daquela mulher, a solidão da minha vida empurrava-me para ela. E, a partir do momento em que aceitei a impossibilidade de um futuro ao seu lado, deixei de recear o presente. Na realidade, não via razão alguma para deixar de dormir com ela. Se ela era uma corista, uma prostituta, uma mulher duvidosa, seria a minha corista, a minha prostituta, a minha mulher duvidosa. Foi por isso que a convidei a passar comigo o Outono no Estoril. Decidira instalar-me em casa do meu pai porque as operações do MI6 se concentravam agora naquela região.

– É desta que vamos dar cabo do homem do macaquinho – disse Michael.

Referia-se a Von Kastor, o chefe da Abwehr em Lisboa. O meu amigo considerava que, se destruíssemos o centro nevrálgico das operações secretas alemãs no Estoril, Von Kastor seria certamente demitido.

Sentei-me então à sua frente, no gabinete da Rua da Emenda.

– As coisas rodam à volta de duas vivendas, ambas no Estoril – informou. – A Vila Girassol e a Vila Bem-Me-Quer. É lá que eles centralizam a informação obtida pelos seus espiões, vindas de todas as redes ainda em actividade.

Fora «Dragonfly», o nosso espião duplo, quem nos informara da existência das duas casas. As suas ajudas eram preciosas, cada vez mais importantes. Não fazia ideia de quem era «Dragonfly», Michael não me dizia. Para minha irritação, sempre que o questionava, resmungava:

– Quando eu me for embora e tu fores promovido, ficas a saber.

Como não havia qualquer indicação nesse sentido, a identidade de «DragonFly» permanecia um mistério. Sabia apenas que era um espião excelente, muito bem colocado, com fontes alemãs privilegiadas, ao ponto de correr o rumor de que até falava com Von Kastor.

– O que queres que eu faça? – perguntei.

Michael pretendia montar uma operação de vigilância às duas vivendas.

– Podes empregar o Roberto, mais dois amigos dele, que a gente paga. Precisamos de saber quem entra e quem sai das casas, quem são os portugueses que colaboram com eles, se há também gente do SD ou se é só malta da Abwehr.

Sorriu, animado:

– Vais ter companhia. «O Homem da Canoa» mudou-se para Cascais.

Além do finlandês poderia contar também com outro operacional: Klop Ustinov, um homenzarrão russo, que desertara do exército soviético. Klop era uma lenda, um especialista em torturas que o MI6 utilizava para os trabalhos mais sujos. Uns meses antes seduzira uma funcionária da Embaixada alemã e levara-a para uma pensão na Baixa.

Aí, apertara com ela, torcera-lhe os braços, puxara-lhe os cabelos, recorrera à chantagem, ameaçando-a de todo o tipo de sevícias, e quebrara o seu ânimo. A partir desse dia, a *fraulein* passou a trabalhar para nós, transida de medo de Klop.

– Ele e «O Homem da Canoa» vão trabalhar separados, cada um por si. Mas vão reportar a ti, bem como o Roberto e os seus taxistas. Podemos também usar o gerente do Casino, e os nossos amigos do Palácio.

Michael acendeu um charuto e começou a passear no gabinete.

– Sabemos que há dois homens que são da total confiança do Von Kastor. O primeiro chama-se Hans Muller e vive na Vila Girassol. É dono de um laboratório fotográfico, essencial para eles, pois é lá que fazem os microfilmes que enviam para Berlim.

Fez uma pausa e deu uma baforada no charuto.

– O segundo é o dono da Vila Bem-Me-Quer. Chama-se Willem Scholz e é proprietário de uma firma de produtos químicos, que exporta para a Alemanha.

Sentou-se de novo à secretária e prosseguiu:

– Parecem trabalhar em conjunto, mas com redes paralelas de informadores. Sabemos que têm acesso a boa, mesmo muito boa, informação, especialmente sobre os comboios navais aliados. Devem ter também rádios nas duas moradias, de onde transmitem para Berlim mensagens que nós já interceptámos várias vezes.

Como sempre, o nosso problema era descobrir quem eram os portugueses que abasteciam as redes nazis com informação.

– Desta vez, acho que têm alguém mesmo importante – confessou o meu amigo. – Não é um faroleiro.

– Alguém no governo? – perguntei.

Ele abanou a cabeça.

– Não, tão alto também não.

Deu mais uma baforada no charuto.

– O «DragonFly» está convencido de que é alguém bem colocado num ministério, uma coisa desse tipo.

Olhou para mim, muito sério.

– Jack, estamos a falar da mais importante rede de espionagem alemã em Lisboa. Se dermos cabo dela, eles ficam à nora.

Nos últimos meses, as nossas denúncias não tinham poupado os alemães, e com a anulação do faroleiro do cabo de São Vicente eles estavam cada vez mais circunscritos às redes existentes em Lisboa.

– Ele vai andar pelo Estoril? – perguntei.
– Quem?
– O «DragonFly».
– Não – respondeu Michael. – Não se pode aproximar assim tanto. Se fosse para o Estoril poderia levantar suspeitas.
– E tu? – perguntei. – Porque é que não vais para lá?

O meu amigo deu mais uma baforada no seu charuto.

– O Ralph quer que eu parta para o Porto. Temos de dar o golpe de misericórdia na rede da Granja. Além disso, achamos que tu consegues perfeitamente dar conta do recado.

O meu neto Paul entusiasmou-se:

– Era a primeira vez que ia comandar uma operação tão importante?

Na segunda-feira, voltara ao Hotel da Lapa, e havíamos decidido ir passear até ao Estoril. Procurámos a casa do meu pai, que ele vendeu pouco antes de morrer, nos anos 50, mas em seu lugar existe agora um condomínio.

Naquele momento, estávamos parados dentro do carro em frente da Vila Girassol. Está igual, embora pintada de outra cor.

– Sim, era a primeira vez – respondi.

Instalei-me no Estoril com Alice. Sem lhe revelar os meus afazeres secretos, expliquei-lhe que teria de estar fora muitas noites. Dei-lhe uma chave de casa e declarei:

– Se precisares de sair, se quiseres ir ao Casino à noite, leva-a para depois poderes entrar.

Ela ficou a olhar para mim, e exclamou:

– Vim para cá para estar contigo, Jack!

– Sim – disse –, eu sei. Mas também te conheço. Não és o tipo de mulher que goste de ficar fechada na jaula, pois não?

Ela sorriu. Não valia a pena discutir. Tínhamos chegado a um ponto onde mais valia ser honesto e aceitar a natureza de cada um do que passar o tempo todo às turras.

Quando Roberto descobriu que Alice estava em minha casa, olhou-me com desagrado e comentou:

– Senhor Jack, essa mulher é perigosa.

Encolhi os ombros.

– Ninguém é perfeito, Roberto.

Mudei de assunto e perguntei:

– E os teus amigos?

Os outros dois taxistas, o Jaquim e o Manel, espiavam as vivendas alemãs discretamente, mas não lhes era possível andar muito tempo às voltas, pois consumiam demasiado gasogénio. O abastecimento continuava um grande problema em Portugal, apesar de as rotas do Mediterrâneo se irem restabelecendo progressivamente.

– Podia, por exemplo, estragar os carros dos alemães, para eles terem de chamar um táxi sempre que quisessem sair de casa – propôs Roberto.

Reflecti na sugestão, mas concluí que iria ser uma coincidência suspeita os dois carros ficarem danificados ao mesmo tempo.

– É melhor não.

Roberto encolheu os ombros:

– Não me importava nada. Íamos lá e rebentávamos com o carburador, ou deitávamos água nos depósitos.

Ri-me.

– Roberto, devias ter sido um pirata. O meu pai havia de gostar de ti, a trabalhar nos barcos dele. Punhas um lenço à cabeça, deixavas crescer a barba e tatuavas os braços.

Ele riu-se muito, divertido, e começou a afastar-se na direcção do táxi.

– Não, senhor Jack! Não gosto de barcos. No porão não há mulheres, cada um esgalha o seu pau e, se não temos cuidado, ainda nos vão ao cu. Prefiro o meu táxi.

– Assim não vigiavam bem as casas – comentou Paul.
Concedi que era verdade, mas o facto de saber que «O Homem da Canoa» e Klop estavam também por perto dava-me a certeza de que dificilmente iriam entrar e sair pessoas das duas moradias sem que déssemos por isso.
– O Klop era um mestre – relembrei. – Costumava dizer que a mãe era uma cadela perdigueira e o pai um buldogue.
Logo no segundo dia, descobri uma mensagem pousada no tabliê do *Citroën*. Klop conseguira entrar, sem danificar a fechadura, e deixara um bilhete: «Segundo carvalho a contar do Casino, do lado direito do jardim, dez e meia da noite. Cumprimentos do Klop.»
Encontrei-o a fumar no escuro, com um chapéu preto enfiado na cabeça e envolto num enorme casacão da mesma cor, com as abas levantadas. Ele não gostava de mostrar o pescoço, que era desproporcionadamente grosso, como um tronco.
– Klop? – murmurei.
Tossiu e aproximou-se. Quase não levantava os pés do chão quando andava, tal era o seu peso. Diziam que tinha sido halterofilista e *boxeur* na Rússia, acho que em Moscovo. Apertámos as mãos. As suas eram duas vezes do tamanho das minhas.
– As empregadas da limpeza são as mesmas nas duas casas – informou.
Eram portuguesas, na casa dos trinta e poucos anos.
– Vão de manhã a uma casa e à tarde à outra – continuou.
– Quer que eu as prense?
Os seus olhos pequenos e frios dançavam num rosto duro. Ele gostava de magoar as pessoas. Pensei uns segundos antes de lhe perguntar:
– São casadas? Têm filhos?
– Uma é casada, mas não tem filhos. A outra é solteira, e vive com a mãe na zona da Amoreira.

Klop fazia os trabalhos de casa.

– Não há mais empregados nas casas? Jardineiros? Mordomo?

– Não. Os dois nazis vivem sozinhos – respondeu e sorriu ligeiramente. – As famílias estão na Alemanha, a levar com bombas na cabeça.

Dava-lhe gozo saber que os nazis estavam a sofrer, e não mostrava um pingo de compaixão por eles. Klop sentira na pele a fúria destrutiva dos exércitos de Hitler, em 41 e 42, antes de conseguir fugir ao cerco de Leninegrado. Contava-se que apanhara um cargueiro no Báltico, embrulhado numa lona, e conseguira chegar à Noruega. Ninguém sabia por que viera para Portugal, mas vinha referenciado de Londres, e Michael não hesitou em pô-lo ao serviço do MI6.

– Começa pela solteira – ordenei.

Klop soltou uma risadinha.

45

– O avô tinha a faca do Michael? – perguntou Paul.
Decidíramos beber um *gin* tónico ao fim da tarde no bar do Hotel Palácio. Descrevi-lhe a agitação do local nos anos da guerra e contei-lhe que ao lado, no Hotel do Parque, se haviam descoberto centenas de aparelhos de escuta telefónica enfiados nos rebocos das paredes, colocadas pelos alemães para escutar os hóspedes do Palácio.
– Não – respondi. – Dessa vez não. Ainda bem.

Uma noite cheguei a casa e não vi Alice. Decidi ir até ao Casino, desconfiando de que a poderia encontrar. Assim aconteceu: estava acompanhada pelo mesmo homem alto e magro, com ar de manga-de-alpaca, que vira com ela em Abril. Ficou surpreendida, julgo que não esperava que eu fosse ao Casino naquela noite. Veio ter comigo, irritada:
– Ia ter contigo daqui a pouco – justificou-se.
O *barman* pousou o meu *whisky* duplo em cima do balcão.
– Não vim cá para te controlar – menti.
Tentei revelar um desportivismo que não era genuíno.
– Podes ficar com o teu amigo o tempo que quiseres...
Obviamente, Alice ficou ainda mais enervada ao ouvir a frase, incomodada com a minha atitude de falso liberal.
– És tão parvo, Jack, que às vezes tenho raiva de ti!
Sorri, cínico.

– Ainda bem. A raiva sai-te na cama...
Fitou-me e disse, com fúria:
– Pois esta noite a tua cama vai ficar fria!
Deu meia-volta e regressou à mesa onde estava o manga-de-alpaca. Sentou-se a seu lado e sussurrou-lhe qualquer coisa ao ouvido. Para minha surpresa, não fiquei irritado. Nunca considerara aquele homem um rival. Se ela estivesse com Fulgêncio, ou com o banqueiro com quem a vira uma vez, talvez o velho Jack ciumento e possessivo tivesse ressuscitado. Terminei a minha bebida tranquilo.

Voltei para casa, devagar, e ia a atravessar o portão quando ouvi um assobio. «O Homem da Canoa» estava escondido atrás de uma árvore, dentro da minha propriedade. Ao ver que eu estava sozinho aproximou-se. Brinquei com ele:

– Já estava a pensar que te tinhas afundado com a canoa.

Ficou a olhar para mim muito sério. O finlandês não tinha ponta de sentido de humor. Por momentos, achei que ia justificar-se e disse:

– Estava a brincar.

Apertei-lhe a mão e olhei para cima. O tipo era mesmo alto: a minha cabeça dava-lhe pelo pescoço.

– Tenho alguns nomes para si – disse, em voz baixa.

Fez o seu relato. Revelou o nome de três pescadores e de duas empresas de Cascais que tinham «negócios» com os dois alemães.

– Há dois empregados do Casino, das mesas de bacará, que também são pagos para lhes dar informações. Passam regularmente pela Vila Girassol, para uma conversa.

Depois, confirmou o que Roberto já me contara.

– Há três tipos da Embaixada que andam entre o Estoril e Lisboa. Abwehr.

– Devem ser a ligação permanente ao Von Kastor – comentei.

O finlandês confirmou com a cabeça. Embora estivesse escuro, conseguia ver que continuava tão pálido como da primeira vez que o vira, na praia da Cruz Quebrada. Disse-me os nomes dos três alemães.

– E há uma novidade. Uma mulher.

Franzi a testa. Era uma surpresa.
– Uma mulher? Portuguesa?
– Não sei ainda – respondeu o finlandês. – Vi-a hoje, há poucas horas, a sair da Vila Girassol. Entrou num carro preto, um *Oldsmobile*. Não lhe consegui ver a cara.
Fiquei a matutar no que me dissera.

– É como nos filmes – disse o meu neto Paul. – Homens de casaco, encostados às árvores na penumbra, a falarem baixo com receio de serem ouvidos.
Quis saber quem era a tal mulher, mas eu pedi-lhe que tivesse paciência.
– Cada coisa a seu tempo.
Como dizia o meu amigo Michael.

Nem Roberto nem os outros dois taxistas tinham visto uma mulher ou um *Oldsmobile* preto próximo das vivendas.
– Deve ter sido ontem, à hora de jantar – murmurou Roberto desolado. – Não podemos estar sempre lá. Quem é que a viu?
Encolhi os ombros.
– Isso não te posso dizer – respondi.
Prometeu atenção redobrada aos movimentos de entrada e saída das casas, e entregou-me um bilhete:
– É do russo. – Olhou para mim e disse:
– O Klop mete medo. Estou sempre à espera de o ver tirar uma pistola do casaco. Não se zangue com ele, senhor Jack.
Ri-me e li o bilhete. Como de costume, Klop queria encontrar-se comigo às dez e meia da noite, mas desta vez era no quarto carvalho do jardim do Casino, a contar do lado esquerdo.
Quando me viu aparecer, sorriu, mostrando uma dentadura impecável, branca como a cal. Meses de cerco em Leninegrado a comer ratos e pão feito com serradura não lhe tinham dado cabo dos dentes.

– Não magoaste a rapariga, pois não? – perguntei.
– Apertei com ela um bocadinho – murmurou.
– Nada de ossos partidos?
– Ainda conseguia andar quando a deixei.
A frase significava violência física ou sexual?
– Sabe qual é a diferença entre a solteira e a casada? – perguntou.
Esperei o seu esclarecimento.
– A aliança no dedo – respondeu, mostrando a dentadura luzidia.
Teria ele «prensado» as duas mulheres, e não apenas a solteira? Klop respirou fundo e fez um ar de piedade.
– Sabe, aos domingos, os homens vão para as tabernas e elas ficam em casa, sozinhas, a passar a roupa ou a fazer o jantar. Coitadas...
– Começaste pela casada? – perguntei.
Encolheu os ombros.
Achei que estava mais habituada a abrir as pernas.
Fechou o punho, como se tivesse alguém agarrado pelos testículos.
– E quem mete a pata na poça, fica na mão do Klop.
Acendi um cigarro. O homem era uma criação literária.
– Primeiro, saciei-lhe a fome da passarinha – disse –, depois, pus uma cara feia e disse que, se ela não falasse, eu esperava pelo marido, nu e deitado na cama. Ela começou a ver a vida a andar para trás e, ao fim de meia hora, rendeu-se.
Klop era inimitável nas suas artes. Nunca vi ninguém que conseguisse fazer falar desconhecidos com tanta facilidade.
– E fizeste isso às duas? – perguntei.
Sorriu, mostrando de novo os dentes.
– Claro. Assim não ficam com inveja uma da outra.
Dei uma curta gargalhada.
– E achas que elas se aguentam e não dão com a boca no trombone? Não falam com o marido, com a mãe, com os alemães?
Ele ficou muito sério. Julgo que sentiu a sua virilidade atingida.

– Ainda está para nascer a mulher que não queira repetir a dose com o Klop.

Aceitei a sua explicação e pedi que me inventariasse as descobertas.

– Hans Muller, o nazi da Girassol, levanta-se todos os dias às seis da manhã – disse o russo. – Pratica uma hora de ginástica no jardim, em calções e camisola branca, faça chuva ou faça sol. Não bebe, nem é dado a grandes comezainas. Está há vários anos em Portugal e vivia no Porto. Mudou-se para o Estoril o ano passado.

Contou que as empregadas não lhe conheciam mulheres. Ia a Lisboa duas vezes por semana, sempre no seu automóvel, verificar as suas tipografias. Tinha duas: uma no Beato, outra em Campo de Ourique.

– Quanto ao Scholz, é um boémio – prossegui Klop. – Aos sábados, estoira dinheiro no Casino e leva sempre uma puta para casa. Há algumas que ficam por lá uns dias a dormir com ele. A mulher-a-dias, a casada, quando me contou isto, pôs um ar muito escandalizado. Eu tinha acabado de a fornicar e ela escandalizada com as putas do patrão!

Dei uma gargalhada. Klop era um tipo divertido.

– A maior parte dos encontros dão-se na Vila Girassol, várias vezes por semana. Às vezes ficam até tarde, duas e três da manhã, normalmente acompanhados por um alemão chamado Heffner.

– Abwehr? – perguntei.

– Sim. É um dos que andam entre o Estoril e a Embaixada. É adido cultural – contou Klop. – São sempre adidos.

Confirmou as informações do finlandês quanto aos outros dois alemães. Quanto aos portugueses, além dos conhecidos, havia mais dois.

– Mas as minhas namoradas não sabem os nomes deles – afirmou Klop.

Um dos homens devia ter dinheiro, pois usava roupas caras. Era calvo e rondava os cinquenta anos. O outro era um tipo com ar pálido e medroso, magro e alto, mais novo do que o primeiro.

— E mulheres? — perguntei.
— Só as prostitutas e as duas empregadas.
— Estranho — comentei.
Contei a Klop o que me dissera o finlandês.
— O *Oldsmobile* era da Embaixada alemã? — admirou-se ele.
— Não. Era português.
Klop suspirou:
— Bem. Vou ter de visitar outra vez as minhas novas namoradas.

46

Alice não voltou para minha casa. Aproveitou uma tarde em que eu não estava, entrou com a sua chave e levou as suas roupas. Deixou-me um bilhete onde me notificava de que se instalara no Hotel Palácio, sem me enviar sequer um beijo. Senti que a nossa relação tinha chegado ao fim. Suspeitava de que a ida para o Palácio só poderia ter acontecido com a ajuda de um dos seus patronos, o banqueiro ou mesmo Fulgêncio Nobre, mas não quis investigar. Qualquer passo nesse sentido só poderia estragar ainda mais o que já estava estragado. Concentrei-me no meu trabalho: desmantelar a rede nazi das vivendas Girassol e Bem-Me-Quer.

– Era uma questão de tempo – disse a Paul.
Tínhamos saído do Palácio para ir jantar. Escolhemos um restaurante a caminho do Guincho, o Porto de Santa Maria. Eu sabia que era apropriado estar próximo da ventosa e bela praia onde, dizia a lenda, desembarcavam espiões trazidos por submarinos. Mas o meu neto não sabia ainda. A história tinha de ser contada passo a passo, sem pressas.
– Tínhamos os táxis, o Klop e «O Homem da Canoa» a vigiar as duas casas – acrescentei. – Era uma questão de tempo até sabermos quem eram os dois homens e a mulher.
– Quem é que descobriram primeiro? – perguntou Paul.
Havíamos escolhido uma sopa de santola e levei a primeira colher à boca. Estava deliciosa.

– Foi o finlandês quem se adiantou e identificou o homem alto – sorri. – Foi um homem alto a topar outro homem alto.

O meu neto perguntou:

– Quem era ele?

Levei a colher à boca e mastiguei os pedacinhos de santola que boiavam na sopa. No meu tempo, nunca comera uma sopa tão boa. Mas, no meu tempo, ainda não existia este tipo de restaurantes em Lisboa.

– Foi uma surpresa desagradável.

– Porquê? – perguntou Paul, a colher cheia de sopa parando a meio do caminho até à boca.

Fiz um esgar.

– Era um tipo muito bem colocado no Ministério dos Negócios Estrangeiros, com acesso às malas diplomáticas. Os consulados e as embaixadas portuguesas espalhados pelo mundo enviavam relatórios semanais com informações sobre os comboios aliados que saíam dos portos. Ele abria a mala, copiava as informações e entregava-as aos alemães.

Paul assobiou:

– Isso era um maná! Mas foi essa a surpresa desagradável?

Levantei ligeiramente o prato, para encher a colher com a última porção de sopa de santola. A colher tilintou ao tocar no prato.

– Calma... Uma vez, ao fim da tarde, o finlandês apareceu-me em casa ofegante, dizendo que tinha de ir de imediato com ele à Vila Girassol. Estavam lá os dois portugueses e a mulher, com os alemães!

– Vens comigo? – perguntei.

«O Homem da Canoa» respondeu:

– Não. Vou a pé. Não nos podem ver juntos.

Tinha razão, seria um disparate ele ser visto dentro do meu *Citroën*. Começou a afastar-se, em passadas desengon-çadas. Entrei para o carro e fui conduzindo até às ruas próximas da Vila Girassol. Parei, pensando na melhor estratégia. De repente, vi um táxi que se aproximava. Era

Roberto e buzinei. Ao ver-me, parou ao lado do *Citroën* e abriu a janela.

– Senhor Jack, que se passa? Porque está aqui? – perguntou.

Expliquei-lhe e perguntei se algum dos seus amigos estava na rua da Vila Girassol.

– Não sei. Vou lá ver num instante – disse o taxista.

Passei os 10 minutos seguintes a fumar no *Citroën*. Roberto regressou e voltou a parar o táxi ao lado do meu carro.

– O *Oldsmobile* está estacionado à porta – relatou. – O Jaquim diz que viu a mulher e os dois homens a entrarem, há cerca de meia hora. Eu vou agora para lá, substituí-lo.

– Não. Deixa-me ir eu. Tu já passaste por lá, eles podem desconfiar.

Roberto concordou com um aceno de cabeça.

– O Jaquim já lá está há mais de uma hora. Eu vou ao Palácio e mando o Manel substituí-lo.

Ele geria bem a rede dos três táxis.

– Viste o Klop? – perguntei.

Abanou a cabeça.

– O russo é invisível.

Despediu-se. Fiquei a vê-lo afastar-se e pouco depois acelerei o *Citroën* na direcção da Vila Girassol.

– Foi o avô quem os descobriu? – perguntou o meu neto, cada vez mais fascinado.

Sorri.

– Não fui só eu, os outros também ajudaram. Mas para mim ficou a parte mais difícil.

Senti-me sombrio, como se um véu de escuridão tivesse pousado na minha alma, mas não me deixei vencer pela tristeza.

– Enquanto eu falava com o Roberto, as pessoas começaram a sair da casa. O taxista que lá tinha estado, o tal Jaquim, também já arrancara. A nossa sorte foi «O Homem da Canoa» estar por perto.

A primeira pessoa a sair da casa tinha sido o português alto. Não me cheguei a cruzar com ele, mas «O Homem da

Canoa» seguiu-o a pé até ao Tamariz, onde ele apanhou um táxi.

– O finlandês apanhou outro e foi atrás dele até Lisboa. Ficou à porta do homem a noite toda e, no dia seguinte, descobriu que ele trabalhava no Ministério dos Negócios Estrangeiros.

Voltei a ficar sombrio.

– O que foi avô? – perguntou Paul.

– Custa-me falar sobre isto – disse eu.

Respirei fundo e bebi um pouco de vinho branco.

– Se eu o tivesse visto a sair da casa, perceberia tudo meia hora mais cedo.

– Tudo o quê? – quis saber o meu neto.

Entrei na rua da Vila Girassol no preciso momento em que um homem se sentava no *Oldsmobile*, no lugar do condutor. Não tive possibilidade de ver quem era, pois estava de costas para mim. Reduzi drasticamente, a cerca de 300 metros dele, para o deixar arrancar à minha frente. Assim aconteceu. O *Oldsmobile* foi avançando pela rua e eu segui atrás. Quando passei em frente da Girassol não havia movimento nenhum na casa, embora as luzes estivessem acessas.

Continuei na peugada do *Oldsmobile* pelas ruas do Estoril e percebi que ele se dirigia para o Hotel Palácio. Quando lá chegou, estacionou no parque das traseiras. Parei o Citroën a 100 metros, e apaguei as luzes. Ao olhar para o Palácio, vi o táxi de Roberto perto da porta. O taxista, sentado ao volante, também vira o *Oldsmobile*.

Como estava mais perto que eu, deve tê-los visto primeiro. Pela minha parte, distingui os vultos de um homem e de uma mulher que se aproximavam da porta do Palácio, mas foi só quando a luz vinda do hotel os iluminou que percebi quem eram.

O casal entrou para o hotel, lado a lado. Saí do carro, os meus passos descoordenados. Roberto saltou do táxi e começou a correr na minha direcção. Quando chegou ao pé

de mim estava pálido e julgo que lhe vi os olhos marejados de lágrimas.
– Senhor Jack, sente-se bem? – perguntou.
Não consegui dizer nada. Era como se tivesse os pulmões cheios de gás. As pernas tremiam-me e vi a sua cara enevoada, distante, a sua voz chegando-me longínqua. O coração batia-me nos tímpanos, fortíssimo, e senti os joelhos a falharem. Roberto agarrou-me, as suas mãos apertando os meus ombros, segurando-me para eu não cair no chão.
– Calma senhor Jack, calma.
Era como se a Operação Barbarossa tivesse passado por cima de mim: uma carga de infantaria, artilharia, *panzers*, aviões no céu do meu desespero a bombardearem-me. A mulher era Alice. O homem era Fulgêncio Nobre. Os dois tinham vindo de casa dos alemães. Comecei a ver tudo negro...

– Cristo! – exclamou Paul. – A Alice? A que estava com o avô uns dias antes, na sua casa do Estoril?
Confirmei com um ligeiro aceno de cabeça. A dor da traição regressou, quase tão violenta como a sentira 50 anos atrás.

Examinámos o *Oldsmobile* de Fulgêncio Nobre.
– Não há dúvida. São eles – murmurou Roberto.
Vira com os meus olhos o carro à frente da Vila Girassol, vira Fulgêncio Nobre a entrar nele, de costas para mim. Estaria Alice lá dentro por acaso? Seria a mesma mulher que o finlandês tinha visto?
– Eu sempre achei que ela era má rês – resmungou Roberto.
Deus do céu! Será que Alice era uma das mulheres que iam ter com Scholz, uma das prostitutas? Estaria ela ali apenas porque acompanhava Fulgêncio e esse, sim, era espião dos alemães?
– Eu sempre achei que ela era má rês – repetiu Roberto.

Alice a trabalhar para os alemães, Alice envolvida numa rede nazi! Lembrei-me das suas palavras: «Jack, nem todas as pessoas pensam como tu, tu és inglês»; «Deus queira que consigam travar os comunistas». Regressei ao *Citroën*, atordoado. Alice, espia nazi! Não era apenas uma desavergonhada, uma mulher de má fama, duvidosa, uma cadela com o cio, como era também uma inimiga, uma traidora. Como pudera ser tão cego? Porque é que nunca desconfiara dela? Sim, ela tinha simpatia pelos fascistas, sabia-o há meses, mas isso não fazia dela uma espia nazi. Portugal estava cheio de pessoas simpatizantes dos alemães, mas a grande maioria delas nunca tinha feito mais do que defendê-los à mesa dos cafés lisboetas!

Mas este caso era diferente. Alice andara comigo meses, dormira comigo e eu chegara a apertar a mão a Fulgêncio! Será que ela me andara a espiar? Será que sabia que eu trabalhava para o MI6? De um momento para o outro, toda a minha vida dera uma volta, e tudo o que antes parecia secreto agora podia não o ser.

Alice a trabalhar com o Eixo... Senti uma raiva imensa a invadir-me, a tomar conta de mim, sufocando-me a garganta, e tive vontade de a matar! Sim, naquele momento, se visse aquela mulher que amara tanto, teria puxado da faca de Michael e cortava-lhe a garganta, tal era a raiva!

– Não acredito que o avô fosse capaz de matar uma mulher!

Olhei para o meu neto Paul e menti-lhe:

– Sim, acho que tens razão. Era a raiva a falar...

Mentira! Ele não faz ideia do avô que tem, mas também não tenciono desiludi-lo. Certas coisas que se passaram na minha vida não as vou revelar nunca a ninguém, de tão sujas que são. Vou levá-las comigo para a cova.

– Mas ela era mesmo espia? – perguntou Paul.

Umas horas mais tarde, Klop confirmou as nossas suspeitas. Eu regressara a casa, acompanhado por Roberto, e o russo apareceu por volta da meia-noite.

– Estive à sua espera nos carvalhos do Casino. Como não apareceu, achei que se tinha passado algo de grave e vim até cá.

Quando lhe resumi os acontecimentos, acrescentou:

– São os mesmos que as empregadas viram. Ela chama-se Alice, ele Fulgêncio. As mulheres pensam que são casados.

Klop olhou para mim e compreendeu a minha tortura interior.

– Nunca desconfiou dela?

– Não – respondi.

– As mulheres mentem melhor do que os homens – comentou o russo.

Depois, relatou que as empregadas da Vila Girassol haviam ouvido Alice e Fulgêncio a dizer aos alemães que tinham a certeza de que estavam a ser vigiados. Olhou para Roberto:

– Desconfiavam dos táxis. Viam-nos sempre a passar por ali e sabiam que em Lisboa havia muitos a soldo dos ingleses.

– Sacanas... – murmurou Roberto.

A lucidez abandonou-me por umas horas, e Klop foi o primeiro a reagir.

– Acho que está na altura de levantarmos a tenda – sugeriu o russo. – Já os temos na mão.

Tinha razão. No entanto, eu hesitei. Michael estava no Porto, e só voltava dali a uns dias. Antes de partir, dissera-me que, se eu visse a situação a descontrolar-se, teria de enviar um relatório imediato para o embaixador Campbell, e ao mesmo tempo pedir uma audiência ao tenente Capela.

– Ia denunciar a Alice? – perguntou Paul, surpreendido.

Respirei fundo. Percebi que aquilo o chocasse.

– Não tinha alternativa. Principalmente depois do que me contou o finlandês – respondi.

No dia seguinte, à hora do almoço, «O Homem da Canoa» apresentou-se em minha casa. Estava de regresso de Lisboa, onde identificara o funcionário do MNE. Descreveu-mo e não tive dúvidas: era o manga-de-alpaca com quem vira Alice no Casino umas vezes, incluindo a última noite em que nos zangámos. O círculo fechava-se e Alice estava no centro desse círculo.

– Eu sei quem ele é – afirmei.

Era óbvio como o circuito trabalhava. O homem do MNE apoderava-se da mala diplomática, passava as informações a Alice, e ela e Fulgêncio faziam-nas chegar aos alemães da Vila Girassol e da Bem-Me-Quer. Depois, estes enviavam as suas descobertas para Von Kastor. Quando confirmámos, dias mais tarde, que Fulgêncio Nobre tinha interesses no volfrâmio e nas sardinhas, exportando ambas em segredo para a Alemanha, soubemos que acertáramos em cheio no alvo.

47

Não conseguira falar com Michael, ele estava ainda no Porto, mas segui as ordens que me deixara, denunciando quem havia para denunciar. De uma assentada, para além dos personagens menores, onde se incluía Alice, anulámos um importante fornecedor da Alemanha – Fulgêncio Nobre –, três operacionais de primeira linha da Abwehr – Muller, Scholz e Heffner – e ainda a principal fonte portuguesa, o homem do MNE. Depois de ler o meu relatório, o embaixador Campbell considerou que o desmantelar da rede era «a maior vitória da espionagem inglesa desde o início da guerra».

Uns dias depois da conversa informal que tive com o tenente Capela, as vivendas Girassol e Bem-Me-Quer foram visitadas pela PVDE, os rádios apreendidos e todos os envolvidos, portugueses e alemães, foram chamados a prestar declarações. Obviamente, o barão Huene protestou com veemência junto de Salazar, mas não conseguiu evitar a humilhação. E o nosso objectivo final foi atingido: tempos depois, Von Kastor foi afastado da chefia da Abwehr em Lisboa.

No entanto, para minha surpresa, Ralph, o chefe do MI6 em Portugal, nem sequer me chamou a Sintra depois de ler o meu relatório. Era mau sinal. Por alguma razão que desconhecia, o MI6 não ficara satisfeito com a minha actuação. Tive de esperar pela chegada de Michael para perceber o quão precipitadas tinham sido as minhas decisões.

– Porquê? – perguntou Paul, enquanto saboreava a mousse de chocolate.

Como podia explicar-lhe que tinha metido o pé na argola, que a minha impetuosidade também causara danos ao MI6?

– A espionagem é um mundo de intrigas e mentiras – afirmei –, de espelhos falsos e de alçapões profundos. Só quem está lá em cima, no topo da pirâmide, é que percebe o que se passa. Eu era um peão, um homem de mão do Michael.

O meu neto aguardou as minhas explicações.

– Só percebi o erro que cometi quando Michael mo explicou – contei.

O meu amigo viera cansado do Porto, com olheiras profundas, mas, a sua cara desmoralizada revelava mais do que cansaço.

– O que se passa? – perguntei.
– Nada – disse. – Não é nada.

Estava a ser condescendente comigo, e não gostei.

– Acabámos de dar uma coça na Abwehr, destruímos a mais importante rede deles em Portugal.

Abri os braços e as mãos, como se fosse um Cristo a declamar as bem-aventuranças:

– Em vez de estarmos a abrir garrafas de champanhe, em vez de me felicitares pelo meu trabalho, ficas com esse ar de enterro e dizes que não é nada? Pensas que eu sou estúpido?

Michael olhou para o chão e abanou a cabeça. Aquilo irritou-me mesmo. Dei um murro na mesa e gritei:

– Bolas, Michael, pensas que é fácil descobrir que a mulher com quem dormimos é uma espia nazi? Como é que achas que eu me sinto?

Levantou a mão, pedindo-me calma. Era um pedido impossível. Apontei-lhe o dedo, furioso:

– Ou me explicas o que se passa, ou abandono este trabalho hoje – disparei.

Ao ouvir-me dizer tal coisa, Michael ficou muito sério.

– Não há razões para isso, Jack. Espera um pouco, preciso de pensar.
– Pensar em quê?
Fez contacto visual comigo.
– Pensar no que te posso contar e no que não te posso contar.
Não tinha a mínima paciência para jogos políticos, truques de burocracia governamental. Não naquele dia, não nestas circunstâncias.
– Vai-te lixar, tu e mais os teus chefes – explodi. – Sempre cheios de esquemas! Estou farto disto! Para mim, nazis são nazis e laranjas são laranjas, não são peras ou maçãs!
Foi a vez de ele dar um grito:
– Cala-te, Jack! Não fazes ideia do que estás a dizer! E não te ponhas com essas indignações palermas de cavaleiro puro e incorruptível!
Esta doeu. Calei-me. Afinal, Michael era meu amigo e meu chefe, e percebia muito mais de espionagem do que eu. Observei-o enquanto tirava a faca *Randall* do coldre e examinava a lâmina brilhante com evidente contentamento.
– Já te falei no Ultra? – perguntou.

O Ultra era uma das mais poderosas armas dos ingleses na guerra secreta. Expliquei a Paul que se tratava de um sistema de decifração dos códigos secretos alemães: qualquer mensagem secreta que interceptássemos, em qualquer ponto do globo, podia ser decifrada. Assim, sabíamos sempre da existência de espiões nazis, e até dos seus nomes de código, antes de os alemães desconfiarem de algo.
– A função do MI6 era descobrir quem eram os agentes alemães e como eles obtinham as informações. Era esse o nosso trabalho em Lisboa, pois as mensagens captava-as o Ultra.
Paul franziu a testa, mas eu não o deixei falar.
– O mais difícil para nós era conseguir descobrir os agentes alemães sem eles nunca suspeitarem de que nós interceptávamos as suas mensagens. A preocupação fundamental de Londres era defender o Ultra, e nunca dar aos alemães moti-

vos para mudarem os códigos e as cifras. O que complicava imenso o nosso trabalho.

Paul continuou de testa franzida.

– Assim – prossegui –, só nos restavam duas formas de chegar aos agentes alemães. A primeira era montarmos as nossas redes de informadores e espiões. A segunda era bem mais perigosa: infiltrar as redes nazis com espiões duplos.

A testa do meu neto franziu-se ainda mais.

– É aí que entra o «DragonFly» – murmurou Michael.

Comecei a perceber onde queria chegar e acusei-o de pronto.

– Foste tu que não me quiseste dizer quem ele era!

Michael bateu no peito.

– *Mea culpa.*

Nem queria acreditar! Ao denunciar avidamente a rede das vilas Girassol e Bem-Me-Quer, expusera «DragonFly»?

– Não é possível – murmurei, derrotado.

Michael levou a ponta da faca à boca, pousando-a no lábio inferior.

– Infelizmente é, Jack. Nomes no relatório, nomes na conversa com o Capela... Puseste tudo cá fora.

Ripostei de imediato:

– Fiz o que me mandaste fazer! Se não conseguisse falar contigo, eram essas as minhas ordens!

Concordou:

– Jack, ninguém te está a culpar! Eu não te estou a culpar. Amigo, são as minhas orelhas que estão a arder, em Sintra e em Londres, não são as tuas!

Sorriu, divertido:

– O que vale é que já sou crescidinho e sou capaz de levar umas reguadas na mão sem chorar!

Pela primeira vez nos últimos dias surgiu na minha cara um sorriso. O gangue da Rua da Emenda tinha borrado a pintura, mas o bom do Michael oferecia o corpo às balas e defendia os seus rapazes. Um por todos e todos por um!

– Michael – perguntei ansioso –, qual deles era o «DrangonFly»? O Fulgêncio? O tipo do MNE? Um dos alemães?

Ele abanou a faca:

– Isso não vou poder dizer-te, mas também não interessa. Foi chamado à PVDE, acusado de ser um espião alemão, está tudo estragado! Ou se pira de Portugal, ou fica para sempre registado como espião nazi. Não há meio termo.

Debrucei-me para a frente e coloquei as mãos sobre os joelhos, desapontado com os estragos provocados.

– Lamento.

Ergueu as sobrancelhas e encolheu os ombros. Começou a limpar as unhas com a ponta da faca e comentou em voz baixa:

– Sou um porco. Se a minha mãe me visse a fazer isto dava-me um berro!

Rimo-nos. Depois, os seus olhos azuis perfuraram-me a alma.

– Doeu muito? – perguntou. – A Alice...

Atirei as costas para trás e estiquei as pernas, como se me quisesse deitar na cadeira. Deixei sair o ar todo que tinha nos pulmões, e exclamei:

– Acho que, se tivesse a tua faca comigo, a tinha morto.

Com raiva, fiz o gesto que Michael costumava fazer, passando a mão pelo pescoço depressa, como se a estivesse a degolar. Ele ficou calado, respeitando a minha raiva. Depois murmurou:

– Há uma coisa que tens de saber.

Ergui as sobrancelhas:

– O quê?

Baixou a cabeça, olhando para as unhas, e voltou a tentar limpá-las com a faca. Depois murmurou:

– Vamos fazê-la sair de Portugal. Mas, se te perguntarem, nunca me ouviste dizer isso.

Baralhado, fiquei sem saber o que dizer.

– Ela era o «DragonFly» – acrescentou Michael.

Foi a maior surpresa da minha vida! Alice era «o Dragon-Fly»? Afinal não era uma espia nazi, mas sim uma espia dupla?

– A Alice? – murmurei, espantado.

– Sim, Jack. A Alice era o «DragonFly».

Os seus olhos sorriam e compreendi que estava orgulhoso, mesmo entusiasmado. Continuou:

– E era brilhante no que fazia! Céus, Jack, ela chegou a dormir com o Von Kastor! Acordou com o maldito macaco do gajo em cima da cama! Bolas, como ela era boa nisto!

Suspirou e levou a lâmina aos dentes, trincando a sua ponta. Noutra pessoa este teria sido um gesto perigoso, mas nele a faca parecia ser uma extensão dos dedos, um prolongamento natural da sua mão.

– Foi isso que perdemos, Jack: o melhor espião duplo de Lisboa. É por isso que a malta está lixada, em Sintra e em Inglaterra, percebes?

Nem queria acreditar no que estava a ouvir. A minha Alice... Os pensamentos começaram a rodar no meu cérebro, os meus sentimentos deram uma volta de 180 graus, libertando a dor da traição. Mas as dúvidas permaneciam. Aquilo parecia-me inverosímil.

– Para quem é que ela trabalhava? – perguntei.

O meu amigo sorriu:

– Para mim.

Fiquei calado, a olhar para ele. O primeiro pensamento que me apareceu foi mau: o meu amigo nunca confiara em mim ao ponto de me contar que a mulher com quem eu dormia era uma espia dupla!

– Sei o que estás pensar, Jack, mas há uma explicação – e acrescentou –, há uma explicação para tudo.

Michael começou pelo princípio, explicando que criara para Alice uma reputação de mulher duvidosa, venal, fácil.

– Ela estava a precisar muito de dinheiro. Tinha chegado há pouco de Moçambique, com uma mão à frente e outra atrás. O pai morrera, deixando-a sem nada, e a carreira no teatro entrara em crise com a guerra – contou.

– No teatro? – perguntei, surpreendido.

– Jack, só uma actriz de teatro conseguia representar tão bem.

Suspirou, como quem se conforma com uma grande perda.

– Depois de verificar que estava limpa de ligações aos alemães, contratei-a para o MI6. Começou devagar, a seduzir homens de quem eu suspeitava, e em pouco tempo foi entrando no circuito. A reputação que lhe criei ajudou.

Recordou-me a história da «devoradora de nozes», uma mistificação que eu tinha posto a correr com a ajuda dela.
– Até o Harry e os criados dos hotéis começaram a acreditar que ela se punha de quatro a comer nozes pelo chão!!
Sorriu, contente consigo próprio.
– Lisboa ficou convencida que ela era uma mulher duvidosa. E uma mulher duvidosa parece que tem mel. Os figurões caíram que nem patinhos. Pouco a pouco, foi-se aproximando do centro. Até que um dia chegou ao Von Kastor...
Dormira com o alemão no início de 43, ao mesmo tempo que mantinha vivos vários casos: Fulgêncio, o banqueiro do Estoril, o homem do MNE. Fechei os olhos. Era tudo verdade. Roberto bem me avisara.
– E sabes porque é que nunca suspeitaram dela? – perguntou. Esperei a sua resposta preparando-me para o pior.
– Por causa de ti, Jack. Tu eras a credibilidade dela junto dos nazis. Ao seres visto com ela, o Fulgêncio e os alemães acreditavam que tu eras uma importante fonte dela.
Michael deu uma gargalhada, divertido:
– É claro que era eu quem dava à Alice as informações que devia passar aos alemães! Coisas que pareciam importantes, ou então informações verdadeiras, mas uns dias atrasadas. Os alemães consideravam-na de enorme valor! Era um talento.
Embora me alegrasse saber que Alice não era uma espia nazi, fora ludibriado e enganado. Alice usara-me. Não se apaixonara por mim, apenas se aproximara para ser credível junto dos alemães. E eu nunca desconfiei de nada. Na verdade, eu era o tonto, o pateta da história. Fora amado, de forma intermitente, mas amado, sem nunca me dar conta de ser apenas uma peça útil de um jogo mais vasto, que desconhecia.
Sorri para comigo. Michael perguntou:
– O que foi?
Suspirei:
– Uma das nossas maiores discussões foi a propósito de Hitler. Fiquei convencido de que ela o admirava. Gritámos e expulsei-a de casa. Que estupidez...
O meu amigo acendeu um cigarro.
– Ela não se podia afeiçoar a ti. Seria demasiado perigoso.

– Também dormiste com ela? – perguntei, ciumento.

Olhou para mim e fez beicinho:

– Jack, por amor de Deus, não amues! Mas, se queres saber e isso te faz feliz, não dormi com ela. Tivemos uma relação apenas profissional. Empurrei-te foi para ela.

Pisquei os olhos e puxei pela memória:

– Com a história das nozes?

Ele riu-se:

– Antes. Lembras-te daquela noite no Aviz, quando a vimos a subir as escadas e lhe chamei «monumento»?

Confirmei com a cabeça. Continuou:

– É óbvio que não foi o criado do Aviz que me contou coisas sobre ela.

– Então quem foi? – perguntei.

– Foi a Mary.

Fiquei boquiaberto:

– A Mary?

– Sim – explicou –, a Mary. A Alice chegou até nós através do Popov. Ele percebeu que ela tinha potencial e que precisava de dinheiro. Por isso, combinou um encontro com a Mary. Foi o Popov quem a apresentou à Alice, naquela noite do *cocktail*. Estiveram lá em cima, no quarto dele, e depois num outro que a Mary reservara. A Rita também estava lá. A partir dessa noite, a Alice começou a trabalhar para nós.

Foi como se um raio me tivesse atingido. Alice tinha sido recrutada por Mary, Rita e Popov enquanto eu estava cá em baixo no *cocktail*? Recordei as palavras de Alice, a primeira vez que falei com ela, no corredor do Aviz: «Estão à sua espera.» Como é que aquilo me escapou? Agora, era óbvio. Alice tinha estado com Mary e com Rita, e elas falaram-lhe de mim. Quando se cruzou comigo no corredor, Alice sabia que eu ia ter com as duas! Fechei os olhos, confundido com aquelas revelações. Sentia-me uma marioneta, os fios puxados por profissionais do *métier*.

– Mas – sorriu Michael – percebo que naquela noite estivesses com a cabeça noutro sítio, «Triciclo».

Filho de uma grande mãe! Não só sabia do meu caso com Alice, como também da minha noite com Mary e com Rita!

– O que é que tu não sabes, meu pulha? – perguntei.
Deu uma gargalhada. O que ele se divertia com estas coisas!
– Ei, não te podes queixar! Eu elaboro as jogadas de mestre, mas quem tem andado a gozar à farta és tu! – lembrou.
Ri-me. Mas depois a dor voltou. Perdera mais uma mulher que amara, essa era a verdade. O meu amigo sentiu a minha tristeza e disse:
– Não penses que ela não tinha sentimentos por ti.
Fechei os olhos. Agora era tarde para pensar assim.
– De certa forma, acho que ela quis que tu a descobrisses.
Abri os olhos:
– O que queres dizer?
Ele respirou fundo:
– A última vez que estive com ela, disse que lhe estava a ser cada vez mais custoso enganar-te. Queria ir-se embora, fugir daqui. Não sei, mas suspeito de que ela precipitou as coisas...
– Como? – perguntei.
– Ao ir para o Estoril contigo, meteu-se na boca do lobo. E permitiu que tu a descobrisses. Era a única forma de acabar como «DragonFly».
Fiquei a reflectir no que me dizia o meu amigo. Era uma forma benigna de ver as coisas.
– Onde é que ela está?
Michael torceu o nariz.
– Jack, desculpa, isso não te posso dizer.
Olhei para o chão. Não a queria pôr em risco.
– Gostava de a ver uma vez mais.
– Porquê?
– Para lhe dar os parabéns – murmurei.
Michael pousou a faca na palma da mão.
– Não fiques amargo, Jack. Não percas o sentido de humor. Não ias casar com ela, pois não?
Havia uma estranha sabedoria naquelas palavras do meu amigo. Fiquei calado e comecei a levantar-me da cadeira. Ele fingiu arrumar uns papéis na secretária. Depois levantou-se também e murmurou:
– Sabes o que se diz dos submarinos que em noites de nevoeiro param perto do Guincho e deixam cá espiões? Bem, também os levam de cá.

Foi até à janela e virou-se de costas para mim, observando a rua.
– Se calhar, hoje à noite, passa por cá um submarino.

– Não me diga que veio aqui, ao Guincho, e que se despediu da Alice! – exclamou Paul.

Assim acontecera. Nessa noite fora no meu *Citroën* azul até à praia. Descera ao areal, sem sapatos, as calças arregaçadas. O mar encontrava-se estranhamente calmo, suave, quase sem rebentação. Uma noite perfeita.

«O Homem da Canoa» esperava, junto à areia molhada. Vinda das dunas, também com os sapatos na mão, de calças e com um casaco enfiado, Alice aproximou-se, sem pressas. Só quando chegou a três metros de mim é que me viu.
– Não te esperava aqui – disse.
– Não esperava estar aqui.

Tinha o cabelo preto enrolado numa trança, que lhe caía pelas costas. «DragonFly». Mordi o lábio, emocionado.
– Adeus, Jack – disse Alice. – Não me odeies.
– Adeus, Alice.

Abraçámo-nos e não resistimos ao desejo, dando um longo beijo na boca.
– Adeus – repetiu ela.

Começou a afastar-se, na direcção de «O Homem da Canoa».
– Alice?

Virou-se para trás e eu disse:
– Nunca te vou odiar.

Ela ficou parada uns momentos e depois sorriu.
– Adeus, Jack. Lembra-te de mim na Páscoa...

Subiu para a canoa e o finlandês empurrou a embarcação. Vi-os atravessarem a fraca rebentação e desaparecerem na escuridão.

À minha frente, o meu neto exclamou:
– Uau! Que mulher!

PARTE III

ANIKA

48

Em 1945, uns dias depois do fim da guerra na Europa, estreou, no Politeama, o *Casablanca*, com a Ingrid Bergman e o Humphrey Bogart. Lembro-me de que, logo no princípio do filme, enquanto vai gerindo o seu Rick's Café, Humphrey Bogart diz: *I stick my neck out for no one*. Queria dizer que não arriscava o pescoço por ninguém, fosse quem fosse, e naquela guerra era neutro, indiferente à sorte dos outros. Com o andar do filme, vamos percebendo que essa frase era uma mentira, apenas uma manifestação do seu instinto de sobrevivência numa Casablanca confusa e movediça como Lisboa era durante a guerra. No final, ele toma partido pelos Aliados e arrisca o pescoço pela mulher que ama.

Coisa semelhante se passara comigo. Não me alistara, nem combatera, mas à medida que a guerra crescera sentira que também tinha de arriscar o pescoço pelo meu país. Tornei-me ajudante de Mary, primeiro, e depois soldado de Michael, porque não queria Hitler a mandar em nós. Quando foi preciso, arrisquei o pescoço.

Entre 1944 e o final da guerra, em Maio de 45, arrisquei o pescoço como nunca antes tinha arriscado, e pensava que o estava a fazer pela Inglaterra. Não foi bem assim. Numa guerra, também há orientações políticas que não compreendemos e que nos deixam desprotegidos, como homens aflitos pendurados na borda de um navio, com os pés a abanar no ar.

– Orientações de que tipo? – perguntou o meu neto Paul.
– Ilógicas. Quase absurdas – respondi.

Naturalmente, não compreendeu, e eu também não o esclareci de imediato. Era preciso desfiar a meada desde o princípio, e explicar-lhe que em Lisboa muita coisa mudara, e a importância da cidade como palco da guerra secreta tinha começado a diminuir.

Nas frentes de guerra, no Sul e no Leste da Europa e também no Pacífico, os Aliados foram avançando contra os nazis e os japoneses durante o Inverno de 43 e os primeiros meses de 44. A guerra naval do Atlântico estava também decidida: Hitler nunca apostara fortemente nos *U-Boats* do almirante Doenitz e agora era tarde de mais. A América e a Inglaterra controlavam as rotas marítimas, e os estragos produzidos pelos submarinos nazis eram muito menores. «Falta pouco para sermos dispensados», resmungava Michael.

Era um exagero, mas havia um fundo de razão: a excitação, que fascinara os que viveram em Lisboa entre 1940 e finais de 1943, estava a desaparecer. Os hotéis esvaziavam-se à medida que o Mediterrâneo ia sendo libertado, e muitos refugiados deixavam de utilizar Lisboa como ponto de partida para a América ou o Brasil. Destruímos mais redes da Abwehr, no Norte, no Porto, no Algarve e em Lisboa, mas eram pequenas operações, listas de colaboradores secundários, radioamadores com mais vontade do que capacidade, soldadinhos de campo de um confronto secreto cujo vencedor já fora encontrado.

Contudo, e apesar de a guerra estar a decidir-se, em Portugal a situação económica degradara-se mais. Existia agitação social, greves e repetidas falhas de abastecimento de bens essenciais e Salazar viu-se obrigado a cortar a luz na capital para poupar energia. Também por isso, recordo esses tempos como escuros e sombrios. Estava de novo sozinho e deprimido, e à minha escuridão interior somava-se a da cidade.

As relações dos ingleses com Salazar também não tinham melhorado nada. Apesar de ter sido assinado o acordo dos Açores, que permitia o uso das Lajes pelos americanos e pelos ingleses, o embaixador Campbell e o presidente do Conselho continuavam de candeias às avessas. O ponto mais polémico era agora o volfrâmio, cujas exportações para a Alemanha continuavam a ser permitidas por Portugal. Duro e resistente como sempre, Salazar exasperava Campbell com as suas exigências, e este chegara ao ponto de promover activamente os contactos com as oposições, em especial a republicana. Apesar das minhas desconfianças em relação a tal estratégia, almoçava quase todas as semanas com o meu advogado Afonso Caldeira, tentando compreender os objectivos do grupo de Mendes Cabeçadas. Seguindo as instruções de Campbell, chegava ao ponto de lhes alimentar as expectativas de que a Inglaterra os iria apoiar caso Salazar fosse deposto.

– Hoje arrependo-me bastante disso – reconheci. – Foi uma das orientações a que me referia há pouco. O Campbell passou um ano a mandar-nos incentivar os republicanos e, no fim da guerra, recusou-lhes o apoio, deixando-os sozinhos.

Para mais, acrescentei, com o passar dos meses, a ditadura de Salazar desiludia-me mais. Não conseguia compreender como ele continuava a dar-se tão bem com facínoras como os alemães ou os japoneses.

– Como sabes, voto sempre nos conservadores – disse ao meu neto. – Isso por vezes é malvisto. Mas é um erro pensar assim. Nunca gostei de ditaduras, sejam elas de esquerda ou de direita, e na época as de direita pareciam ainda mais desprezíveis.

Sorri para o meu neto e disse:

– Sabes, Paul, o meu pai costumava dizer que não era possível gostar de um regime que mete na cadeia quem pensa de forma diferente. Embora reconheça que Salazar era um homem obstinado, patriota e intransigente na defesa de Portugal, Churchill também era assim e não era ditador. Há uma diferença.

O meu neto confirmou com um aceno de cabeça. Depois perguntou:

– E qual foi a outra orientação política que não compreendeu?

Respirei fundo.

– Isso é outra história.

– Vieram entregar esta carta para si.

Ergui os olhos. A minha secretária da companhia de navegação agitava um envelope branco na mão. Entregou-mo e desapareceu. Não era uma pessoa simpática, mas já me habituara ao seu feitio arisco. Examinei o envelope. Era branco, sem monogramas, nem nada escrito. Abri-o, rasgando o lado lateral direito, entre os cantos. O meu pai abria sempre assim os envelopes, e julgo que o faço desde criança, num acto automático de imitação. Lá dentro, encontrava-se um pequeno papel também branco, sem nenhuma indicação da proveniência. Uma caligrafia fina, impecável e bem desenhada, propunha:

Exmo Sr. Jack Gil Mascarenhas Deane
Necessito de falar consigo sobre um assunto de extrema gravidade para os nossos países. Estarei à sua espera na Pastelaria Suíça na próxima quinta-feira, às onze e meia.

A assinatura ainda era mais surpreendente. *Anika*. Uma mulher.

Li e reli o bilhete várias vezes. Havia um tom urgente e dramático naquela missiva. Anika... Pelo nome podia ser escandinava, eslava, polaca, germânica. Senti um ligeiro nervosismo ao pensar nessa hipótese. Seria Anika alemã? Isso explicaria o semi-secretismo da coisa. Se fosse polaca, russa, sueca, até holandesa, poderia ter aparecido no meu escritório, em vez de escrever este bilhete.

Mas o que poderia querer uma alemã falar comigo? «Um assunto de extrema gravidade para os nossos países»? A frase trazia água no bico. Ela sabia que eu era inglês, ou achava que eu era português? A minha dupla nacionalidade alimentava uma dúvida adicional. Se ela se referia ao facto de eu ser português, sendo ela alemã, então porque não falar directamente? Mas, se ela, caso fosse alemã, se referia à minha costela inglesa, então isso era mais grave. Entre os nossos dois países – Inglaterra e Alemanha – já se passavam assuntos de extrema gravidade! Que diabo, estávamos em guerra há quatro anos, uma guerra brutal e duríssima. Não conseguia imaginar coisa mais grave que essa.

E porquê um encontro na Suíça e logo ao meio-dia? Reflecti um pouco e concluí que um encontro na Pastelaria Suíça era uma coisa normal. Um casal na Suíça não atraía atenções, havia todos os dias dezenas deles, estrangeiros ou portugueses. Não era caso para o empregado do café começar a apontar para nós, a ver capacetes nazis ou microfones escondidos debaixo da mesa!

No entanto, a hora escolhida era interessante. Onze e meia. Um tempo morto, depois dos pequenos-almoços e antes de chegarem os clientes para almoçar, a calmaria facilitando a identificação mútua de dois estranhos. Ela era uma amadora, mas uma amadora que queria muito que eu fosse ter com ela, e que não tivesse problemas em a descobrir numa pastelaria.

– E o avô foi ter com ela? – perguntou Paul.
– Fui – respondi. – E olha que até hoje não me arrependo.

49

Como diz a canção brasileira, Anika era a coisa mais linda, mais cheia de graça. Tinha vinte e dois anos, o cabelo dourado, uns olhos de um azul límpido, um azul mar das Caraíbas, e a cara coberta de sardas pequeninas. Mal entrei na Pastelaria Suíça, discreto, observando a sala num segundo, tive a certeza de que a mulher que me escrevera só podia ser a rapariga que sozinha, numa mesa do canto, fingia ler um jornal. Vestia um sobretudo castanho-claro, onde se notavam pequenas manchas, pingos de água da chuva que a haviam atingido ao atravessar o Rossio. Olhava para a sala, nervosa, subindo e descendo os olhos do jornal. Avancei na sua direcção, e as suas pestanas bateram várias vezes quando me viu. Lembro-me de que me aproximei.

– Anika?
Fez um sorriso forçado, piscando de novo as pestanas. Os seus belos olhos não transpiravam alegria.
– Sim – disse, numa voz suave.
– Jack Gil Mascarenhas.
Cumprimentámo-nos, a sua mão frágil e fina na minha. Convidou-me a sentar com um gesto e perguntou:
– Quer tomar alguma coisa?
Eu queria, queria tomar o avião com ela para o fim do mundo e vivermos felizes para sempre. Mas, como isso estava fora de questão, pedi um chá.

– Muito inglês – comentou Anika.
Fiz uma cara séria. O que é que esta serigaita nazi pensava que isto ia ser, uma troca de galhardetes sobre idiossincrasias nacionais? Levemente irritado, perguntei:
– O que é que os alemães costumam tomar a esta hora? Cerveja?
De novo agitada, desculpou-se:
– Não queria ofendê-lo.
Anotei mentalmente que não negara ser alemã. Tranquilizei-a:
– Não ofendeu.
Fiz uma pausa e perguntei:
– O que deseja falar comigo?
Anika pegou no bule e encheu a chávena de chá. Depois de o empregado pousar a minha, encheu-a também.
– Obrigado – disse eu.
Colocámos ambos duas colheres de açúcar. Até ao momento, chá e duas colheres de açúcar eram as únicas coisas que tínhamos em comum.
– Pensa que Hitler tem hipóteses de ganhar a guerra? – perguntou ela.
Questionário de geopolítica? Era só o que me faltava. Sorri, um pouco cínico:
– Chá, açúcar, especulações militares... Não era melhor ir direita ao assunto?
Anika observou-me, surpreendida. Depois, olhou para o centro da mesa, aflita, e murmurou, em alemão:
– Eu sabia que isto não ia resultar.
Azar dela, eu tinha aprendido alemão na escola. Por isso, repliquei na sua língua.
– Isto o quê?
Abriu muito os olhos:
– Fala alemão?
Sorri, de novo cínico:
– Ninguém é perfeito.
Foi a vez de ela sorrir. Aquela cara de anjo iluminou-se, e aqueceu o meu coração de bife antagonista. Ou talvez seja a minha metade portuguesa que faz de mim um sentimentalão com as raparigas.

Anika perguntou:
– Porque é que pensa que Hitler não é o assunto?
Dei um gole no chá. Era chá preto. Costumo ficar mais enérgico depois de beber chá preto. Não sei se era boa ideia, tendo uma alemãzita pela frente.
– Uma rapariga alemã a querer falar comigo na Pastelaria Suíça, no centro de Lisboa... Porque será que não pensei logo que queria debater as polémicas acções de Hitler? Que estupidez da minha parte!
Prossegui com ironia:
– Por onde quer começar? Ele vai contra-atacar com sete ou com nove divisões? Usará os *panzers*? Vai nomear Rommel? E o cão dele, tem passado bem ou ainda coxeia?
Anika riu-se:
– Bem me disseram que você era um homem bem-disposto!
Fiz uma careta:
– Isso é porque nunca me viram quando acordo...
Ela sorriu de novo, amaciando mais um pouco o meu coração. Mais dez minutos de conversa e estaríamos prontos para assinar um armistício entre os nossos dois países.
– Pode ser uma surpresa para si, mas Hitler é o assunto.
Fiquei novamente sério. O que queria a rapariga?
– Sabe, Jack, no meu país nem toda a gente gosta de Hitler.
Oh, se sabia! Milhões de pessoas. Principalmente judeus, comunistas, republicanos, checos, austríacos, polacos, uma longa lista. O problema era que a maior parte deles estavam mortos.
– Não gostar de Hitler, no seu país, é uma espécie de doença fatal. Apanham um vírus e aparecem mortos – disse eu.
Vi uma sombra passar-lhe pelos olhos. Poderia eu estar perante uma aberração da natureza, uma alemã que não gostasse do Terceiro Reich?
– Hitler transformou os alemães em monstros – comentou Anika.
Naqueles primeiros meses de 44, o mundo começava a ouvir falar em rumores sinistros de fornos crematórios e judeus mortos.

— Mas — acrescentou — há pessoas que não estão com ele.
Examinei a sua face. Desde o primeiro minuto que a vira não acreditava que fosse uma alma maligna, corrupta ou mentirosa. Simplesmente não era possível.
— E você conhece essas pessoas? — perguntei.
Ela assentiu com a cabeça, em silêncio. Rapariga esperta. Perguntei:
— E essas pessoas querem falar comigo?
Assentiu de novo com um abanar de cabeça.
— Porquê comigo?
— Porque você conhece pessoas...
Naquele momento, tive a certeza de que afinal ela não era tão amadora como eu pensava, e sabia perfeitamente que eu era do MI6.
— Sou um soldadinho de infantaria — disse-lhe. Anika deu um gole no chá e afirmou:
— Não é assim tão soldadinho.
Estava a gostar da rapariga, mas este era um terreno perigoso. Vários tipos do MI6 tinham-se lixado com brincadeiras destas. Um alemão que queria «cooperar», um encontro fortuito na ponte do Tamisa ou uma cerveja num bar de Paris, e zás, o MI6 a desconfiar de que eles se tinham passado para o inimigo, os alemães a anularem mais um espião!
— E o que pretende exactamente? Tomar chá mais vezes? — perguntei.
Alegrei-me com a resposta:
— Seria um prazer. Mas não é esse o objectivo. Há uma pessoa que precisa de falar consigo.
— Homem?
Anika olhou para a entrada da pastelaria, observando o movimento. Começavam a chegar clientes para o almoço.
— Sim.
Calou-se de novo. Admirei o azul mar das Caraíbas dos seus olhos:
— Anika, se quer que acredite em si, vai ter de me dar mais do que isso...
Fez um sorriso quase imperceptível, a marota da alemã, e só aí percebi que a minha frase podia ter um segundo sentido. Mantive-me sério.

– Que tipo de informação tem para mim? – perguntei. – O que querem de nós? E quem quer falar é importante, ou é um soldadinho raso como eu?

Anika calou-se uns segundos e depois deu um gole no chá.

– É o porta-voz de um grupo de pessoas muito influentes. Querem saber se têm o apoio da Inglaterra para os seus projectos. É tudo o que sei.

Demorei algum tempo a digerir a informação em silêncio.

– E quando é que ele quer falar? – perguntei.

Olhou de novo para a porta e parecia agitada outra vez.

– Na próxima semana. No mesmo dia, à mesma hora, vou estar aqui. Se você aparecer, é porque querem falar com ele.

Suspirei. Ela estava a ficar nervosa, com medo de alguma coisa. Não valia a pena insistir mais. Anika levantou-se. Eu perguntei:

– E esse homem é de confiança?

Ela olhou-me:

– É. É meu irmão.

Depois estendeu-me a mão, despedindo-se:

– Espero voltar a vê-lo.

50

– Como é que está a tua mulher?

O meu neto contou-me que a sua recém-esposa ainda não tivera alta do hospital. Ele fora visitá-la logo depois do pequeno-almoço.

– Talvez a deixem sair amanhã. A minha sogra quer levá-la para casa dela – informou.

– As mães portuguesas são muito agarradas às filhas.

Era a minha opinião há muitos anos e o presente confirmava-a.

– Assim tenho mais tempo para estar com o avô – disse Paul.

Conversámos um pouco e decidimos ir passar o dia à Ericeira.

– Fui uma vez até lá, buscar a Anika – contei.

– Chegaram a namorar? – perguntou Paul.

Sorri. A genética do meu neto é a mesma que a minha: sempre interessados no amor e fascinados com as mulheres.

– Não. Ela era alemã – disse eu, com uma gravidade postiça.

Paul guiava bem e conseguia olhar para mim sem que o carro se começasse a desviar da estrada.

– Mas, se era tão bonita, não podia esquecer isso?

Abanei a cabeça.

– Nesses tempos, não. Se fosse hoje, seria diferente.

E Anika não era só alemã. Era uma alemã com contactos perigosos.

– Fiz o trabalho de casa. Descobri que ela se chamava Anika John, e que trabalhava num centro cultural alemão, em Lisboa. Um desses institutos que distribuíam propaganda, mascarada de colóquios e boletins culturais.

Contei a Paul que, quando regressei à Rua da Emenda, examinei os nossos registos de alemães a viverem em Portugal e, ao fim de duas horas, dera com o nome dela. Havia uma pequena referência biográfica, e bingo! Surpresa, surpresa! O mano da Anika era nem mais nem menos do que Karl John, piloto da Lufthansa, que operava com regularidade o voo Lisboa-Berlim-Lisboa, o mesmo que tinha de transportar os pacotes da rede da SD de Cabo Ruivo que nós tínhamos desmantelado aquando da gloriosa queda em desgraça do tenente Marrano!

Karl John. Um luz acendera-se no meu cérebro. Expliquei ao meu neto que Karl John era da Abwehr, e fora poupado por Michael porque não devíamos atingir o SD e a Abwehr ao mesmo tempo. E agora o homem queria falar comigo!

– Tinha de informar Michael.

– É a lengalenga do costume – resmungou o meu amigo, encolhendo os ombros, desanimado.

– Lengalenga?

Michael olhou para mim, e vi as suas olheiras cavadas. Andava a dormir mal. Sem o frenesim e a excitação desmoralizava. Respirou fundo, enfadado:

– É sempre a mesma história. A Abwehr nunca gostou do Hitler. Os tipos são da velha escola, o Canaris e a sua gente. Alemães, prussianos, glórias conservadoras que tiveram de engolir o cabo austríaco a contragosto. Não o gramam nem com molho de tomate. Há anos que nos andam a enviar mensagens amorosas.

Contou-me que, desde 1942, haviam existido várias tentativas de encontros secretos entre homens da Abwehr e do MI6.

– Chegou a correr um rumor de que o Menzies e o Canaris se tinham encontrado. Tretas.

Menzies era o *big boss* do MI6 em Londres.

– Esse, o Karl John, é da Abwehr, provavelmente um leal do Canaris. Deve querer que os Aliados abram uma frente a Ocidente!

Era comum: desde os russos aos franceses, todos queriam um desembarque dos Aliados em França, para cercar Hitler em definitivo.

– Nada de novo – resmungou Michael –, mas, se quiseres, podes dizer que estamos interessados. Estamos sempre. Interessadíssimos...

Senti um fundo de amargura nas suas palavras irónicas.

– Não vai mudar um palmo nas nossas vidas – murmurou. – Estamos condenados a ter de nos preocupar mais com a oposição ao Salazar do que com os alemães.

Perguntei se queria vir comigo encontrar-se com a rapariga.

– Porquê? Vai tu e marca o encontro. Depois decido se vale a pena ir lá.

Nestas coisas de falar com alemães, é melhor termos as costas bem cobertas, não vá o diabo tecê-las.

– Michael, não achas que é um risco para mim falar com os alemães? Quer dizer, eles podem estar a tramar-me.

O meu amigo sorriu com desdém.

– Jack, não vale a pena fantasiar. Não estamos propriamente a trabalhar por trás das linhas inimigas! Aqui em Lisboa não há perigo nenhum de nos armarem uma cilada.

Acendi o cigarro.

– Queres a faca? – perguntou, com uma ponta de ironia.

– Acho que não vou precisar dela. É apenas uma rapariga.

Não perguntou se era bonita e também não lhe disse.

– Jack, se queres uma garantia minha, estás à-vontade! Não te vou entregar aos lobos. Se surgir algum problema, eu estava ao corrente de tudo, fui eu que autorizei os teus contactos com ela, *okay*?

Michael era meu amigo e sabia que podia contar com a sua ajuda, mas de qualquer forma fez-me bem ouvir aquelas palavras. Perguntei:

– Se o Karl John quiser marcar um encontro, qual é o melhor sítio?

Voltou a encolher os ombros.

– Onde o tipo quiser, desde que não seja aqui. Não confio na empregada da limpeza.

Havia qualquer coisa a moer o meu amigo, qualquer coisa má. Aquele sarcasmo amargo não era habitual.

– O que se passa? – perguntei.

Afastou os olhos de mim e examinou as paredes do gabinete, como se o estivesse a ver pela última vez.

– Michael – disse –, quando fiquei mal, foste tu que me trouxeste à tona, puxaste por mim. Somos amigos.

Respirei fundo. Ele não parecia estar na sala, mas num lugar qualquer do seu pensamento, da sua imaginação.

– Não gosto de te ver assim.

O meu amigo sorriu, mas não disse nada.

– Já não há secretárias americanas em Lisboa? – perguntei.

Deu uma curta gargalhada:

– Eles estão a chegar. E não são secretárias – murmurou –, os americanos...

Era verdade. Os serviços secretos americanos tinham sido secundários em Portugal durante a maior parte da guerra. Mas desde o início de 44 que o OSS estava a assumir cada vez mais protagonismo.

– Têm mais dinheiro do que nós e são eles que vão ganhar a guerra – previu Michael. – Daqui a uns meses, vão saber tudo o que se passa em Lisboa, e nós vamos ficar para trás. Com esta guerra, o mundo vai mudar, e quem vai ficar a mandar são os americanos e os russos.

Era bem possível que fosse uma previsão certeira.

– Pelo menos são nossos amigos – disse eu –, os americanos.

Ele irritou-se:

– Mas são uns cabeças duras! Julgam que as coisas só podem ser feitas à maneira deles, com força, dólares e fanfarras! E nós, os tipos da velha guarda, os manhosos, vamos passar à história.

Estava carregado de um pessimismo convicto, mas julgo que não era apenas isso que o consumia. Lamentou-se:

– Tenho saudades dos bons velhos tempos. Saudades de ver os hotéis transformados em ninhos de espiões. O Popov, a Baker, o Nubar, os pilotos que a Mary ia buscar. Agora, Lisboa é uma pasmaceira. Já nem há refugiados como antigamente!

Compreendia bem o meu amigo. Ele vivera por dentro o mundo da espionagem lisboeta desde 1936, quando a guerra de Espanha começou e as coisas começaram a aquecer. Agora sentia saudades dessa época de ouro, dessa Belle Époque lisboeta, dessa Arcádia que aos poucos ia perdendo a luz.

– Ainda não acabou – lembrei. – Ainda há umas ratazanas por aí.

– Nada disso. São apenas ratinhos inofensivos. Os ratões já não estão cá.

Se ele se referia a Schroeder, ou a Von Kastor, era verdade. Ambos tinham sido chamados de volta a Berlim, quando as suas principais redes foram destruídas. Schroeder partira em Outubro de 43, Von Kastor em Fevereiro de 44.

– Dizem que o novo chefe do SD, o Lang, é mais facínora do que o Schroeder – afirmei.

– Vê conspirações por todo o lado – contou Michael. – Parece que é geral, os gajos estão a ficar cada vez mais paranóicos à medida que percebem que estão a perder a guerra, e descobrem traidores em todos os cantos. A tua amiga que tenha cuidado.

Ouvia-se dizer que os ajustes de contas e eliminações mútuas entre nazis estavam a aumentar.

– Eles vão ao fundo, mas antes matam quem puderem.

Fiz a pergunta óbvia:

– Achas que a rapariga corre perigo?

Franziu a testa:

– Claro que corre, Jack. Muito mais do que tu. Uma alemã que conspira com os ingleses comete o crime de traição à pátria.

A ideia de Anika ser descoberta pela Gestapo de Lang preocupou-me. Gostara dela e ela queria colaborar connosco. Só isso dava-lhe um estatuto especial. E, para mais, era muito bonita. Não queria que lhe fizessem mal.

51

– O avô foi ter com ela à pastelaria outra vez? – perguntou Paul.

Estávamos a passear junto à praia, na Ericeira. O Sol ia alto, fazia calor, mas uma leve brisa de nordeste aliviava-nos. A Ericeira tinha mudado muito desde a última vez que ali estivera, em 1944. Era uma pequena vila piscatória, mas agora crescera, com prédios e casas expandindo-se em vários sentidos, para norte, para sul, para leste.

– Demasiada construção. Pelo que vejo é um problema geral do país – comentei, antes de responder à pergunta do meu neto.

– Não, não fui ter à pastelaria.

Enviara a Anika uma mensagem pelo meu paquete da companhia de navegação. Eu e Klop estávamos colocados estrategicamente no Rossio, um em cada canto da praça, no mesmo passeio da Suíça. Vi o paquete a entrar na pastelaria. Escrevera no bilhete: «Vá até ao Paris em Lisboa, e apanhe o táxi que está parado à porta.» Isso permitia-me vê-la a sair e subir a Rua do Carmo e depois a Rua Garrett, no cimo da qual nos esperaria Roberto com o seu táxi. Partindo do outro canto do Rossio, Klop poderia perceber se ela estava a ser seguida.

A 100 metros de mim, vi o paquete a sair da pastelaria, carregando os jornais debaixo do braço. Acendi um *Gau-*

loise e examinei a rua. Havia muita gente a passear na praça, homens, mulheres e até crianças. Os pombos voavam. Estava um tempo enevoado, nuvens acinzentadas no céu prometiam chuva. Abril águas mil, como diziam os almanaques portugueses. O meu coração acelerou quando vi Anika a sair da Suíça, com o mesmo casaco castanho e um pequeno chapéu preto na cabeça. Nos passeios e na esplanada, vários homens olharam para ela, apreciando-a e comentando uns com os outros, rindo-se.

Sem olhar para trás, comecei a andar. Quando cheguei ao início da Rua do Carmo, parei a olhar uma montra. Anika vinha na minha direcção, cerca de 50 metros separavam-nos. Não consegui descobrir Klop no meio da multidão.

Subi a rua com um bom ritmo. Estava em boa forma, fazia ginástica todas as manhãs, 50 elevações mal saía da cama, nem parecia coisa minha. Na esquina, em frente aos Armazéns do Chiado, olhei por cima do ombro. Ganhara-lhe 30 metros. Devia ser suficiente. Continuei a subir em passo apressado até chegar ao táxi de Roberto, parado à porta do Paris em Lisboa. Entrei.

— Ela vem? — perguntou o taxista.

Acenei com a cabeça e baixei-me no banco. Se ela estivesse a ser seguida, era melhor que não vissem mais ninguém no táxi.

Uns minutos mais tarde, Roberto perguntou:

— Casaco castanho, chapéu preto, loira?

— Sim — confirmei.

— Está a 30 metros, no outro lado do passeio — informou Roberto.

— Vem alguém atrás dela?

Nesse momento, uma senhora dos seus 50 anos tocou na janela do táxi, procurando saber se estava livre. Roberto fez um gesto com a mão, indicador espetado, negando. A senhora barafustou, contrariada, e protestou. Roberto voltou a repetir o gesto.

— Merda — murmurei.

Podia estragar-nos o plano, se continuasse a exigir ser transportada.

– Parou – informou Roberto.

Estava a olhar pelo retrovisor e referia-se a Anika.

– Percebeu que somos nós e está a dar tempo para a senhora se afastar.

Rapariga esperta. Mas as coisas não estavam fáceis. A senhora continuava a bater no vidro do táxi e começavam a cair pingos de chuva. Roberto desceu o vidro.

– Estou à espera de uma pessoa, não posso levá-la.

A sexagenária protestou:

– Mas está a chover e o senhor não tem o sinal de ocupado.

Roberto virou a pequena placa no tabliê. A mulher protestou de novo e uma bátega começou a cair, o que a levou a tomar a decisão rápida de entrar no Paris em Lisboa para se abrigar.

– Até que enfim – suspirei de alívio.

Uns segundos mais tarde, Roberto disse:

– Aí vem a nossa pombinha...

Anika aproximou-se e fez o gesto inquisidor de quem quer saber se o táxi está livre, tendo Roberto acenado com a cabeça. Ela abriu a porta e entrou, e quase deu um pequeno grito ao ver-me ali, deitado no banco de trás.

– Não olhe para mim – disse eu.

Anika fechou a porta e fez de conta que dava a direcção pretendida a Roberto, que ligou o motor e subiu para o Largo de Camões.

– Ratões à vista? – perguntei-lhe, ainda deitado, enquanto Anika me olhava, divertida.

– Parece-me que sim – disse Roberto.

A rapariga tinha sido seguida, como Klop me confirmaria umas horas mais tarde, no escritório da Rua da Emenda. Dois homens, alemães, 50 metros atrás dela, subindo as ruas do Chiado.

– SD – rosnou Klop. – São inconfundíveis.

Mas em minha casa, na Rua dos Remédios à Lapa, onde Roberto nos levou, não tínhamos ainda a certeza.

– Acha que me estão a seguir? – perguntou-me ela, quando se sentou no sofá da sala.

Ofereci-lhe um *brandy*. Não queria assustá-la.

– Não temos a certeza.

Ela sorriu, suspeitando das minhas intenções.

– Jack, não seja tão paternalista. Sei bem que o Lang anda muito desconfiado de nós.

Lang, o SD, a Gestapo, a seguirem Anika. Isto começava a ser verdadeiramente perigoso. Michael teria uma oportunidade de sair da neura em que vivia. Isto era acção à séria. Mas quão à séria? Será que a vida dela corria perigo?

– De nós? – perguntei.

Anika sorriu:

– Quando digo nós, quero dizer eu e o Karl, meu irmão, e não eu e você.

Claro. Excepto se os nazis me vissem com ela.

– O seu irmão está escondido fora de Lisboa?

Olhou para mim, surpreendida:

– Como é que sabe?

Respirei fundo:

– Deduzi. Se eles andam atrás de si, que é uma rapariga com uma vida normal, é porque acham que só você os pode levar a ele. E sendo assim é porque está escondido, pois caso estivesse a trabalhar ou em casa, eles sabiam onde ele estava, e não andariam a segui-la a si.

Ficou impressionada. O velho Jack Gil continuava a marcar pontos, senão no seu coração, pelo menos no seu cérebro.

– Ele não anda propriamente fugido – explicou –, simplesmente não está em casa. O Karl voa à sexta-feira para Berlim, volta na sexta seguinte para Lisboa, e fica uma semana à espera de voltar a voar.

– Há quantos dias está escondido? – perguntei.

– Desde sábado.

– Mas vai ter de aparecer amanhã. É sexta, dia do voo para Berlim.

Anika confirmou.

– Sabe onde ele está? – perguntei.

Fitou-me com os seus olhos azuis, azul mar das Caraíbas. Mares nunca dantes navegados, perguntei-me interiormente?

– A esta hora deve estar a voltar de Madrid.

Fazia sentido. A Abwehr tinha muita gente importante em Madrid. O almirante Canaris estivera lá durante a guerra de Espanha e fora a partir de lá que montara as suas redes secretas na Península. Karl John devia ter ido receber instruções, e o seu súbito desaparecimento deixara a Gestapo nervosa.

– Como é que a Gestapo sabe que o seu irmão não está fechado em casa, com uma gripe, por exemplo?

Anika agarrou no copo com as duas mãos. A minha pergunta assustara-a.

– Eles estiveram em nossa casa.

Fiz um esgar de desconfiança:

– Bateram à porta, à procura dele?

Mordeu o lábio, nervosa. Apeteceu-me abraçá-la.

– Não. Assaltaram a casa duas vezes. Uma na noite de segunda-feira e outra ontem à tarde.

Safados.

– Você estava em casa?

– Ontem à tarde não, estava a trabalhar. Na noite de segunda, sim. Mas não os ouvi – sorriu, como uma criança envergonhada –, tenho o sono muito profundo.

E agora Anika tinha o medo no coração e devia ter dificuldade em adormecer. Há pouco reparara nas olheiras dela, um pequeno sulco castanho abaixo dos olhos e acima das primeiras sardas. Dei um gole no meu *brandy*.

– Não lhe fizeram mal, pois não?

Corou um pouco. Adoro vê-las a corar.

– Lá está o Jack a ser paternalista outra vez – suspirou.
– Nem acordei. O mal que me fizeram não foi físico.

Deixei o silêncio pousar durante uns momentos, organizando as ideias.

– O seu irmão continua a querer falar comigo?

Ela endireitou-se, respirando. Anika tinha muito orgulho no irmão, isso podia ver-se. E tinha também um peito muito bem desenhado, cujos contornos foram reforçados naquela posição. Lembrei-me de Luisinha, ela também passava a vida a respirar daquela maneira.

– Cada vez mais – disse Anika. – As coisas estão a andar. As pessoas não querem esperar muito mais tempo.

Não sei se ela tinha a noção do tremendo perigo que transportavam aquelas palavras.
— Quando? E onde? — perguntei.
Ficou de repente muito séria.
— O Jack também vai correr perigo se falar com ele.
Apaixonara-me por ela no primeiro segundo em que a vira, mas agora começava a gostar mesmo dela. Uma rapariga de 20 e poucos anos, vigiada pela Gestapo, com um irmão que era um conspirador menor num grupo de conspiradores maiores, e ela preocupada comigo, com o Jack Gil, o velho pirata da Rua dos Remédios à Lapa!
— Eu sei tomar conta de mim — disse e sorri. — Corro mais depressa do que o Jesse Owens.
Deu uma pequena gargalhada, sem medo por uns momentos, mas depois voltou a ficar séria e perguntou:
— Toma conta de mim, se for preciso?
Foi o pedido mais perigoso que me fizeram na vida. Mas eu coloquei o pescoço no cepo, sem hesitar.
— Se quiser, pode ficar cá hoje.
Agradeceu a cortesia mas explicou:
— Só depois do encontro. Até lá tenho de agir com naturalidade, nada de mudar de hábitos.

— E quando foi o encontro? — perguntou o meu neto Paul, olhando o mar da Ericeira.
Deixei entrar nos meus velhos e cansados pulmões a maresia, o cheiro a iodo daquele mar imenso e belo que estava à minha frente.
— Combinámos para a semana seguinte, depois de o Karl John ir e voltar a Berlim. Chegaria na sexta e falaria connosco no sábado. Nos jardins de Monserrate.

52

Michael não estava convencido de que devêssemos falar com Karl John.

– Vamos arriscar o couro para nada – comentou.

Apelei ao seu sentido de lógica de guerra. Se os «conspiradores» alemães queriam falar connosco, era importante ouvirmos o que tinham para dizer. Mesmo que apenas existisse uma hipótese ínfima de colocar um ponto final naquela monstruosa guerra, era nossa obrigação explorá-la.

– Não percebes nada – resmungou.

Michael estava cada dia mais amargo. O seu bom humor, que lhe temperava o carácter duro, era agora uma raridade. O enfado era permanente, como uma máscara atrás da qual se escondia. Suspeitava de que a sua relação com Londres não era a melhor, mas ele não falava do assunto comigo. Contudo, por fim lá acedeu, e preparámos o encontro em Monserrate com os maiores cuidados. Klop foi o primeiro a chegar, logo às nove da manhã, para verificar se o jardim estava limpo de alemães ou de portugueses suspeitos. Só contactaria connosco se existisse perigo. Roberto, o taxista, parou o carro em frente dos portões do jardim, como se estivesse à espera de passageiros. A sua função era controlar as entradas e as saídas.

Quando eu e Michael chegámos, no meu *Citroën* azul, estacionámos próximo do táxi de Roberto, e o seu aceno de cabeça confirmou que não havia razões para alarme. Entrámos pelo portão principal, dois homens normais a passear pelo belo jardim de Monserrate. Avançámos, admirando o estranho palacete, a sua arquitectura feérica e um pouco deslocada em Portugal.

Cerca de 15 minutos mais tarde, numa zona mais recatada do parque, vi um casal sentado num banco, e percebi imediatamente que a mulher era Anika. Dirigimo-nos até eles. Trocámos umas palavras de ocasião.

Michael e Karl John afastaram-se de nós e sentei-me ao lado de Anika. Estava com um vestido azul, o cabelo apanhado atrás num carrapito, um suave pó-de-arroz cobrindo-lhe as sardas da cara e a alma comprimida pela opressão do medo.

– A Gestapo voltou a entrar-lhe em casa? – perguntei.

Engoliu em seco e acenou com a cabeça, confirmando o facto.

– Fizeram-lhe mal? – perguntei.

Negou, abanando a cabeça. Ofereci-lhe um cigarro mas recusou.

– Espero que o seu chefe acredite no meu irmão – disse ela, olhando na direcção de Michael e Karl John.

– Há alguma razão para ele não acreditar?

Anika olhou para mim. Tive uma vontade enorme de lhe tirar o medo da alma e de a abraçar.

– O que eles querem fazer é muito sério – murmurou.

Dei uma passa no meu cigarro.

– Estão muito empenhados, Jack. Estão dispostos a dar a vida – continuou ela, olhando para mim. – Sabe, as coisas estão cada vez piores em Berlim. Eles estão a matar judeus em câmaras de gás.

– Foi a primeira vez que ouviu falar no Holocausto? – perguntou Paul.

Expliquei-lhe que já tinha ouvido rumores, mas era difícil acreditar que as monstruosidades fossem a esse ponto. A perseguição dos nazis aos judeus começara nos anos 30, após a tomada do poder de Hitler. Havia deportações em massa, e certamente muitos assassínios, mas só durante a guerra, a partir de 43, tínhamos começado a ouvir falar em sinistros programas de morte em massa. Em Abril de 1944, o Holocausto judeu não era ainda conhecido na sua brutalidade total, embora existissem cada vez mais evidências de que algo de muito maligno se estava a passar. Mas câmaras de gás? Nem sequer a imaginação mais mórbida podia aceitar sem primeiro suspeitar da veracidade de tal coisa. Não era possível que seres humanos estivessem a ser mortos em massa em câmaras de gás. Ou era? Naquela guerra horrível, já víramos de tudo. Bombardeamentos violentos de cidades históricas, civis e refugiados a serem metralhados por aviões, aviões *kamikazes* contra navios, fuzilamentos colectivos de prisioneiros de guerra, um lento mas permanente resvalar da humanidade para os infernos, ultrapassando as fronteiras do imaginável.

– Levam-nos para os campos de concentração e matam-nos, às centenas – disse Anika. – Jack, eu sou alemã, mas nunca acreditei que isto se pudesse dar no meu país.

Tinha lágrimas nos olhos.

– O meu país foi humilhado em Versalhes. E passámos muito mal nos últimos 20 anos. A raiva e o ressentimento geraram Hitler, permitiram a sua popularidade. Muitos alemães veneram-no como se fosse um deus.

Suspirou fundo:

– Mas com ele veio o mal, o mal profundo, o mal que nos molda como nação e nos leva para um abismo cada vez mais negro e mais fundo.

Olhou para mim:

– Jack, eu tinha amigos judeus. Colegas de escola. Havia um que eu achava bonito. Tinha 16 anos, olhos castanhos, e passava o tempo a contar piadas. Ainda demos uns beijinhos. Um dia desapareceu. Os pais também desapareceram. Nunca mais o vi.

Anika suspirou fundo, as memórias em frente dela, como se estivesse no recreio da escola, de pasta aos ombros. Contou-me que saíra da Alemanha em 42. Os seus pais morreram uns anos antes e só tinha o seu irmão. Como ele era piloto da Lufthansa, conseguira arranjar-lhe um emprego em Lisboa, onde estaria menos exposta aos perigos.

— Uma das últimas coisas que conseguimos foi fazer sair da Alemanha um professor meu, judeu. Está a viver na Ericeira, em segredo.

Revelou que fora uma estranha operação da Abwehr de Canaris, que, num plano secreto e inesperado, organizara a fuga de sete homens, todos judeus, sob o disfarce de espiões secretos alemães. Ouvira falar da operação, que quando foi descoberta engrossou as queixas dos nazis contra o almirante Canaris.

— Não sei quanto tempo mais o Canaris vai resistir. Ele não é um nazi. O meu irmão acredita muito nele e no Rommel.

Se a embirração mútua entre Canaris e os nazis não era uma surpresa, já a menção do nome de Rommel era doutro calibre. Rommel, um conspirador? Um dos melhores estrategos militares alemães, o homem que fizera a vida negra aos ingleses em África, o marechal que estava à frente das forças nazis do Ocidente? Seria possível que esse homem, um herói do Terceiro Reich, estivesse a conspirar contra Hitler?

— Jack, acho que não acredita em mim.

Sorri, como que apanhado em contrapé.

— É difícil de acreditar. Canaris é possível, mas Rommel?

Foi a vez de ela sorrir:

— Acho que ninguém faz ideia da nossa força. Há muita gente na Alemanha a querer acabar com o Hitler.

Então era esse o plano, acabar com o bigodinho histérico?

— Querem matar o Hitler?

Anika olhou na direcção do irmão. A conversa não parecia estar a correr bem. Michael e Karl John estavam tensos, em pé, um em frente do outro. Não pareciam dois colaboradores, mas dois adversários. Teria Michael revelado instruções de Londres que não agradavam ao seu interlocutor?

— O meu irmão não se abre muito comigo – disse Anika. – Tem medo de que a Gestapo me torture.

Nesse momento, Karl John começou a andar na nossa direcção, deixando Michael sozinho. A conversa terminara. O piloto alemão chegou ao pé de nós e nem olhou para mim quando disse:

– Vamos, Anika.

A rapariga sentiu o desagrado no tom de voz do irmão e levantou-se. Deu um passo na direcção dele, a cara preocupada. Karl John começou imediatamente a andar apressado, sem a esclarecer, e ela olhou para mim, aflita, as lealdades divididas, sem saber o que fazer. Eu disse:

– Vá Anika, vá com o seu irmão. Se precisar de mim, avise-me.

Ela sorriu, agradecida, e correu para junto do irmão. Afastaram-se, falando baixo, ele incomodado, ela aflita. Naquele momento senti angústia, como se fosse a última vez que os via.

– Odeio românticos – resmungou Michael.

Sentou-se a meu lado, a cara fechada, o olhar triste. Acendeu um charuto, enquanto eu acendia mais um cigarro.

– É uma rapariga bonita – comentou.

Olhei para os irmãos, agora duas pequenas figurinhas ao longe, saindo do jardim de Monserrate.

– O que lhe disseste que o incomodou tanto? – perguntei.

Ele estava pálido e dei-me conta de quanto tinha envelhecido desde que o conhecera, há uns anos. A guerra consumira-o, apareciam-lhe os primeiros cabelos brancos, tinha a cara mais dura, a pele mais cansada. Não me respondeu.

– Eles dizem que querem matar o Hitler. Acreditas?

Parecia carregar o peso do mundo nas suas costas quando me disse:

– Jack, esquece o assunto. Não penses mais neles.

O meu amigo sabia ser convincente na defesa de uma ideia, apaixonado a explicar um argumento, determinado a dar uma ordem. Aquela voz mortiça e desmoralizada não era habitual nele.

– Londres? – perguntei.

Olhou-me durante alguns segundos e depois disse:

– Jack, neste trabalho, temos de seguir ordens. É tão simples como isso. E as ordens são: nada com eles.

Não fazia sentido. Se eles eram tão fortes ao ponto de terem Rommel e Canaris do seu lado, eram um grupo que a

Inglaterra devia apoiar! Não fazia sentido virar as costas a um grupo de notáveis alemães que conspiravam contra Hitler e que desejavam eliminá-lo! Defendi a minha lógica imbatível, mas choquei contra o bafo do charuto de Michael.
– A lógica, Jack? – murmurou. – A guerra não tem lógica.
As coisas continuavam a não fazer sentido.
– Michael, é isto que te anda a consumir, não é?
Ele fez-se desentendido, mas eu insisti:
– O Graham Greene foi-se embora, deixou a Portuguese Desk do MI6. Porquê? Será que as coisas em Bletchley Park estão a mudar?
Apenas o bafo do charuto do meu amigo Michael me respondeu.

53

– O escritor Graham Greene também era espião? – perguntou o meu neto, verdadeiramente surpreendido.

Expliquei-lhe que Greene entrara para o MI6 uns anos antes, como muitos outros intelectuais ingleses. Em Londres, era o responsável pela Portuguese Desk, e respondia directamente a Kim Philby. Eram amigos e Greene sabia o que se passava em Portugal, na guerra secreta dos espiões. Observava de perto o comportamento de Philby. É certo que teve conhecimento do nosso encontro secreto com Karl John, mas incertas são as razões por que subitamente Greene se demitiu do MI6.

– Dias antes do nosso encontro em Monserrate – recordei.

Paul olhou para mim, inquisidor:

– O avô parece insinuar que algo de grave se terá passado...

Sorri e relembrei histórias de guerra. A 6 de Junho de 1944, as tropas aliadas iniciaram a tão ansiosa e tão esperada abertura da segunda frente a ocidente. Operação Overlord, Dia D, desembarque na Normandia, a mais famosa operação de guerra de sempre, glorificada e celebrada nos 50 anos seguintes por historiadores, escritores e cineastas.

– Foi uma grande emoção para nós. E foi a última vez que vi Michael feliz. De certa forma, mesmo a milhares de quilómetros de distância, nós fomos um pouco responsáveis pelo sucesso da operação.

Hitler confiava cegamente no espião «Arabel», supostamente um homem altamente colocado na hierarquia inglesa.

Nos meses que antecederam o Dia D, «Arabel» conseguiu convencer Hitler de que os Aliados iam desembarcar em Pas de Calais, e não na Normandia. Rommel reforçou essa zona, desguarnecendo as costas normandas e facilitando a vida aos Aliados. Foi um dos maiores enganos de sempre da história: «Arabel» era um espião duplo e estava na realidade a trabalhar para os ingleses, com o nome de código de «Garbo».

E quem era este fantástico espião? Tratava-se de um espanhol, chamado Juan Pujol Garcia, que, em 1941, fugira de Madrid e se instalara em Lisboa. Aqui, enquanto se insinuava junto dos alemães com habilidade, tentou convencer os americanos de que seria útil a trabalhar para eles, mas foi rejeitado e julgado um charlatão. Porém, Juan Pujol chegou ao conhecimento de Michael, que pressentiu a sua utilidade, tendo-o recrutado para o MI6 num encontro numa moradia do Estoril. Umas semanas mais tarde, «Garbo» partiu para Inglaterra, onde passou anos a fornecer informações aos alemães, que acreditaram nele até ao fim, ao ponto de o terem condecorado com a Cruz de Guerra!

– Foi a mais requintada golpada da história da espionagem! – disse ao meu neto, enquanto olhava para o mar a bater nas rochas da Ericeira.

Recordei a nossa celebração eufórica: nessa noite, as rolhas das garrafas de champanhe saltaram no Hotel Alviz. Harry e Michael brindaram à nossa boa estrela.

– Estávamos excitadíssimos. Tínhamos uma dupla razão para celebrar.

Durante a noite, enquanto as tropas desembarcavam nas praias de Utah e Omaha, Salazar reflectira. Na manhã seguinte, anunciou o embargo às exportações de volfrâmio para a Alemanha, há tanto tempo exigido pela Inglaterra e pelo persistente embaixador Campbell.

– Salazar percebeu que a guerra virara definitivamente, e quis ficar do lado dos vencedores.

Mas a nossa diversão durou pouco. No dia seguinte, Michael apresentou uma carta de demissão do MI6 e abandonou o seu gabinete na Rua da Emenda.

– Porquê? – perguntou Paul.

– Na altura, o Michael fechou-se em copas. Nem um ai sobre o assunto. Recusou-se a explicar-me.

Contudo, eu suspeitava de que Michael não estava de acordo com as instruções que vinham de Londres, directamente de Kim Philby, em especial com a recusa de apoio aos homens de Canaris, que queriam dar o golpe contra Hitler. Acho que isso foi a gota de água final, que o desiludiu com o MI6.

– Fez como o Greene, demitiu-se.

Durante mais de um mês não soube nada dele. Não sabia se estava em Lisboa, se tinha partido para Inglaterra, para a América ou para o Brasil. Klop e Roberto também andavam preocupados. Suspirei:

– Depois, a partir de 20 de Julho, os acontecimentos precipitaram-se.

Paul perguntou:

– O que se passou?

– A tentativa de assassínio de Hitler. Colocaram-lhe uma bomba no *bunker*. Infelizmente, não morreu, ficou apenas ferido e meio surdo.

Recordei os factos: os conspiradores, com excesso de confiança e precipitação, começaram a dar ordens em Berlim, assumindo que Hitler tinha morrido. Cometeram um erro fatal, pois quando os nazis recuperaram do choque vingaram-se com enorme violência. Nos meses seguintes, condenaram à morte centenas de pessoas. Canaris foi um deles. O outro foi Rommel. O herói do Afrika Korps tinha tido conhecimento do golpe e não informara Hitler. Os nazis deram-lhe a escolher: tomar um veneno e ter direito a um funeral de Estado, ou ser executado ao mesmo tempo que toda a sua família.

– Escolheu o veneno – contei.

Paul estava siderado.

– Teve uma certa dignidade na morte e por isso o seu nome continua a ser respeitado – comentei. – Mas os nazis não pararam por aí. A Abwehr foi desfeita, muitos dos seus operacionais assassinados, e os que conseguiam escapar eram perseguidos pela Gestapo. E nós a saber disto tudo e nunca lhes demos a mão. Isso fez-me sentir muito mal...

Expliquei ao meu neto que também eu me desiludi com o MI6.

– Foi uma canalhice da nossa parte não termos apoiado o grupo dos conspiradores. Talvez tivessem morto Hitler. Mas, mesmo que o não conseguissem, qual a razão para não apoiar quem queria livrar a Alemanha daquele monstro?

Respirei fundo, enquanto o meu neto aguardava, pendurado em cada palavra minha.

– Tive de esperar 20 anos para perceber o que se passou.

Paul franziu a testa:

– Vinte anos?

Sorri.

– Sim. Só nos anos 60 é que percebi. Um belo dia, o senhor Kim Philby e mais três agentes seus fizeram as malas e fugiram para Moscovo.

– Moscovo? – espantou-se Paul.

– Sim, Moscovo. Eram espiões soviéticos, a trabalhar para os comunistas desde meados dos anos 30. Imagina: um dos homens mais importantes do MI6, durante a Segunda Guerra Mundial e parte da Guerra Fria, era um espião comunista! Um filho da mãe de um traidor à pátria.

O meu neto digeriu a novidade. Depois perguntou:

– Foi por isso que o Greene e o Michael se demitiram? Porque descobriram que ele trabalhava para os soviéticos?

– Não sei. Nunca nenhum deles o reconheceu. Greene sempre se recusou a dizer mal de Philby, e Michael...

Calei-me. O meu neto acenou a cabeça, compreensivo. Suspirei fundo:

– O que eu percebi, 20 anos mais tarde, foi a razão por que o MI6 e Philby não apoiaram os golpistas contra Hitler.

Em Julho de 44, recordei, Estaline não desejava a queda prematura de Hitler: os exércitos soviéticos ainda nem sequer tinham chegado à Polónia! Ele queria avançar, cada vez mais, até chegar a Berlim. Não queria parar ali, e por isso não podia apoiar um atentado contra Hitler, pois era contra os objectivos estratégicos da URSS.

– O Philby seguiu as ordens de Estaline. Boicotou o golpe dos amigos de Canaris. Deixámo-los cair, e deixámo-los falhar, e deixámo-los morrer. Tudo consoante a vontade de Estaline – expliquei ao meu neto. – Talvez por isso Michael tenha abandonado o MI6. Sentiu o chão movediço e perigoso, mas estava demasiado longe de Londres. Philby era muito poderoso e muito inteligente. Não havia provas, apenas intuições, suspeitas. Por isso, Michael preferiu sair a acusar um chefe de traição.

Precisava de desentorpecer as pernas. O meu neto ajudou-me a levantar e começámos a passear em frente à praia da Ericeira.

– Ainda me lembro da vez que cá vim, poucas semanas depois destes acontecimentos.

Paul parou:

– Por causa da Anika?

– Sim – disse-lhe a sorrir.

– As coisas foram muito más para ela e para o irmão? – perguntou Paul.

– Sim. Muito más mesmo. Para nós todos.

– A Gestapo deu com eles? – perguntou o meu neto.

Recomecei a andar, as imagens do passado a crescerem dentro de mim. O que se passou no Verão de 44 foi terrível, doloroso, e ainda hoje sinto como que uma ferida a abrir-se, uma dor crua e fria a cortar o meu peito. Estou com lágrimas nos olhos. Como não poderia estar?

O meu neto apercebe-se e diz:

– Não vamos falar disso, avô. Se lhe faz mal, não se incomode.

Sinto necessidade de parar. Estou sem fôlego. Sento-me num murete, o mar da Ericeira à minha frente, a espuma e os carneirinhos, as ondas que tanto viram e tanto irão ver, sempre, para toda a eternidade. Sei que os irei amar para sempre e que já não falta muito para me juntar a eles, lá onde quer que isso seja... Engulo em seco. Falta-me a voz, tenho um nó na garganta, e é como se uma bola de demolição me tivesse atingido outra vez. Paul está sentado a meu lado e põe-me a mão sobre o ombro.

– O avô não se devia emocionar assim – diz.

Sim, bem sei. Mas preciso de partilhar com alguém a história e o meu neto é a pessoa certa. Ele sabe ouvir como ninguém. Respiro fundo.

– Sim, a Gestapo deu com eles. Mas eu era melhor do que a Gestapo, sabes?

Olhei para o mar e depois para o meu neto Paul:

– Eu fui o primeiro a chegar à Ericeira.

54

Nas semanas que se seguiram ao golpe contra Hitler, a Gestapo multiplicou-se em perseguições aos supostos conspiradores, um pouco por toda a Europa, e Portugal não foi excepção. Ao meu gabinete da Rua da Emenda chegavam relatos dos sofrimentos de vários alemães, uns ligados à Abwehr, outros desconhecidos. Embora já com menos influência do que uns anos antes, a Gestapo ainda conseguiu convencer a PVDE a prender alguns deles. Outros apareciam mortos, corpos a boiar no mar, sem vestes nem identificação, e sem ninguém para os reclamar.

– Mais um – dizia Klop –, mais um a quem eles limparam o sebo.

A minha preocupação era Anika. Estava desaparecida há semanas, bem como o seu irmão. Em Cabo Ruivo, os voos da Lufthansa entre Lisboa e Berlim já não eram pilotados por ele às sexta-feiras. Klop conseguira «espremer» uma hospedeira alemã.

– Levei-a para uma pensão.

Apertava-as tanto que conseguia delas o que queria, até sexualmente.

– O Karl John não aparece há semanas – acrescentou. – Não voltou a voar para Berlim. Ficou por cá.

A minha fonte na PVDE, o tenente Capela, garantia-me que o irmão de Anika não saíra do país. Nem pelo mar, nem por terra, nem pelo ar. Teria passado a fronteira a salto, para Espanha, com a ajuda dos contrabandistas? Os nossos informadores não sabiam de nada: nenhum casal com a descrição de Karl John e Anika tinha sido visto. Dei voltas e mais voltas à cabeça, pensando onde poderiam eles estar, e só ao fim de uns dias me lembrei do que ela me dissera. «*Um professor judeu, que nós conseguimos fazer sair da Alemanha. Está a viver na Ericeira.*»

Seria possível que os dois irmãos estivessem na Ericeira? Decidi investigar. Desde Junho de 1940, perante a torrente de refugiados que chegava às fronteiras portuguesas e que as autoridades espanholas não aceitavam de volta, a PVDE decidira desviar muitos deles para estâncias balneares ou termais. Escolhera locais como a Costa de Caparica, Setúbal, Estoril, Cascais, Sintra, Caldas da Rainha, Buçaco, Luso, Curia, Foz do Arelho ou Figueira da Foz. Não eram «campos de internamento», mas sim sítios onde os refugiados causavam menos problemas.

A partir de 42, a PVDE criou para eles as chamadas «residências fixas». Os passaportes eram-lhes retirados e recebiam uma «carta de refugiado». Eram enviados para um determinado local, onde viviam em liberdade, embora não se pudessem deslocar sem autorização. A Ericeira era um desses locais. As minhas investigações rapidamente revelaram que cerca de uma centena de pessoas de várias nacionalidades, na maioria judeus, viviam na vila, instaladas em pensões ou em quartos alugados. Limitadas na circulação, muitas trabalhavam numa pequena colónia rural, e praticavam o culto numa sinagoga improvisada.

Klop conseguiu também uma lista de nomes considerados «perigosos». Ou seja, activistas judeus, republicanos ou mesmo comunistas, que a PVDE mantinha debaixo de olho. E acrescentou a preciosa informação de que um deles fora o homem que a Abwehr tinha feito sair da Alemanha, disfarçado de espião... O professor de Anika.

Parti para a Ericeira no início de Agosto, e instalei-me num pequeno hotel. Tinha alguns contactos e, pagando umas maquias a uns quantos criados, consegui discretamente descobrir onde vivia o homem. De seu nome Berthold Schafer, aparentava 60 anos, tinha o cabelo e as barbas grisalhas e, corpulento, apresentava um ar de bonomia e tranquilidade. Dava aulas numa escola provisória, e os seus alunos eram os filhos dos outros judeus refugiados.

Vivia numa pequena casa, quase um casebre, sem luz ou água canalizada. Aliás, mal entrava, o Sr. Schafer voltava a sair, com um cântaro bojudo na mão, e dirigia-se à fonte pública para o encher de água, regressando depois a casa, enquanto eu o observava a uma distância segura.

Uma manhã segui o Sr. Schafer até à lota, que ficava situada na Casa dos Pescadores. A azáfama era grande e misturei-me com os compradores, os turistas, as peixeiras, de saia e blusa preta, e os pregoeiros, que gritavam os preços do peixe e do marisco. Havia-os de várias espécies: lagostas e lavagantes, cações, sardinhas e grandes raias espalmadas. Ao lado do pregoeiro, um guarda-fiscal, de uniforme de linho cinzento com galões verdes nos ombros, tomava notas, num pesado livro, do montante de imposto a pagar.

Schafer observava as mulheres a licitar os preços, o pregoeiro a fazer evoluir o leilão, a esclarecer as dúvidas e a aplacar as queixas. As que arrematavam finalmente o peixe colocavam-no nas canastras, voltando a dirigir-se à borda de água. Aí, estripavam-no, lavando-o e arrumando-o para ser vendido. Terminado o processo, voltavam a levar a canastra à cabeça, pousando-a num trapo enrolado em rodilha, que servia de apoio, e partiam à desfilada, em várias direcções.

Nos três dias que levava na Ericeira já as vira por diversas vezes, percorrendo as ruas, os montes, os vales em redor da vila, tentando despachar a sua mercadoria. Schafer estava a falar com uma delas, prometendo talvez uma compra. Aproximei-me, olhando para o peixe, que brilhava na canastra pousada no chão. Ele pressentiu a minha presença, mas não disse nada. A mulher perguntou-me:

– Deseja algum? Tenho peixe-espada lindo! Fresquíssimo! E olhe para a maravilha deste cação, coisa linda! O freguês quer ver?

Abanou o cação à minha frente. Sorri e disse, em inglês:
– *No thanks. I'm looking for another kind of fish.*

Obviamente, a peixeira não percebeu, mas o Sr. Schafer olhou de imediato para mim, investigando o meu rosto. Fiz um olhar tranquilizador e cumprimentei-o com um leve aceno de cabeça.

– *Fish*? É *fish* que quer? Isto é *fish*! – indignou-se a mulher, abanando o cação com mais intensidade.

O Sr. Schafer interveio, explicando-lhe que era com ele que eu queria falar. A mulher atirou com o cação para a canastra, com brusquidão, resmungando impropérios. Depois, despediu-se do Sr. Schafer, prometendo cumprir o combinado. Com a ajuda de um rapazinho colocou de novo a canastra à cabeça e afastou-se.

– Venho sempre aqui, quando quero comprar peixe fresco. É aqui que apanhamos o melhor – informou o homem. – Então, o que deseja de mim?

Ali, com os pés enterrados na areia, no meio daquela alegre barafunda de gritos e vida piscatória, expliquei quem era.

– Procuro uma sua aluna. Alemã.

Pelo seu ar aflito, percebi de imediato que Anika estava por perto.

– O que se passa? – perguntou Schafer.

Revelei o meu temor de que a Gestapo os perseguisse. Considerava melhor eles saírem de Portugal.

– Como é que eu sei que posso confiar em si? – perguntou.

Não havia uma forma simples de responder a esta pergunta.

– Diga-lhe que o Jack está aqui, e que corre mais depressa que o Jesse Owens.

Schafer sorriu.

– Onde é que você está? – perguntou.

Prometi esperar por uma mensagem no hotel. Vi-o afastar-se de regresso à vila. Nessa mesma noite, por volta das dez, Schafer encontrou-se comigo e informou-me que Anika me aguardava.

Fomos até casa dele. O Sr. Schafer ficou à porta e eu entrei. Era de facto mais um casebre, apenas iluminado por um candeeiro a petróleo. Anika estava sentada numa cadeira e quando me viu sorriu, e o seu olhar iluminou-se por uns breves instantes. Naquele ambiente soturno ainda parecia mais bela.

– Olá, Jack.

Aproximei-me, mas não tive coragem para a beijar e apenas lhe estendi a mão, num cumprimento formal. No entanto, agarrou a minha mão, como se fosse dançar comigo e aproximou-se, abraçando-me com força.

– Obrigada – disse.

Ficámos em frente um do outro, olhando-nos, sem falar por uns segundos. Depois eu disse:

– Temos de vos tirar de Portugal. Aqui não estão seguros.

Ela baixou os olhos e afastou-se um pouco.

– O meu irmão não quer. Não confia em vocês.

Compreendia-o, mas tinha de o convencer a vencer essa desconfiança.

– Correu tudo mal – disse ela, e vi as lágrimas a chegarem-lhe aos olhos.

– Isso agora não importa – interrompi. – O que importa és tu. Não quero que a Gestapo te assuste outra vez. Mas, mais dia menos dia, vão descobrir-vos. É melhor saírem de Portugal. Consigo arranjar passagens para o Brasil, para a Argentina, para a Venezuela, até para a América.

Anika reflectiu no que lhe dissera. Depois, os seus olhos azuis fixaram-me e abanou a cabeça:

– Não vale a pena, Jack. O Karl não quer.

Respirei fundo.

– Essa teimosia do teu irmão não leva a nada! Se ele quer ficar, então vem tu! Ficas em minha casa no Estoril, eu protejo-te!

Ela sorriu, mas abanou de novo a cabeça.

– Não o posso deixar.

A teimosia do irmão e a lealdade dela eram admiráveis, mas eram também perigosas. Escrevi um bilhete, com a minha morada no Estoril, e disse-lhe:

– Anika, guarda isto. Se precisares...

Guardou-o no bolso do casaco. Comecei a afastar-me em direcção à porta.

– Jack – perguntou ela –, porque é que está a fazer isto?
Virei-me e fixei aqueles lindos olhos azuis:
– Porque quero fazer o que é certo e não apenas cumprir ordens.

Dois dias depois, os irmãos cederam aos meus pedidos, e fui buscar Anika a casa do professor Schafer. Entrou no meu *Citroën* e disse:
– O meu irmão quer que eu vá primeiro, para tratar dos papéis. Diz que vai ter connosco ao Estoril, daqui a uma semana.

Infelizmente, não tivemos de esperar tanto tempo por ele.

55

Chegámos ao Estoril de noite. Desde a partida de Alice que não voltara àquela casa. Era uma ironia regressar com uma mulher que, como Alice, trabalhava para os alemães formalmente, e que como ela os traía em segredo.

Destinei a Anika um quarto no primeiro andar, ao fundo do corredor, afastado do meu. Perguntei-lhe se desejava tomar um banho e desci à cave para alimentar a caldeira a lenha. Depois, voltei a subir e desejei-lhe as boas-noites. Anika perguntou:

– O Jack vai deitar-se já?

Disse-lhe que ia beber um copo na sala, para descontrair, e ela deu-me as boas-noites. Desci e bebi o meu *whisky* duplo, ouvindo a água a correr pelos canos lá para cima, enchendo a banheira de Anika. Não pude deixar de a imaginar nua, mas afastei rapidamente esses pensamentos. Ter fantasias eróticas logo na primeira noite, só porque ouvia a água a encher a banheira, era um caminho para tornar aquela semana insuportável.

No dia seguinte, iria a Lisboa. Os meus conhecimentos decerto me ajudariam a decidir uma rota de fuga para eles. Depositava bastantes esperanças em Aníbal, o meu faz-tudo na companhia, para descobrir um cargueiro de confiança que os pudesse levar para as Américas.

Quando dei por mim, o dia nascia, os raios de luz entravam pelas janelas da sala. Adormecera no sofá, a cabeça cheia de planos. Subi ao primeiro andar e espreitei pela porta do quarto de Anika. Dormia, enrolada no lençol. Perguntei-me se estaria apaixonado, ou apenas enfeitiçado.

Deixei-lhe um bilhete em cima da mesa da cozinha, onde sugeria que ela não saísse de casa em nenhuma circunstância.

Meti-me a caminho de Lisboa no meu *Citroën* azul. Com Aníbal, estudei as possibilidades. Havia três cargueiros que podiam levar os irmãos, mas dois deles partiam dali a quarenta e oito horas e o terceiro dali a cinco dias. Não era possível embarcá-los nos dois primeiros, pois Karl John nunca conseguiria vir da Ericeira a tempo. Apostámos no terceiro, e Aníbal desceu às docas para fazer os primeiros contactos, enquanto eu tratava de obter dois passaportes e dois vistos de saída falsos. Para um tipo do MI6 isso era fácil.

A meio da tarde, Aníbal regressou e percebi pela cara dele que não tivera sucesso na abordagem. Os homens do cargueiro não eram de confiança, não tinha gostado das suas maneiras. Mas nem tudo eram más notícias: nessa noite chegaria a Lisboa o *Cartoum*, com quem nós trabalhávamos muitas vezes. O *Cartoum* ficaria em Lisboa quatro ou cinco dias, seguindo depois em direcção a Caracas, na Venezuela. Esperançados, combinámos que na manhã seguinte Aníbal falaria com o capitão. A tripulação do navio estava habituada a aventuras e nunca nos falhara. Com o *Citroën* carregado de sacos de alimentos, regressei ao Estoril satisfeito.

Anika ficou obviamente contente de me ver e a sua cara alegrou-se ainda mais quando lhe mostrei algumas revistas que comprara, e cuja leitura a poderia entreter nas horas mortas daquela espera. Sorriu e disse:

— Jack, você é um homem correcto e bom.

Depois, sem mais nem menos, atirou-me a pergunta:

— Porque é que nunca se casou?

Surpreendido, encolhi os ombros. Invadiu-me um desejo de honestidade e contei-lhe a história de Carminho, do noivado e do rompimento.

— O resto foram aventuras – acrescentei. Ela fez uma cara marota:

— É muito dado a aventuras com as mulheres?

Já sabia onde ia dar este tipo de conversas. Era melhor mudar de assunto.

– Tenho uma ideia de como vou fazê-los sair de Lisboa. Caracas parece-te um bom destino?

Anika pareceu momentaneamente desiludida com a minha súbita mudança de tema. Foi a vez de ela encolher os ombros:

– Tanto me faz. Desde que a Gestapo não nos descubra. Enquanto estou aqui tenho muito medo. Não sei se foi boa ideia ter vindo para Lisboa.

Expliquei-lhe que estava errada:

– Se queremos sair, temos de estar o mais próximo possível da saída.

Oficialmente, não podia meter o MI6 neste assunto. Eles não iriam achar graça à ideia. Não era possível embarcá-los num submarino, nem mesmo num comboio oficial. A fuga teria de ser clandestina, expliquei.

– Parece com muita vontade de nos ver fora de Lisboa – disse Anika.

Julgo que não se deu conta de que me magoou com aquela acusação. Ripostei, dizendo que não era pressa, era receio por ela.

– Prometi que tomava conta de ti, lembras-te?

Sorriu. Começou a mexer nos sacos que trouxera de Lisboa. Sugeriu que eu fosse tomar um banho enquanto ela cozinhava o jantar, e assim fiz. Comemos os dois na sala de jantar, contando histórias da vida um do outro, embalados por uma garrafa de vinho tinto. De seguida, passámos à sala, onde fumei um charuto e bebi o meu *whisky* duplo, enquanto ela beberricava um *brandy*, queixando-se de que eu só tinha bebidas inglesas. Por volta da meia-noite, Anika bocejou e pouco depois retirou-se. Vinte minutos mais tarde, terminado o charuto, fui-me deitar. Adormeci, mas passado algum tempo acordei com um barulho no corredor, uma porta a ranger e passos. Vi a minha porta, que deixara encostada, a abrir-se.

– Anika? – perguntei.

A cabeça dela espreitou para dentro do meu quarto.

– Jack? – perguntou. – Está acordado?

– Sim. O que foi?

Entrou no quarto. Vestia uma camisa de noite branca, quase até aos pés, e à transparência na contraluz vi os contornos bem desenhados do seu corpo, as ancas, as pernas e os braços.

– Desculpe. Ouvi uns barulhos lá fora. Pareciam pessoas no jardim.

Levantei-me de imediato e fui até à janela. Abri as portadas e espreitei. A noite iluminava-se com o célebre luar de Agosto, de que fala o provérbio popular português. Examinei o jardim, mas não vi nada, nem ouvi qualquer ruído. Anika aproximara-se e estava atrás de mim. Virei-me.

– Não deve ser nada, talvez um pássaro. Mas vou lá abaixo na mesma.

Ela estava assustada.

– Quer que eu vá consigo?

Sugeri que voltasse para o seu quarto. Vesti umas calças e um casaco por cima do pijama, desci até à cozinha e saí para o jardim que existia nas traseiras da casa, com uma lanterna e uma faca na mão. Não era a *Randall* e lembrei-me do meu amigo Michael. Por onde andaria ele? Lentamente e em silêncio, dei uma volta à casa, sem acender a lanterna. Não descobri a origem do barulho.

Regressei. Quando entrei no meu quarto, vi Anika sentada na minha cama. Tranquilizei-a, prometendo que ficaria atento a ruídos estranhos. Ela levou o dedo à testa:

– Os meus medos estão aqui dentro. Não consigo dormir...

Fiz um ar compreensivo. Ela perguntou:

– Incomoda-o que eu durma aqui ao pé de si?

O meu coração acelerou. Na luz ténue que existia no quarto, escapou-me um sorriso, imperceptível para Anika.

– Bem – disse –, acho que a cama é suficientemente larga para os dois. Se só te tranquilizas assim...

Anika meteu-se de imediato na cama e perguntou:

– Qual é o seu lado?

– O esquerdo.

Chegou-se para o lado direito, puxando para cima o lençol. Depois de despir o casaco e as calças, deitei-me. Os nossos corpos não se tocavam, mas senti imediatamente o calor que emanava do seu. Respirei fundo. Não iriam ser noites fáceis. Dormir ao lado daquela beldade só para lhe acalmar os medos iria ser uma tortura.

Uns minutos depois, Anika virou-se para mim.
– Jack?
– Sim.
– Posso encostar a cabeça no seu ombro?
Fechei os olhos.
– Claro.

Aproximou o seu corpo. Levantei o meu braço direito, para que ela pudesse colocar a cabeça no meu ombro. Ao fazê-lo, o seu peito tocou-me nas costelas, e engoli em seco. Era redondo, cheio, rijo. Lá em baixo, senti os primeiros movimentos de excitação. Comecei a fazer-lhe festas no cabelo e depois na nuca. Senti a sua pele quente nos dedos. Ela suspirou e aninhou-se mais em mim, a sua barriga contra a minha anca, a sua perna direita pousando um pouco sobre a minha. Os meus dedos desceram para o seu pescoço, as unhas passando sobre a pele, procurando o nascer das costas. Anika voltou a suspirar. Engoli em seco. Não queria fazer nenhum movimento que pudesse ser mal interpretado. Não queria ter a iniciativa. Ela deve ter percebido, pois de repente mexeu-se e a sua mão direita tocou-me entre as pernas. Sentiu o meu desejo, mas não ficou. Subiu a mão até à testa, e puxou para trás o cabelo, como se se penteasse. Depois, voltou a descer a mão, mais lentamente, arrastando-a ao longo do meu peito, da minha barriga, e pousou-a em cima do meu desejo, por uns instantes, como se aguardasse um incentivo. Como eu não disse nada, retirou a mão. Fiquei a respirar, sem dizer nada.

Uns minutos depois voltou a pousar a mão sobre mim. Sentindo o meu desejo vivo e forte, desapertou os botões das calças do pijama, um a um, e as suas mãos quentes tocaram-me. Fechei os olhos, ondas de prazer a subirem por mim acima.

Ouvi a sua voz:
– Toca-me.

Os dedos da minha mão esquerda tocaram-lhe. Primeiro nos contornos da cara, depois no pescoço, no nascer dos ombros e por fim nos peitos. Desapertei os botões da camisa de noite e depois ela tirou-a. Beijámo-nos. Puxei-a para cima de mim, e encaixámo-nos um no outro com suavidade. Amei-a horas a fio, até o dia nascer. Seria a guerra, o medo de morrer, que soltava as mulheres assim, ao ponto de desejarem tanto e tudo, ao ponto de não quererem parar?

56

Por razões óbvias, não relatei ao meu neto Paul os pormenores daqueles dias que Anika passou em minha casa. Não é coisa que se conte a um neto, por mais à-vontade que se esteja com ele. Se me pusesse a descrever as liberdades que nos permitimos, pensaria que eu era um velho senil.

Portanto, só mais tarde, na solidão do meu quarto de hotel, recordei Anika a andar nua pela casa. Estava calor e tomávamos banho na piscina sempre que o desejávamos. Como o jardim era protegido por um muro alto, não éramos importunados pelos vizinhos e ninguém se escandalizou connosco. De certa forma, ali sozinhos, éramos uma espécie de Adão e Eva no nosso diminuto paraíso, e nem sequer tivemos discussões com a serpente. Entregámo-nos com alegria, fazendo amor dentro da piscina, na relva, deitados em cima das espreguiçadeiras, abandonando-nos a uma estranha e doce luxúria.

Quando eu estava em casa – o que era quase sempre, pois nos três dias seguintes só fui a Lisboa uma vez, para me certificar de que era possível a fuga dos irmãos no Cartoum – Anika era invadida por uma estranha histeria. Estava convencida de que ia ser apanhada pela Gestapo e de que seria levada de volta para a Alemanha, onde a fuzilariam. Essa fantasia mórbida e aterradora produzia um desejo abrupto e poderoso de aproveitar a vida que lhe restava. Como estava impedida de sair de casa, não tinha muitas formas de se libertar dessa força histriónica que a invadia, e julgo que o sexo foi a única rota de libertação das energias confusas e violentas que lhe sacudiam a alma.

Um dia, a meio da tarde, encontrei-a na cozinha. Estava nua da cintura para cima, o belo peito ao ar, e apenas vestia uma saia comprida e preta. Mexia com uma colher uma panela, que fumegava no fogão. Disse-lhe:

– É perigoso estares a cozinhar assim, podes queimar-te.

Avançou na minha direcção, depois de pousar a colher de pau:

– Tendes razão, senhor. Que imprudência. Devias castigar-me. Estou à vossa mercê, senhor – ofereceu-se.

Ajoelhou à minha frente e levou as suas mãos ao meu cinto, desapertando-o, e puxou as minhas calças e as minhas cuecas para baixo. Eram cenas assim, uma atrás da outra. O sexo, a imaginação que colocava naqueles momentos, os extremos a que ia, eram o único remédio contra o futuro assustador que pressentia. Quase não falávamos dos pormenores da fuga. Ela acreditava que eu tinha tudo tratado, papéis, combinações com o navio, mas não que lá chegasse.

– Não nos vão deixar – murmurava, sempre que eu falava nisso.

Ao terceiro dia, enviei Klop à Ericeira, para ir buscar Karl John. Tínhamos pela frente pouco mais de 24 horas de expectativa, mas Anika continuava invadida por uma absoluta descrença.

– Depois de amanhã – murmurou.

Afligiu-se, como se a proximidade do dia da partida a assustasse ainda mais, e veio a correr abraçar-me.

– Não quero ir. Eles vão estar à nossa espera, Jack.

Tentava desviar-lhe a atenção, fazê-la pensar noutra coisa, mas nada parecia resultar. Anika, ao fim do terceiro dia, transformara-se num ser no limite das suas forças. Em certos momentos, comportava-se como uma criança aterrada, e quase bloqueava, respiração ofegante, os olhos muito abertos, numa rigidez muscular impressionante, tensa como um cabo de um navio no alto mar. Noutros momentos regressava subitamente à sua condição de animal primário, voluptuoso, e atirava-se a mim com loucura, procurando a libertação do pavor que a consumia.

Não sei se lhe fiz bem ou mal. Não sei como teria sido se não tivesse sucumbido à tentação de a amar. Será que, ao desfrutar dela com evidente gozo, contribuí para o seu desequilíbrio daqueles dias? Como no caso de Mary, não tenho uma resposta. Não sou psiquiatra. Era apenas um homem, que estava a arriscar o pescoço por ela e pelo irmão, e se ela queria que eu a fodesse até ao tutano, por mim tudo bem.

Anika ia sair da minha vida dali a dias. Ou fugida, para a América Latina, ou presa e deportada para a Alemanha. Tudo faria para que ela conseguisse fugir, mas em qualquer das hipóteses provavelmente nunca mais a veria, e isso custava-me. Acho que, noutras circunstâncias, se me tivesse apaixonado por uma mulher como ela, desejaria viver a seu lado o resto da vida. Contudo, aqueles tempos não se compadeciam com romantismos. Anika ou fugia ou morria. Amá-la era a única forma de a tornar minha por momentos, antes de a maldita guerra tomar conta de nós, enviando-nos para pólos opostos do mundo.

– O Klop trouxe o irmão? – perguntou o meu neto Paul.

Respirei fundo, olhando os camarões no prato, as cabeças chupadas, amontoadas, formando uma pequena elevação. Estávamos num restaurante da Ericeira a jantar, empaturrando-nos com marisco e peixe fresco. Sabor a mar...

– Não. Ele chegou nessa noite, de surpresa.

O meu neto levantou a cabeça do prato, os olhos abertos, pronto a absorver mais uma história de aventuras.

Seriam talvez duas da manhã. Anika dormia enroscada em mim quando ouvi alguém a bater nas janelas da cozinha. Levantei-me com cuidado para não acordar a rapariga. Vesti-me a correr e saí do quarto. O bater nas janelas da cozinha parara, mas pouco depois recomeçou na sala. Dirigi-me para lá. Reconheci Karl imediatamente, a cara coberta de suor e os olhos cheio de medo. Abri a janela e entrou, ofegante, as vestes rasgadas em vários sítios. Estava esgotado e fui à cozinha buscar-lhe um copo de água. Lentamente, recuperou o fôlego e acalmou-se. Começou a explicar a odisseia.

Na manhã do dia anterior, a Gestapo chegara à Ericeira. Haviam descoberto o seu esconderijo, nunca soubemos como. Por sorte, o Sr. Schafer acordara mais cedo e viu-os, a cerca de 20 metros da casa, dando o alerta. Karl fugira imediatamente por uma janela dos fundos, em direcção aos montes, mas a Gestapo topara-o.

Andara horas pela região, evitando as estradas, sentindo-os sempre por perto. Depois conseguira apanhar uma boleia de uma camioneta de vendedores ambulantes a caminho de Sintra. Aí chegado, tivera dificuldade em conseguir transporte, e atravessara a serra até à Malveira a pé, pelas estradas secundárias, até arranjar nova boleia, que o deixou próximo do Estoril. Os últimos quilómetros até minha casa fizera-os a pé.

Não quis acordar Anika, para não a assustar.

– Temos tudo pronto – informei. – Um navio que parte amanhã de manhã. Vai para a Venezuela. Enviei uma pessoa à Ericeira ontem, mas não chegou a tempo.

Karl continuou tenso:

– Veremos se não nos descobrem antes.

Preferiu deitar-se no sofá da sala. Ao fim de meia hora de frases telegráficas e tensas, adormeceu. Julgo que não confiava em mim por aí além, mas eu não lhe levava a mal por isso. Aqueles eram tempos terríveis para todos, e a sua desconfiança era uma necessidade de sobrevivência, não uma ofensa pessoal contra mim.

Karl tinha infelizmente razões para estar desconfiado. Por volta das cinco da manhã, ouvi barulhos na rua, carros a parar, vozes na noite. Não me voltara a despir e levantei-me outra vez. Anika continuava a dormir um sono profundo e limitei-me a tapá-la com o lençol, fechando a porta ao sair do quarto.

Desci as escadas, a adrenalina a disparar. Ouvi ruídos junto à porta da cozinha e corri para lá. Vi dois vultos a tentarem forçá-la. Tinha uma certa esperança de que pudesse ser Klop, mas era uma esperança absurda. Ele nunca iria aparecer assim, a arrombar a porta da cozinha.

Quando cheguei à casa de jantar, quase choquei com Karl.

– São eles, a Gestapo – murmurou o alemão.

Dois vultos passaram em frente à janela da sala. Mais os dois que estavam na cozinha, eram pelo menos quatro.

– Tem armas? – perguntou Karl.

Amaldiçoei-me mentalmente. Nem a faca de Michael.

– Só facas de cozinha – murmurei.

Karl ficou em silêncio, pensando. Depois perguntou:

– Há alguma maneira de sair daqui sem eles me verem?

Expliquei-lhe que podia sair pela cave e tentar trepar para o telhado da garagem, subindo o muro e passando para a casa do vizinho.

– Mas é difícil não fazer barulho – avisei.

Karl estava muito agitado e decidido.

– Tenho de fugir. Eles matam-me se me apanham. Vou ter com vocês à doca.

– E a Anika? – perguntei.

Karl olhou para mim:

– Eles não andam atrás dela. Já a podiam ter preso se quisessem, tiveram muitas oportunidades para isso. É a mim que eles querem.

Era verdade, mas a Gestapo poderia perder a paciência. Não seria fácil defender Anika, mas, se Karl conseguisse fugir, tínhamos mais possibilidades. Conduzi-o até à cave. Abri com cuidado a porta e vi-o a sair, e a colocar o pé em cima do bidão de gasóleo que ali estava. Infelizmente, quando subiu para o telhado, Karl foi visto. Alguém berrou. Feixes das lanternas cruzaram o escuro. Os homens aproximavam-se, vindos do jardim. Karl tentou trepar ao carvalho, segurando-se num ramo, mas não ia conseguir a tempo. Desesperado, deixou-se cair para cima do telhado.

Deixei de o ver e regressei à cave, trancando a porta por dentro. Voltei a correr ao *hall* principal. Não existia outra forma de proteger Karl a não ser sair lá para fora e fazer um estardalhaço, como se fosse um dono de casa indignado, por a propriedade ter sido assaltada.

Quando corri para a porta ouvi uma voz ao cimo das escadas:

– Jack!

Era Anika. Disse-lhe que se escondesse. Abri a porta e de imediato um enorme foco de luz ofuscou-me. Coloquei a mão na cara, tentando proteger os olhos. Gritei, invocando que estava em minha casa. Dois vultos aproximaram-se, com gabardinas e chapéus. PVDE. Um deles trazia na mão um papel, enquanto o outro me apontava uma pistola.

57

– O avô foi preso? – perguntou Paul, curioso.

Podia ver a admiração que as minhas narrativas lhe estavam a provocar. Para um rapaz de vinte e tal anos, que vive na década de 90, na década de maior prosperidade e paz que o Ocidente viu em muitos séculos, nada na sua vida se assemelha a isto. Paul coleccionara uma ou outra história de desacato na universidade, como qualquer adolescente que se preze, mas não vivera nada tão épico como uma perseguição por uma polícia secreta em tempo de guerra.

– Sim, fui – respondi. – E o Karl John também.

Os homens da PVDE algemaram-me, indiferentes aos meus gritos de protesto. Num regime ditatorial como o de Salazar, não existiam doçuras policiais. A PVDE podia fazer praticamente o que desejasse. Empurraram-me para a rua, alheios à minha invocação de que era proprietário e tinha conhecimentos na Embaixada.

De repente, ouvi baques surdos, seguidos por gemidos, e tentei ver o que se passava próximo da garagem. As lanternas estavam apagadas, mas podia vislumbrar três vultos, que pontapeavam um outro no chão. Os alemães estavam a espancar Karl John. Desatei aos berros, indignado.

– Vocês não podem permitir isto! – vociferei, para os agentes da PVDE. – Estes tipos não são polícias portugueses, são da Gestapo! Isto é Portugal, não é a Alemanha nazi!

Talvez esta referência nacionalista tenha convencido os agentes da PVDE a intervir. Enquanto um me dirigia para o carro, o outro desceu pela rampa de acesso à garagem e ouvi-o a ordenar aos alemães que parassem. Minutos mais tarde, vi Karl John. Sangrava do lábio superior e tinha um olho negro, bem como uma ferida na sobrancelha direita. Devia ter as costelas partidas, pois levava a mão direita do seu lado esquerdo, como se quisesse amparar a dor.

Os homens da PVDE enfiaram-no noutro carro. Arrancámos em cortejo, os dois carros da PVDE seguidos por um *Mercedes* negro, onde iam os quatro homens da Gestapo. Até ao destino, nenhum dos dois polícias que iam no meu carro falou. Pensei que nos iam transportar para a sede da PVDE, mas não foi esse o caso. Hora e meia depois de termos saído do Estoril, parámos em frente à prisão do Aljube, junto à Sé de Lisboa. Quando me mandaram sair do carro, protestei:

– Sou um cidadão inglês, não cometi nenhum crime. Não me podem prender!

Como resposta, um deles deu-me uma bastonada na perna direita, obrigando-me a avançar. Conduziram-nos ao longo de um edifício lúgubre e mal iluminado, e fomos colocados num dos cantos da prisão, em celas individuais, com portas de ferro pesadas, o que impedia qualquer comunicação entre mim e Karl John.

A minha cela era um espaço sujo, as paredes castanhas de suor, lama e fumo. Havia apenas uma esteira no chão e um balde de latão, imundo, a um canto. Um pequeno óculo com vidro fosco permitia a entrada da luz, mas o silêncio era total. Sabia que para o Aljube iam a maior parte dos comunistas, anarquistas, presos políticos estrangeiros e judeus suspeitos. Era o calabouço preferido da PVDE. Contava-se que os estrangeiros não tinham grande hipótese, pois os guardas não falavam línguas e raramente atendiam os pedidos dos prisioneiros.

Reflecti sobre o que se passara. Era evidente que a Gestapo tivera alguma informação sobre a ajuda que eu estava a prestar a Karl e Anika. Haviam movido as suas influências na PVDE para conseguirem autorização para cercar a minha casa e prender-me, bem como Karl.

O meu único motivo de contentamento era a certeza de que Anika não tinha sido descoberta. Como Karl previra, não era ela o problema. Mal tinham conseguido prender o irmão, os nazis haviam esquecido a rapariga. No entanto, talvez isso não fosse assim tão tranquilizador. Quando chegassem à sua sede, decerto Lang, o chefe do SD que substituíra Schroeder, lembrar-se-ia de Anika, e mandaria procurá-la, acusando-a também de traição. Portanto, a rapariga tinha pouco tempo. Talvez apenas o dia de hoje. Que soluções teria? Havia sempre a possibilidade de Klop se cruzar com ela, vindo da Ericeira, e de a conseguir transportar até à Embaixada inglesa, onde podia pedir asilo político. Mas, e se Klop não chegasse? E se Anika entrasse em pânico? Ela não estava bem, vivia assustada, com a quase certeza de que ia morrer, caçada pela Gestapo. Conseguiria ela vencer o medo, e sair da minha casa do Estoril, avançando a céu aberto para Lisboa? Ou decidiria voltar à Ericeira, para casa de Schafer?

Ao fim de algumas horas de silêncio, comecei a chamar pelo guarda. Estava com fome e tinha outro tipo de necessidades. Passados alguns minutos, uma pequena portinhola abriu-se e dois olhos espreitaram na minha direcção. Expliquei o meu desejo.

– Faz aí – disse a voz.

A portinhola fechou-se. Olhei para o balde de latão. Teria de ser.

As horas passaram. De repente ouvi barulhos. Abriu-se outra pequena portinhola, desta vez à altura do chão. Uma mão pousou no chão da cela um copo de latão com um líquido escuro e um prato, também de latão, com uma papa acastanhada. Cheirei o líquido. Era um vago café, cheio de borras e partículas nojentas a boiarem. A papa era de ingredientes indecifráveis, talvez bocados de pão ou feijão. Não consegui evitar um vómito. Pousei o copo e o prato no chão e regressei à esteira. As costas doíam-me. Não era fácil encontrar um posição confortável, o chão era muito duro. Começara também a ficar muito calor. Estávamos em Agosto, e a temperatura ali dentro devia rondar os 40 graus, o que me fazia correr o suor nas axilas, nas costas, na testa.

Foi uma surpresa quando, por volta das sete da tarde, a porta se abriu e um guarda fardado de cinzento, de bigode e cara marcada pelas bexigas, me ordenou que o seguisse. À entrada tinham-me retirado a carteira, a única coisa que trazia no bolso das calças e, quando ele passou num corredor, um outro homem entregou-me a carteira. Agradeci e continuei a andar, surpreendido. Perguntei ao homem das bexigas se ia ser libertado, mas ele não me respondeu. Continuou a andar, até que cheguei a uma porta e saí para um pátio que dava para o portão do Aljube. Um terceiro guarda indicou-me a saída. Não troquei mais palavras com nenhum deles.

Saí e foi com espanto que identifiquei o homem que estava à minha espera.

– Michael! – gritei com alegria.

O meu amigo aproximou-se e deu-me um forte abraço.

– Estás com péssimo aspecto. Vais ter de tomar um banho!

A excitação que me invadiu queria ser satisfeita de imediato. O que fazia ele ali? Como conseguira a minha libertação? Tinha estado com Anika? O que iria acontecer a Karl John?

O meu amigo deu-me o braço e obrigou-me a descer a rua. A cerca de 20 metros descobri o meu *Citroën* azul, parado junto ao passeio.

– Queres ir tu a guiar? – perguntou Michael.

Sorri e disse que sim. Afinal, era o meu carro, e sabemos como os homens são com os carros. Por mais dorido que estivesse, não chegava ao ponto de não poder guiar. Entrei e arrancámos. Michael começou a responder às minhas questões.

– Tenho andado a seguir a situação – disse. – Klop...

O russo mantivera-o sempre bem informado. Regressado da Ericeira, fora ter com Michael. Os dois tinham ido ao Estoril.

– Chegámos lá quando vocês estavam a ser metidos nos carros – contou.

Aperceberam-se de imediato de que não havia possibilidades de intervirem, pois a PVDE tinha autorização para prender quem quisesse. Mal os carros partiram, Michael tinha querido segui-los, mas Klop lembrou-se de que não haviam visto Anika.

– Fomos bater à porta de casa. A princípio, ela não se quis mostrar, mas eu tanto gritei que ela se convenceu.

– E estava bem? – perguntei.

O meu amigo fez um sorriso malandro. Não lhe escapava nada.

– A alemãzinha está pelo beicinho. Andaste a aproveitar-te de uma jovem indefesa? Que vergonha, Jack Gil. E ainda por cima alemã! Já pensaste que isso é traição à pátria?

O meu amigo deu uma gargalhada, bem-disposto. Encolhi os ombros.

– Está um bocado assustada – acrescentou –, mas não vai haver problema, descansa.

– Ela está no Estoril? – perguntei.

– Não, claro que não. Se a deixássemos lá, o Lang apanhava-a e a esta hora já estava na Boca do Inferno, a boiar contra as rochas...

Explicou que a tinham trazido para a Embaixada e informou:

– Ficam lá todos até à hora de partida do *Cartoum*.

Michael mexera as suas influências, junto de Ralph e do embaixador.

– E falei com o Capela – acrescentou.

Contou-me que o tenente da PVDE se prontificara a ajudar-nos, complicando a vida à Gestapo. Aparentemente, a facção da PVDE que colaborava com os nazis não tinha um chefe com influência suficiente para se impor ao Capela.

– Ele trocou uma palavrinha com o Agostinho Lourenço e vão-nos deixar libertar o Karl John. Mas só amanhã.

– A Gestapo não podia mandar matar o Karl no Aljube? – perguntou Paul.

Expliquei-lhe que ninguém na PVDE tomava decisões contra o chefe supremo, Agostinho Lourenço.

– E para mais – acrescentei – julgo que o Lourenço teve também uma conversinha com o Salazar, que autorizou a saída do Karl.

– O Salazar tratava desses assuntos? – perguntou Paul.

Sorri. Compreendi o seu espanto. Não era um caso assim tão grave, e seria natural que coisas dessas não chegassem ao presidente do Conselho.

– O embaixador Campbell também fez um telefonema – contei. – Era assim que as coisas aconteciam. Salazar sabia de tudo. Não dormia, nem mesmo enquanto estava a dormir...

Ao dizer esta frase, fiquei de novo triste. Aquilo saíra-me sem eu querer e o meu coração ficou pesado.

O meu neto agitou-se na cadeira do restaurante, mas eu tranquilizei-o:

– Não te preocupes. Estou bem.

58

– E nós aqui, enquanto Salazar dorme...

Encontrávamo-nos os dois sentados no meu *Citroën* azul, eu e o meu amigo Michael, na Rocha do Conde de Óbidos, um conjunto novo de docas que estava ainda a ser concluído, mas de onde, naquele mês de Agosto de 1944, já partiam alguns barcos. Afastado cerca de 100 metros do molhe, o *Cartoum* fazia a sua manobra, iniciando o caminho para a Venezuela. Lá dentro, sãos e salvos, iam Karl John e a sua irmã Anika, que só Deus e eu sabemos o quanto amei naqueles dias.

As coisas tinham corrido bem. Eu e Anika ficámos a passar a noite numa sala da Embaixada, e às seis da manhã Michael veio ter connosco. Fomos os três no meu *Citroën* até ao Aljube, e estacionámos numa rua lateral. Sem nenhum guarda por perto, Karl John abandonou a prisão por uma pequena porta nas traseiras. Minutos depois entrava no nosso carro, e caía nos braços da irmã.

Anika estava muito pálida quando a reencontrei, mas tranquilizara-se ao ver-se numa Embaixada, protegida pelo poder da influência inglesa. Depois do jantar, adormeceu, pacífica e calma, outra vez um anjo doce e terno, a alma desprovida de abismos, uma rapariga adorável que ia sair da minha vida para sempre.

A guerra, para mim, foi quase sempre assim. Mulheres que eu amava, mulheres que eu desejava, mulheres com quem vivia muito e muito fortemente, e que um dia partiam para o mar. Mary, Alice, Anika, bocados inteiros do meu coração que se foram, deixando-me mais só e mais triste naquela Lisboa que eu tanto amava.

Próximo das sete e meia da manhã, Karl John e Anika embarcaram no *Cartoum*, para sempre livres do jugo nazi, a caminho de um futuro melhor. No caso de Karl, a despedida foi formal. O seu orgulho não lhe permitiu mais. Partiu desiludido com a Inglaterra. Karl era aquele tipo de homens que dava a vida por uma causa justa, recto e íntegro, e nunca aceitou a falta de lucidez inglesa ao negar ajuda aos «conspiradores».

Eu e Anika ficámos longos momentos abraçados e senti o calor do seu corpo pela última vez. Beijámo-nos ao de leve nos lábios, sem querer demonstrar o que nos ia nos corações. Demorou a largar a minha mão, mas foi recuando, passo a passo, e a última imagem que tenho dela são aqueles olhos azuis, azul mar das Caraíbas, azul onde eu me perdi e me encontrei. Nunca mais vi nenhum azul assim.

Observei-os a entrar no barco, subindo a rampa, os dois lado a lado, e senti orgulho no que fizera. Arriscara o pescoço por eles, pondo em perigo a minha posição no MI6, mas estava certo de que havia sido um homem com H grande, um homem que fizera o que tinha de ser feito.

Michael e eu regressámos ao meu *Citroën* azul, e sentámo-nos. Pela primeira vez na vida não gozou comigo, não me atirou piadas sobre Anika, e sei que também ele se sentiu bem por ter conseguido emendar a mão, ajudando Karl John depois de o ter desiludido em Monserrate.

Tirou a sua faca *Randall* do bolso, e do outro bolso retirou duas maçãs, redondas e amarelas. Sugestionado pela visão dos frutos, o meu estômago roncou. Michael começou a descascar uma das maçãs.

– Olha-me para isto. É uma faca dos diabos! – exclamou.

Mostrou-me orgulhoso as fatias de casca de maçã, finíssimas, como se fossem papel vegetal.

– Há poucas que façam o mesmo – acrescentou.

Quando acabou de descascar a primeira maçã, partiu-a em vários pedaços, e foi-mos dando, um a um. Comi, saboreando a frescura do fruto.

– Boa ideia – murmurei.

O meu amigo sorriu e continuou a dar-me os gomos, um a um, até que acabou essa maçã e começou a descascar a outra. Nesse momento, disse aquela frase que hoje, 50 anos depois, ainda ecoa nos meus ouvidos.

– E nós aqui, enquanto Salazar dorme...

Sorrimos bem-dispostos, vendo o *Cartoum* a deslizar para o centro do Tejo, como se fosse um barco de papel levado pela corrente.

Minutos mais tarde, Michael informou-me de que não regressava comigo. Não me quis dizer onde se instalara desde que abandonara o MI6, mas prometeu que me telefonava, para combinar um jantar.

– Vais voltar para Inglaterra? – perguntei.

Ele abanou a cabeça:

– Não sei para onde vou, mas sei que não é para aí.

Deu-me um aperto de mão, saiu do carro e começou a andar, na direcção da Estrela. Ia sentir muitas saudades daquele «velho pirata». Lisboa não seria a mesma sem o meu amigo Michael, as suas partidas, as suas brincadeiras, a sua faca *Randall*.

Voltei a olhar para o *Cartoum*, que já estava quase a uma milha de distância. De repente, reparei que no chão do *Citroën*, em frente ao banco onde Michael estivera sentado, brilhava um ponto luzidio. Era a *Randall*. Ele esquecera-se da faca! Baixei-me, apanhei-a e olhei na direcção do meu amigo, que já ia a cerca de 50 metros.

O que vi naquele momento fez o meu corpo ficar imediatamente tenso. Na direcção de Michael vinha um carro preto. O meu amigo continuava a andar, de cabeça baixa, distraído, e afastava-se de mim, enquanto o carro se aproximava dele. Era um *Mercedes*. Uma onda de puro terror invadiu-me. Abri a porta do *Citroën*, com a *Randall* na mão, e saltei para o chão.

– Michael!!!! Cuidado!!!! – gritei.

O erro foi meu. Ao ouvir o meu primeiro berro, chamando o seu nome, o meu amigo virou-se para mim e vendo-me de faca na mão deve ter pensado por um instante que eu o estava a avisar de que deixara a faca no meu carro, e sorriu. Mas, um segundo depois, quando eu gritei «cuidado!» e apontei para ele, deve ter pressentido o carro, e vi o sorriso desaparecer da sua cara para sempre.

Nesse momento, soou o primeiro tiro. Um tiro canalha, dado pelas costas. Como um boneco atingido ou um pássaro alvejado, Michael foi empurrado bruscamente para a frente, dobrando-se um pouco. Nesse momento, soou o segundo tiro, e ele foi de novo atirado para a frente pela força do projéctil. Os joelhos falharam-lhe e caiu no chão.

Corri desesperado, de faca na mão, com o coração apertado, acho que a gritar. Nestas alturas, as coisas passam-se muito depressa. Os homens do carro preto dispararam mais um ou dois tiros, pois ouvi balas a assobiarem perto de mim. Depois o carro fez uma rápida inversão de marcha, os pneus a chiarem no alcatrão, e acelerou, afastando-se.

Continuei a correr até chegar a Michael, mas sabia que, por mais que corresse, não ia chegar a tempo. Agarrei-me a ele, num desespero como nunca sentira na vida, com o cheiro do sangue e da morte na minha garganta.

Ter falado na morte de Michael libertou-me da comoção que me atingira à tarde, na praia da Ericeira, e durante o jantar. Aliviou-me ter partilhado o terrível acontecimento com o meu neto. Não sabia se lhe havia de contar o resto, o que se seguiu, e dissertei sobre a amizade.

– Sabes, Paul, quando parte uma mulher que amamos, foge-nos uma parte do nosso coração. Mas, quando parte um amigo, é uma parte da alma que se vai embora com ele.

A amizade, disse-lhe, torna a nossa vida memorável. São imensas pequenas coisas: as aventuras vividas juntas, as manias, as manhas, as partidas que pregávamos um ao outro, a gozação e a implicação, a lealdade e os silêncios compreensivos.

– Entre homens, a amizade é uma força tranquila, e uma fonte de energia. Os homens riem-se muito quando estão juntos, contam piadas, fazem troça uns dos outros, e esses são momentos insubstituíveis. Espero que tenhas bons amigos, como eu tive o Michael.

Fora o meu melhor amigo e, ao longo da vida, não tivera nenhum outro tão importante quanto ele.

– Vivemos tanta coisa juntos – reconheci.

Algumas das histórias, as idas aos Açores, a Vila Praia de Âncora, não as contei a Paul naquela noite, mas expliquei-lhe que sem Michael a minha vida em Lisboa teria sido muito menos emocionante.

– Não conseguiram prender o assassino? – perguntou o meu neto.

Essa era a parte da história que eu não lhe queria contar. Tal como os pormenores do sexo, os pormenores do crime que cometi podiam alterar para sempre a imagem que ele tinha do avô.

– Ainda houve um processo – disse –, mas não deu em nada.

Paul olhou para mim, duvidoso.

– Mas não tentou apanhá-lo?

Abanei a cabeça, dizendo que não e mantive-me calado. Sabia que era mentira e não me senti bem a dizê-la ao meu neto. Nunca lhe tinha mentido, não era agora que ia começar.

– Sabes, Paul, o teu avô fez uma coisa feia.

Ficou a olhar para mim e não disse nada. O empregado trouxe a conta, pagámos e saímos em silêncio. A caminho do carro, Paul disse:

– Acho que, seja o que for que o avô tenha feito, fez bem. Eles assassinaram-no pelas costas.

Gostei de ouvir o meu neto a absolver-me de um pecado que não conhecia. E achei que ele tinha o direito de saber. Dei-lhe o braço e continuámos a andar.

– Uwe. Era o nome do homem – disse.

Klop e eu passámos os dias seguintes à procura de um alemão de cara achatada, um dos que eu tinha visto na minha casa no Estoril, na noite em que a Gestapo lá tinha ido prender Karl John. Sabia que fora ele. Revi mentalmente, centenas de vezes, a imagem: um homem, a sua cabeça e parte do ombro de fora da janela do *Mercedes*, pistola na mão, um ar de vitória maligna no rosto. Ele era careca, e consegui descrever a Klop o rosto do assassino de Michael.

Pensei que a Gestapo o teria feito sair imediatamente de Portugal, para escapar às autoridades, mas não foi o que aconteceu. Cinco dias depois da morte de Michael, Klop entrou pelo meu gabinete na Rua da Emenda e sentou-se à minha frente, ofegante. Já o conhecia bem. Se não tivesse descoberto o homem, não se teria sentado e diria que estava difícil. Se Klop se mantinha em silêncio era porque tinha descoberto a sua presa.

Toquei na *Randall* de Michael, tirei-a do coldre e passei a lâmina pelos dedos, como o meu amigo fazia. Klop perguntou:

– Tem a certeza de que quer fazer isto?
– Tenho – respondi.

Aquele duro russo admirou-me e sorriu, coisa rara nele.

– Ele está escondido no último andar de um pequeno prédio, na Graça. Só sai à rua uma vez por dia, para comprar tabaco e comida.

Senti desejo de sujar a minha alma. Klop continuou:

– Temos de o apanhar lá dentro.

Assenti com a cabeça. Não seria fácil, mas tinha a certeza de que Klop encontraria uma solução. E assim foi. Nessa noite, na Graça, abrimos a porta de um pequeno prédio sem fazer barulho. Klop era um especialista, arrombava qualquer porta que quisesse. Subimos a escada encostados à parede. Uwe instalara-se no último andar, e só havia um inquilino por piso, o que nos facilitava as coisas. Quando chegámos lá acima permanecemos cinco minutos em silêncio, à escuta. Ouvimos o ressonar de um homem.

Klop levou então uma gazua à fechadura e trabalhou-a uns segundos, até a porta ceder. Lentamente, abriu-a e espreitou. Não houve reacção. O ressonar ouvia-se agora melhor. Klop entrou e eu entrei atrás dele.

À nossa direita, víamos os contornos de uma pequena cozinha, e à nossa frente ficava provavelmente uma sala. À esquerda, ao fundo do corredor, uma porta entreaberta revelava um lavatório. O quarto situava-se entre a sala e a casa de banho, e a porta estava fechada. Uwe continuava a ressonar.

Klop explicou-me gestualmente o que iria fazer: ficaria na cozinha, com a sua pistola, e começaria a fazer barulho, fingindo ser um ladrão. Quando Uwe saísse do quarto mostrar-se-ia no escuro, atraindo a sua atenção. Eu ficaria na casa de banho e, quando ele estivesse de costas, matá-lo-ia.

O meu coração estava muito acelerado quando passei em frente da porta do quarto. Entrei no pequeno cubículo e encostei-me ao lavatório, fechando um pouco a porta, para que Uwe não me pudesse ver.

Klop seguiu para a cozinha e segundos depois comecei a ouvir gavetas a abrir e a fechar, e as portas dos armários a serem batidas. O efeito foi imediato: o ressonar acabou e uns segundos mais tarde uma voz perguntou, em alemão, quem é que estava ali. Senti o coração a bater nos ouvidos, o pescoço tenso, e cerrei os dentes. Ouvi o homem pousar os pés no chão, enquanto voltava a repetir a pergunta.

Na cozinha, as dobradiças de mais um armário rangeram. Então, a porta do quarto abriu-se e um vulto saiu para o corredor. Nesse preciso momento, Klop mostrou-se e Uwe gritou. Dei dois passos na sua direcção e, com violência, enfiei-lhe a faca no pescoço, do lado direito. Começou imediatamente a gorgolejar. A *Randall* atingira-o com profundidade e agarrou-se com as duas mãos à ferida, atarantado. Dobrou-se um pouco à minha frente, inclinando o pescoço para a direita. Então, com uma frieza que desconhecia, passei a faca para a mão esquerda, e voltei a desferir um golpe, com brusquidão, que o degolou.

O sangue espirrou, ele ficou sem conseguir respirar e caiu para a frente. Demorou dois minutos a morrer, aos meus pés, devagar.

– Nunca desconfiaram de si? – perguntou o meu neto.
Encolhi os ombros.
– Não faço ideia. A PVDE nunca me chamou para falar do assunto. Até porque o corpo nunca foi descoberto.
– Não? – perguntou Paul, espantado.
Abanei a cabeça.
– Não me perguntes o que lhe aconteceu porque também não sei. O Klop tratou do assunto. Ele tinha sempre expedientes secretos. Se calhar, lançaram-no à Boca do Inferno.
O meu neto olhou para mim e comentou:
– Morreu como o porco que era.

EPÍLOGO

59

Durante o regresso a Lisboa, Paul quis saber como eu deixara o MI6.

– Lembro-me de me ter contado que foi um pouco antes do fim da guerra.

Sorri. O meu neto tem boa memória.

– Lembro-me de me ter dito que tinha saído muito desiludido – continuou.

Voltei a sorrir. Era verdade.

– Sim – disse. – Saí desiludido. Estive para sair quando o Michael morreu, mas o Ralph pediu-me que continuasse, e lá fiquei mais uns tempos.

Os americanos do OSS começaram a chegar em grande número, e o MI6 perdeu parte do seu protagonismo. Por outro lado, com a Europa a ser libertada do jugo nazi, tanto a Ocidente como a Leste, a importância de Portugal diminuía a cada dia que passava.

– Nos últimos meses quase só fazíamos trabalho de secretaria. E o pouco que fazíamos não serviu de nada – recordei.

No último semestre de 44 e nos primeiros meses de 45, as instruções do embaixador Campbell visavam essencialmente os contactos com a oposição ao regime de Salazar.

– O embaixador incentivou-nos muito a dar-lhes esperanças.

O meu advogado da companhia de navegação, Afonso Caldeira, vivia deveras entusiasmado com o apoio que a Inglaterra prometia.

– Eles criaram a expectativa de que a Inglaterra os ia ajudar a derrubar Salazar. E o embaixador sempre a alimentar essas esperanças.

Paul olhava para a estrada, atento às curvas.

– E porque é que não o fizeram?

Suspirei fundo.

– Por várias razões. A geopolítica da Europa acabou por poupar Salazar. A Inglaterra e a América consideraram que era prioritário reconstruir a Europa e não brincar aos golpes de Estado em Portugal. E, depois, havia a Espanha, que também era controlada pelo Franco. Temiam que as coisas se descontrolassem, e que os comunistas tomassem conta da Península. Um disparate pegado, pois não tinham força para tal.

Voltei a suspirar. Ainda me lembro bem da cara de desilusão do meu pobre advogado, quando eu comecei, no final de Fevereiro, a dar sinais de que as coisas não eram tão simples como ele julgava.

– Mas, perguntou-me o homem, então tanta coisa, tantos incentivos para avançarmos contra Salazar e agora, afinal, já não nos ajudam? – recordei.

Senti-me mais uma vez um traidor. Tal como em Monserrate, aquando do encontro com Karl John, quando deixáramos cair o nosso apoio ao golpe contra Hitler, agora também tirávamos a rede aos nossos amigos republicanos que andáramos a incentivar meses a fio.

– Eles ficaram agastados e nunca nos perdoaram. Sentiram-se traídos e abandonados pela Inglaterra.

Salazar teve muitas dificuldades no final da guerra. A situação económica era má, muito má mesmo, e a opinião pública estava dividida, muita dela a desejar uma mudança de regime.

– Houve muitas manifestações em Lisboa e temeu-se um golpe de Estado. Mas o Salazar tinha um grande ascendente sobre o país. Controlava a polícia e a tropa, e as oposições eram mais um sentimento do que uma força política bem organizada.

Porém, recordei, mesmo muitos apoiantes do regime ficaram chocados com o que se passou depois da morte de

Hitler, em 30 de Abril de 45, quando ele e a mulher, Eva Braun, se suicidaram.

– O que se passou? – perguntou Paul.

– Salazar decretou três dias de luto nacional pela morte de Hitler. Foi o único país europeu que o fez.

O sorriso voltou à minha cara, quando recordei uma das pessoas que mais se indignaram com aquela absurda homenagem.

– A tua avó nem queria acreditar – disse.

O meu neto olhou para mim, a cara iluminada por um sorriso, o entusiasmo a tomar conta dele de novo.

– Foi nessa altura que se conheceram? – perguntou.

Ri-me.

– Não, nada disso. Já nos conhecíamos há uns anos. E só casámos uns tempos mais tarde, no Brasil.

No início de 45, o meu pai escrevera a pedir que me juntasse a ele em Nova Iorque. Entristecido em Lisboa, sem Michael, desiludido com o MI6, enviei a Ralph uma carta de demissão sem grandes explicações. Depois, entre Março e Maio, encerrei a filial de Lisboa da companhia de navegação, seguindo à risca as instruções draconianas do meu pai.

– O teu bisavô era um bandidão.

O meu neto riu-se. Já ouvira falar da fama do bisavô, dos seus golpes baixos, dos truques financeiros que usava para sair sempre cheio de dinheiro de cada negócio.

– Espero que não te tornes num pirata financeiro, meu rapaz. Nem eu, nem o teu pai herdámos os genes do teu bisavô.

Paul voltou a perguntar como eu tinha conhecido a avó.

– Bem, é uma longa história...

Na verdade, recordei, nunca me passara pela cabeça casar-me com ela, e quase até ao último dia nunca trocáramos sequer um beijo.

– Não namoraram? – perguntou Paul.

Encolhi os ombros.

– Não.

Ficou espantado, a olhar para mim.

– Mas, então, o que aconteceu?

Voltei a encolher os ombros.

– Bem, aconteceu. Um dia, ollhei para ela e disse-lhe que queria fugir com ela e pronto. Fugimos. Foi tão simples quanto isto.

Paul abrandou o carro e franziu a testa.

– Fugiram? Mas fugiram de quem?

Fiz um esgar.

– Fugimos. Fugimos de Portugal. Fugimos de tudo. Da minha desilusão com o MI6, da minha tristeza com a morte do meu amigo e da desilusão dela com o país.

Respirei fundo de novo:

– Sabes, acho que estávamos os dois tristes com as pessoas que nos rodeavam, e isso aproximou-nos. Um dia, à porta do cinema, decidimos partir para longe e, pronto, foi assim.

Paul não estava satisfeito com as minhas explicações.

– Ó avô, desculpe lá, mas agora está a exagerar! Não acredito que tenha sido assim. Então encontrou a avó à porta do cinema, pegou nela e fugiu para Nova Iorque? Não acredito!

Apenas fizera uma caricatura superficial do que se passara.

– Tens razão, Paul, tens razão – concedi.

Ficou desconfiado, à espera de que eu continuasse.

– Na realidade, eu já conhecia a tua avó há uns anos e já era amigo dela. Acho que ela sempre teve uma paixoneta por mim, sabes? Desde que eu entrei em casa dela a primeira vez. Sabes como são aquelas coisas, quando tu sentes que uma mulher tem um entusiasmo por ti, mas ela nunca se declara?

Paul negou com a cabeça. Aparentemente nunca sentira tal coisa. Deu-me vontade de rir. Bem, mas se calhar eu era mesmo diferente, e a minha pinta deixava as mulheres com o coração cheio de palpitações.

– Conheci a tua avó uns tempos antes. Uns anos antes...

E foi aí que eu contei pela primeira vez ao meu neto algo que ele não sabia: antes de eu ter casado com a sua avó, tinha estado noivo da irmã dela, Carminho.

– A avó Luisinha tinha uma irmã? – perguntou Paul.

Resumi aquela velha história, o meu suave noivado, o fim do arranjo e, por fim, a morte prematura de Carminho. Expliquei como esses factos me haviam impedido de me aproximar mais de Luisinha.

– Fomos sempre amigos e estávamos juntos com frequência. Íamos ao cinema, passeávamos na Avenida da Liberdade, íamos tomar chá às pastelarias – contei. – Mas, é a mais pura das verdades, nunca fomos namorados. Nunca trocámos sequer um beijo!

Paul parecia céptico, com dificuldade em absorver tantas novidades em tão curto espaço de tempo.

– Além disso – acrescentei –, já deves ter ouvido dizer que as minhas relações com a família da tua avó nunca foram boas.

Paul acenou com a cabeça. Recordei os irmãos de Luisinha, os seus sentimentos em relação a mim, e também o «dragão», a mãe de Luisinha, esse ser tirano que me ensombrara os dias. Por causa disso, relembrei, Luisinha apenas voltara a Portugal umas três ou quatro vezes, aquando da morte do pai e, depois, da mãe. Vivemos sempre em viagem pelo mundo, aos saltos, seguindo as rotas dos navios da companhia de navegação. O nosso primeiro destino fora Nova Iorque, onde tínhamos chegado num *Clipper* da Pan Am, partido de Cabo Ruivo. Contudo, não ficámos mais de três meses na cidade, e o meu pai convenceu-me a partir para o Rio de Janeiro, filial que desejava promover, tendo Luisinha aceitado a ideia com entusiasmo. Ainda fizemos uma breve viagem a Los Angeles, para ela conhecer Hollywood, e seguimos para o Brasil, onde viríamos a casar, meses mais tarde.

Depois, o mundo foi a nossa casa, fomos dois saltimbancos sem raízes, com espírito de aventura e paciência suficientes para nos habituarmos a terras tão diversas como Singapura, Montevideu, Cairo, Los Angeles, Tóquio, Rio de Janeiro, Hamburgo, Atenas, Nairobi.

– Foi um casamento feliz. Fui sempre muito feliz com ela até ao dia em que morreu, há 10 anos. Embora nos zangássemos, de vez em quando, por causa do teu pai.

Paul já conhecia a narrativa e desviou o olhar.

– A tua avó estava sempre a protegê-lo e só lhe piorou o carácter – indignei-me.

Olhei para o meu neto e senti que desejava que eu mudasse de assunto, regressando à Lisboa da guerra. Mas não resisti.

– O teu pai sempre foi um parasita. Sempre contou com o meu dinheiro, com a fortuna do meu pai. Nunca se esforçou na vida. E a avó Luisinha teve muita culpa nisso. Espero que nunca te tornes num palerma como ele.

Paul encolheu os ombros:

– Vá lá, avô, não vamos falar nesse assunto. Eu sei a sua opinião, mas pronto, ele é meu pai.

Mordi o lábio. Apetecia-me descarregar a irritação, mas Paul não era o alvo, nem o culpado dela. Que culpa tinha o rapaz de ter um pai irresponsável, que nunca gostara de se levantar da cama? Nenhuma. Se naquele carro alguém tinha culpa, esse alguém era eu.

– O único de quem eu gostava era do general, do pai da avó Luisinha. Era um homem engraçado, muito caloroso e também muito vaidoso. Andava sempre de farda, mesmo depois de reformado.

Descrevi o bisavô ao meu neto: a sua amizade com Salazar, a sua admiração por Churchill, a sua lendária boa-disposição e a sua embirração com a modernidade.

– Numa outra época, teria sido um tipo às direitas. Um conservador, como eu. Mas, naquele tempo, os conservadores portugueses eram todos salazaristas.

O meu neto não parecia interessado nos detalhes políticos da época, mas tive de lhe explicar como haviam sido importantes.

– As paixões políticas são muito violentas e são capazes de destruir os afectos, as amizades, até os amores entre homens e mulheres – declarei, talvez com excessiva pompa.

Paul ficou em silêncio durante uns momentos. Ele não era um rapaz muito versado em política, mas julgo que compreendeu o que lhe disse. No entanto, a sua pergunta seguinte revelou que o continuava a atrair mais o lado romântico da vida.

– Mas, e essa história à porta do cinema, o que foi?

Sorri e as recordações voltaram com enorme força, as imagens desfilaram no meu cérebro. Como se o vidro do carro fosse o pano onde passou o *Casablanca*, naquela noite, no Politeama, no dia 17 de Maio de 1945.

– Foi na noite em que o *Casablanca* estreou em Lisboa...

60

Diz-se que um homem e uma mulher ou se apaixonam nas primeiras três vezes que se vêem, ou então nunca se virão a apaixonar. No meu caso com Luisinha, essa máxima não se verificou. Ou melhor, não se verificou do meu lado, quanto a ela já não tenho tanta certeza.

A minha primeira impressão de Luisinha foi a de uma rapariga muito jovial, talvez infantil e inocente, e apaixonada pelo cinema. Contudo, não foi essa paixão que partilhávamos que despertou o meu afecto inicial por ela, mas sim a sua solidariedade política para comigo, nos jantares de família em casa dela. Nos anos iniciais da guerra, tinha contra mim os irmãos, Carminho e a mãe. Mesmo o general vacilava, apesar da sua admiração tardia por Churchill. Luisinha era a única que, defendendo a Inglaterra e a América, me defendia da hostilidade geral; a única que me fora sempre leal, sem dúvidas ou hesitações.

É claro que hoje posso admitir que a sua solidariedade era sinal de um sentimento mais profundo, uma paixoneta pelo Jack, mas não desejo com isso desvirtuar-lhe os seus mais fortes traços de carácter. Desde a primeira hora que Luisinha revelou ter ideias e convicções profundas, amava a liberdade e a arte, e nutria um ódio visceral às tiranias que admitiam matar pessoas só para as calar. Anos mais tarde, foi-lhe penoso viver em países como Singapura ou o Uruguai, e mesmo o Brasil, só porque não eram democracias. Odiava também o que o comunismo significou para o mundo, durante grande parte das nossas vidas. Para ela, não fazia qualquer sentido um país onde as pessoas não podiam viajar, não podiam escolher o seu trabalho, não se podiam sequer manifestar, e eram enviadas para a Sibéria só porque discordavam do regime.

A primeira vez que tive a consciência de que a amava foi no dia em que fomos à estreia do *Casablanca*. Até essa data, estava convencido de que era um homem dado a aventuras amorosas, a conquistas e perdas, mas não a assentar. Aproveitava o amor que recebia como uma criança sôfrega que come os chocolates e os rebuçados porque olha o fundo do saco e sabe que em breve eles vão acabar. Mas, depois de Mary, de Alice e de Anika, convencera-me de que os meus amores nunca iriam durar e de que a minha vida seria uma longa colecção de casos, de rabos e mamas, de gritos ofegantes e suores partilhados. No fim teria uma memória cheia, mas os meus dias vazios. Era um homem que as amava e depois as via partir, de barco, numa manhã de nevoeiro.

Como estava enganado e como fui cego durante tanto tempo! Ao longo daqueles anos, sempre tivera por perto outra mulher, a única que continuava, que ficava, sempre leal. Luisinha nunca admitira que eu iria sair da sua vida, e foi a sua persistência que a manteve a meu lado, sempre amiga, sempre a querer ver-me, mesmo que não fosse mais de uma vez por mês.

Depois do nosso último encontro, quando lhe explicara que os irmãos não viam com bons olhos as nossas idas ao cinema, pensei que iria afastar-se. Enganei-me. Deixou passar uns tempos e, em vez de telefonar a desafiar-me para ir ao cinema, começou a escrever-me cartas onde me relatava a sua vida e lamentava não me poder ver.

Um dia, em Outubro de 44, já depois de Anika ter partido e de Michael ter morrido, apresentou-se no escritório da minha companhia de navegação e anunciou que os seus irmãos tinham sido colocados fora de Lisboa, um nos Açores e o outro em Angola, e podíamos voltar a ir juntos ao cinema. Para recuperar o tempo perdido, passámos a um ritmo quinzenal, e chegámos mesmo a combinar outros passeios, a Sintra ou ao Estoril.

Luisinha, já com 25 anos, crescera muito como mulher. Embora pequena – não chegava ao metro e setenta – era muito bem desenhada, enchidinha nos peitos e nas ancas, e com um belo rabiosque, que há anos eu admirava em segredo. Quando estava com ela, tinha momentos em que a desejava, mas algo me retraía, talvez o desconforto de ter sido noivo da irmã falecida, ou a incapacidade de me imaginar a aturar a sua mãe e os seus irmãos. Assim, nos nossos encontros, falávamos de tudo menos de sentimentos. Falávamos da guerra que se aproximava do fim, do Portugal de Salazar, de cinema e de penteados, de música e de Aristóteles, mas nunca de nós. Até ao dia 17 de Maio de 1945, o dia em que o filme *Casablanca* estreou em Lisboa.

– Jack, tenho bilhetes para o *Casablanca*!!! – gritou Luisinha.

Entrou pelo meu escritório excitadíssima, exibindo os bilhetes na mão, como um troféu. Lisboa esperava com ansiedade aquele filme que se tornara um sucesso mundial. Já todos tinham ouvido falar do amor de Humphrey Bogart e de Ingrid Bergman, do celebérrimo *play it again, Sam*, e do simbólico gesto final do capitão francês, que atira para o lixo a água de Vichy, renegando a França que colaborara com Hitler.

Os portugueses também se sentiam orgulhosos porque o filme despertava-lhes o patriotismo. «O que há em Lisboa? O avião para Nova Iorque.» Esta pequena e curta frase do *Casablanca* soava a reconhecimento da função de porto de abrigo e de passagem que Portugal desempenhara durante a guerra, e naturalmente os portugueses comoveram-se com a referência.

No dia 17, a caminho do Politeama, o azar atingiu-me e furei um pneu do *Citroën*. Atrasei-me quase meia hora, e só cheguei quando já davam as primeiras badaladas. À porta, Luisinha esperava-me, pálida e aflita. Mostrei as mãos sujas como prova de que me atrasara a mudar o pneu, e corremos para a sala, descendo a coxia na penumbra. Para minha grande surpresa, na nossa fila estavam os pais e os irmãos de Luisinha. Esta, vendo a minha cara, segredou-me que fora um amigo do general que lhes arranjara os bilhetes e, coisa raríssima, a família inteira desejara vir.

– É a primeira vez que o meu pai vem ao cinema desde que a Carminho morreu – disse ela.

Senti compaixão por aquele homem, que, apesar de envelhecido, não deixou de se levantar para me oferecer o seu habitual abraço.

Como de costume, antes do filme passaram notícias da guerra, e bateram-se palmas às imagens da rendição dos alemães. Como fiquei junto à coxia, com Luisinha do meu lado esquerdo, não consegui mais do que imaginar as caras dos manos e da «Mãe-Dragão», e gozei secretamente a humilhação que deviam estar a sentir. Para os admiradores de Hitler, aquele era o momento da vergonha.

Seguiram-se imagens de Portugal e notícias sobre o regime e as suas obras públicas, destilando a habitual e cansativa propaganda. Na plateia, ouviram-se os primeiros assobios de protesto, e num dos cantos da sala uma voz mais afoita gritou:

– Viva o Benfica!

A assistência explodiu numa gargalhada. Aquele momento de subversão, de irritação contra as patranhas da propaganda, mostrava bem qual era o sentimento nacional naqueles dias, carregado de esperanças de mudança de regime, alimentadas pela vitória das democracias inglesa e americana. No entanto, a agitação foi breve, e quando começou o genérico de *Casablanca* o silêncio invadiu a sala. O filme exerceu o seu efeito de sedução, e as pessoas ficaram imediatamente cativadas por aquele ambiente onde conviviam os refugiados, os espiões, as mulheres belas e torturadas pelo medo ou pela bebida, os polícias corruptos ou colaboracionistas, os amores intensos.

Invadiu-me uma enorme nostalgia. Lembrei-me de Anika, de Alice, de Mary, de Roberto e do Aviz. Quando Humphrey Bogart disse aquela frase: *I stick my neck out for no one,* lembrei-me de Michael. Tal como Humphrey Bogart, o meu amigo Michael dissera o contrário do que fizera. No filme, Bogart arrisca o pescoço para salvar a mulher que ama. Na vida, Michael arriscara o pescoço por mim, por Anika por Karl John e... morrera.

Por momentos, senti-me triste como nunca. Levei a mão à cara e tapei os olhos. Acho que Luisinha pressentiu que eu me estava a ir abaixo e deu-me a mão, sorrindo-me. Suspirei fundo, lutando para me recompor.

Foi aí que o *Casablanca* veio em meu auxílio.

Na tela, em pleno Rick's Bar, um coronel alemão fardado de gala, de cruz suástica ao peito, aproxima-se da orquestra e exige, com arrogância, que ela comece a tocar o hino nazi, o *Die Wacht am Rhein*. Nos primeiros instantes, nota-se o desconforto da orquestra, a relutância das pessoas nas mesas, as caras de desagrado, enquanto a música vai começando, os primeiros acordes cantados pelos alemães. Mas depois, num toque de génio cinematográfico, vemos uma mulher a levantar-se e a começar a cantar as primeiras estrofes de *A Marselhesa*, o hino da França. Um ou outro dos presentes no bar, mais afoito, começa a acompanhá-la, cantando ainda a medo: *Allons, enfants de la patrie, le jour de gloire est arrivé!* E depois outros cantam, e mais outros, o bar inteiro.

Nesse preciso momento, algumas pessoas na plateia do Politeama começaram também a cantar, imitando o filme. Devagar o seu tom foi subindo, cada vez mais forte, acompanhando as imagens e a música do filme. A meu lado, Luisinha levantou-se num pulo, cantando com convicção *A Marselhesa*. Levantei-me também, emocionado, e vi que por toda a plateia se levantavam pessoas, cada vez mais, cantando a plenos pulmões *A Marselhesa*, enquanto na tela assistíamos à fúria, à raiva do comandante nazi, vendo o seu hino a ser vencido pelo francês, mas sobretudo pela alegria e pela convicção de um bar imortal, que enviava dali uma mensagem ao mundo, e humilhava pela música os nazis, os inimigos da liberdade.

Luisinha deu-me a mão, enquanto cantávamos, acompanhados pela maioria dos presentes no Politeama: *Aux armes, citoyens!* A tristeza abandonou-me e soube que amava aquela mulher, porque ela tinha a coragem de se levantar sem medo, enquanto à sua esquerda a mãe e os irmãos fechavam o rosto, zangados, e o general, coitado, ficava a meio caminho, nem sentado nem em pé, nem calado nem a cantar, sem se conseguir decidir. Dividido entre a vontade de cantar *A Marselhesa* e o desejo de não ofender os sentimentos da mulher, dos dois filhos e talvez mesmo de um amigo chamado Salazar. Senti aquele momento como uma representação dos carácteres deles, e eu sabia quem estava correcto, quem tinha o maior sentido de justiça, quem tinha coragem e princípios, e era Luisinha.

Quando no filme acabou o hino, o Politeama ainda terminava o seu cântico, ainda ia no *marchons, marchons*, e já as pessoas batiam palmas, eufóricas e felizes, contagiadas pela sensação de vitória, conscientes de que aquela horrível guerra ia acabar e de que todos tinham encontrado um novo lugar no mundo.

Luisinha, corada e ofegante, lançou-me os braços ao pescoço num impulso e beijou-me na boca, um beijo profundo, apaixonado. Senti a sua língua batalhar com a minha, entusiasmada, e o seu corpo tremer de agitação. Depois, olhou para mim e demos uma gargalhada, enquanto o Politeama batia palmas e mais palmas ao *Casablanca*. Olhei o fundo dos seus olhos, aproximei a boca do seu ouvido e disse-lhe:

– Amo-te.

Procurou a verdade no meu olhar e descobriu-a. Abraçou-me feliz e disse:

– Eu sempre te amei.

Sentámo-nos e vimos o resto do filme de mão dada até ao fim, o amor a tomar conta de nós. E eu sabia que aquele não era o amor bonito, mas sem futuro, de Bogart e Bergman em *Casablanca*. Já tivera vários amores assim, nos meus anos em Lisboa, e não queria ter mais nenhum. Desta vez, eu não ia deixar partir a mulher que amava, como deixei partir Mary, Alice e Anika. Desta vez, a mulher vinha comigo.

Quando saímos para a rua, de mão dada, alheios ao facto de a família de Luisinha vir uns metros atrás de nós, abracei-a e beijei-a na testa. Depois, desafiei-a:

– Vem comigo. Vamos partir, só nós dois. Para a América, para o Brasil, tanto faz...

Os seus olhos brilharam e disseram que sim, e assim ficou decidido dentro dos nossos corações, e nem ligámos ao comentário feito pela mãe de Luisinha, uns metros ao nosso lado:

– Que filme horrível que a menina nos obrigou a ver!

Há pessoas sem coração e sem alma.

O meu neto parou o carro no pequeno parque do Hotel da Lapa. Abri a porta e disse:

– O resto já tu sabes. Eu e a tua avó fomos muito felizes. Ela era uma grande mulher. E ainda por cima cozinhava mesmo muito bem. Foi a única coisa boa que aquela mãe insuportável lhe ensinou!

Paul estava ainda emocionado com a descrição da estreia do *Casablanca*.

– Da próxima vez que vir o filme, vou-me lembrar do avô e da avó.

Saí, ele saiu também e deu a volta ao automóvel para me vir abraçar. Despedimo-nos, prometendo que no dia seguinte falaríamos, antes de eu partir para o aeroporto, com destino a Londres. Comecei a dirigir-me para a porta do hotel, mas ele chamou-me e perguntou:

– O avô ainda tem a faca do Michael?

Nós, homens, seremos sempre parecidos. Olhei para ele, orgulhoso:

– Tenho. Da próxima vez que fores a Londres, conto-te mais umas histórias e mostro-te a faca. Cinquenta anos depois, a *Randall* do Michael ainda corta a casca das maçãs bem finas!

Ele riu-se contente e entrou no carro, acenando-me um adeus.

FIM

NOTA FINAL

A grande maioria dos factos descritos neste livro são baseados em acontecimentos verdadeiros. Durante a Segunda Guerra Mundial, os serviços de espionagem estrangeiros, em especial o inglês e o alemão, actuaram com muita liberdade em Portugal e realizaram operações semelhantes às que conto.

Existiram também batalhas aéreas, em Aljezur e em Moura, bem como redes de espionagem que incluíam portugueses, desde faroleiros a taxistas, desde pescadores a funcionários dos ministérios.

Para além dos personagens históricos, como Salazar, o embaixador Campbell, o barão Huene, Von Kastor, o coronel Schroeder, o capitão Agostinho Lourenço, Kim Philby, Graham Greene, Rommel, Hitler, Canaris, ou o jugoslavo Popov, algumas das personagens do livro são reais – é o caso de Harry Ruggeroni e Nubar Gulbenkian. Procurei que os seus comportamentos fossem semelhantes aos que as suas biografias contam.

As restantes personagens são criações da minha autoria.